投资优化供给结构

—— 做什么？怎么做？ ——

应晓妮 等/著

Improve the Supply-Side Structure by Investment

What to Do
How to Do

社会科学文献出版社
SOCIAL SCIENCES ACADEMIC PRESS (CHINA)

前　言

供给结构决定经济发展的质量，如何优化供给结构，是近年来我国宏观经济领域重点讨论的话题之一。突出的结构问题可以直观感受，但对优化供给结构的科学判断，则必须结合对"最优供给结构"的判断标准进行分析。经济在充分竞争、完全信息、无外部性的完全竞争市场环境下，达到资源配置最有效率的一般均衡状态，这种由竞争性价格机制形成的均衡结构，就是最优结构。但是，现实中不可能存在完全信息、无外部性的经济环境，因此，政府必须发挥促进市场主体充分竞争、缓解信息不对称和解决外部性的作用，推动经济接近一般均衡状态，从而使供给结构趋于最优。

投资对优化供给结构发挥着关键性作用。投资与供给之间存在紧密的内在关联性，在所有生产要素中，资本的逐利性使其对市场供需变动的反应最敏感，凝结着技术的资本和随着资本流动的劳动，在价格机制的协调下，会从回报较低的领域流向回报较高的领域，形成新供给，并改变存量供给结构。

市场需求对投资结构的引导，是塑造供给结构的主要力量。竞争性市场中，投资什么，投资多少，主要由需求决定。以汽车产业为例，居民对汽车的需求增加，带来汽车价格上涨和汽车厂商利润增加，激励汽车企业扩大对生产线和零部件的投资，从而带动上游钢材、电子元器件等产品的供给，带动与汽车相关的配套产业投资，形成与新需求相匹配的新供给结构。公共领域的投资和供给，虽然在决策机制上与竞争性领域有所不同，但同样受需求主导。以公共教育为例，居民对提升基础教育质量的需求，倒逼政府扩大对中小学基础设施、师资配置的投资，从而带来更高质量的基础教育供给。

本书重点研究引发当前我国供给结构突出问题的投资结构问题，以及引发这些投资结构问题的内在制度原因，并从这一角度出发，分析解决投资结构问题的对策建议。

当前，我国供给结构存在的突出问题，集中地表现为低效劣质供给多与高端优质供给少。具体而言，一是部分传统产业领域产能过剩频现；二是损害生态环境的劣质供给较多，优质生态产品供给严重不足，居民对优良空气、水质、土壤的基本需求无法得到满足；三是核心关键技术领域的尖端供给少，自主创新能力较低，产品普遍位于全球价值链中低端；四是优质民生服务供给存在大量短板，无法满足公众日益增长的对高端医疗、高端养老、高端教育等民生领域的迫切需求。

究其原因，投资体制机制上的问题是主要的。首先，要素的市场化配置机制不完善，导致一些僵尸企业、低效率企业不合理地占用资源，部分产业领域低水平重复投资多；政府投资的科学决策机制和公众参与机制不完善，也导致部分基层政府因追求政绩目标而盲目注重经济效益，忽视社会、环境效益，产生了较多低效率、高污染投资。其次，创新投入的激励不足，知识产权保护机制尚不完善，政府在基础科研、科技成果转化上的有效投入不足，故投资效率较低。最后，社会资本参与民生领域投资的机制尚不完善，单纯依靠政府投资无法完全弥补民生尤其是高端民生领域的供给短板，而社会资本参与高端教育、医疗、卫生、养老等民生领域的投资，仍面临不少制度性障碍。

要优化供给结构，首先必须优化投资结构，破除制约投资优化的体制机制障碍。一是推进资本、土地等基础性要素的市场化配置，让不同的投资主体公平竞争；二是以普惠、透明、稳定的政策，引导企业在关键核心技术领域加大研发投入，政府投资审慎挑选和支持"集中力量办大事"的共性技术研发领域；三是鼓励社会资本增加群众需求意愿强烈的优质教育、优质医疗、优质养老等民生服务供给和优质生态产品供给；四是形成政府资金统筹使用机制，健全政府投资的科学论证机制，完善决策过程和决策结果的责任约束机制；五是建立政府投资决策听证制度和公示制度，加大公众对公共投资决策和执行的参与力度。总而言之，必须建立需求引导投资、供给随需求变动的可灵活调整的结构优化长效机制，才能实现供给结构的优化，促进经济高质量发展。

2020 年以来，受新冠肺炎疫情的影响，我国供给结构的一些突出矛盾集中暴露，这也为未来的投资结构调整提出了新的挑战。国际环境复杂多变、竞争激烈，对优化投资结构提出了迫切需求。复杂的国际国内环境，也在生物医药、公共卫生、人工智能、5G 网络、工业互联网等领域催生了大量新的市场需求和投资机遇，新型基础设施、新型城镇化建设都需要大量的政府投资和社会投资。

未来，继续深化投融资体制改革，以有效发挥投资对优化供给结构的关键性作用，是投资领域面临的重大课题，未来 5～10 年中，结构优化、提升质量将是我国投资领域工作的重点。在如何引导投资流向关键核心技术研发、生态环保、新型基础设施、新型城镇化建设等方面，仍需要深入的研究。本书抛砖引玉，通过国内外分析比较，从公共政策角度对如何发挥投资的关键性作用提出了建议，希望为后来的研究开阔思路，同时为政府投资体制机制改革提供一些思路。

本书各章执笔人如下：第一章由应晓妮执笔，第二章由岳国强执笔，第三章由黄昕执笔，第四章由应晓妮、吴亚平执笔，第五章由吴有红执笔，第六章由林勇明、张芷瑜执笔，第七章由徐文舸执笔，第八章由罗松山、应晓妮、黄昕执笔，跋及调研报告一、二由应晓妮执笔。全书由张长春、应晓妮统稿。

本书的研究、撰写，先后得到了多位相关领域专家的指导与帮助，在此表示衷心的感谢！限于研究水平，本书难免存在不足之处，请学界同仁指正。

目　录

第一章 投资与供给结构

内容提要：最优结构在竞争性价格机制下形成，趋近最优结构的基本条件是要素配置市场化。一般规律、发展实践和境外经验均表明，资本结构显著影响供给结构。当前我国供给结构存在的突出问题集中地表现为低效劣质供给多和高端优质供给少，在一些领域投资过多而在另一些领域投资过少是导致供给结构存在上述问题的重要原因。引发投资结构问题的根本原因是部分基础性要素配置市场化机制和政府投资的科学民主决策机制不健全。优化供给结构需要推进国有资本、金融、土地等基础性要素配置市场化和生态产品供需市场化；以普惠、透明、稳定的激励政策引导企业在关键核心技术领域加大研发投入，支持共性技术研发；鼓励社会资本增加群众需求意愿强烈的优质教育、优质医疗、优质养老等民生服务供给；形成政府资金统筹使用机制，健全政府投资的科学论证机制，完善决策过程和决策结果的责任约束机制；建立政府投资决策听证制度和公示制度，改变强势人群挤占普通群众基本公共服务资源的做法等。推动形成需求引导投资、供给随需求变动、可灵活调整的结构优化长效机制，促进经济高质量发展。

一 最优结构和优化结构的概念

投资与供给之间具有内在关联性，改变投资结构可以新增优质供给，带动存量供给结构调整，从而优化供给结构。

（一）需求引导并决定供给

现代竞争性市场中需求决定供给，供给满足需求。企业生产的产品和服务只有卖给需求方，才可能收回成本并获取利润，否则，就会导致亏损甚至破产，市场需求对供给行为的这种强约束，决定了企业的供给会紧盯市场需求变动。

《资本论》以劳动价值论为基础，将经济运行分为生产、交换、分配和消费，认为生产的最终目的是消费，交换和分配是联系生产和消费的桥梁。在谈到社会产品供需时，"如果说个别商品的使用价值取决于该商品是否满足一种需要，那么，社会产品量的使用价值就取决于这个量是否符合社会对每种特殊产品的量上一定的需要，从而劳动是否根据这种量上一定的社会需要按比例地分配在不同的生产领域"[①]。《资本论》认为，资本主义生产关系决定收入分配关系进而决定社会需要，"'社会需要'，也就是说，调节需求原则的东西，本质上是由不同阶级的互相关系和它们各自的经济地位决定的，因而也就是，第一是由全部剩余价值和工资的比率决定的，第二是由剩余价值所分成的不同部分（利润、利息、地租、赋税等等）的比率决定的"[②]。总而言之，资本主义生产关系决定的需求与生产力决定的供给之间的矛盾，导致了社会总供需的矛盾和经济危机。

西方经济学以效用价值论为基础，对供给与需求关系的认识经历了一个发展变化的过程。资本主义发展初期，供给不足是经济面临的主要问题，尚未出现由供过于求引发的经济危机。古典经济学家对供求关系进行了一些朴素的论证，如穆勒（1955）提出供求自然均衡，认为买者就是卖者；马尔萨斯（1962）认为，过多的资本积累造成生产扩张和有效需求不足，将导致普遍过剩；李嘉图（2005）认为有局部失衡，但不存在普遍过剩的供需失衡；西斯蒙第（1964）认为，生产决定收

---

① 《马克思恩格斯全集》第四十六卷，人民出版社，2003，第716页。
② 《马克思恩格斯全集》第四十六卷，人民出版社，2003，第202页。

入，收入决定支出，支出决定消费，资本主义社会劳动者收入低、消费少，出现商品过剩，引发供大于求的经济危机；萨伊（1963）认为生产创造等量需求，供求自然均衡，否认存在普遍过剩的经济危机。随着资本主义生产关系的发展，周期性的经济危机频繁发生，急需新的经济理论对此作出解释，新古典主义经济学派应运而生，凯恩斯（2012）从消费倾向、对资产未来收益的预测、流动性偏好等角度分析了有效需求不足的原因，主张刺激总需求，从而实现供需均衡。20 世纪 80 年代兴起的供给学派则复辟了萨伊定律，强调供给的重要性。在从普遍短缺到生产过剩的经济发展过程中，西方学者对供给与需求关系的认识总体上经历了从供需自动均衡、供给自动创造需求，到以有效需求不足为代表的需求决定供给的认识过程。

经济中的某些事件确实会给人以供给"自动"创造需求的表象。一些新产品研发生产出来后，市场供不应求，这似乎是供给自动创造了需求。但是，研发这些新产品的企业在做出研发生产决策时，始终在谨慎地分析、预判着消费者偏好和市场需求变化，并使研发出来的新产品能够满足市场需求，否则，再多的研发投入也可能"打水漂"。例如，iPhone 手机取得了巨大成功，但与此同时，市场中还有许多企业开发的同类产品不能很好地适应消费者的需求而未得到市场的认可，有的企业甚至因此遭受严重损失。乔布斯的成功，是包括乔布斯在内的众多"乔布斯"们在市场上不断试错的结果，试错就是想方设法让供给更好地适应需求的过程。再如，发明蒸汽机这一供给行为极大地推动了工业革命，扩大了市场需求，但这仍然没有违背需求决定供给的法则。蒸汽机车直接用于最终消费如载人旅行，这是蒸汽机车具有的比马车更快捷等优势满足了人们的出行需求；用于货物运输，则是更高的运输效率满足了企业对货物的运输需求。这些新技术、新产品"创造"市场需求的现象，实际上只是满足了潜在的市场需求。

需求引导投资进而引导供给。投资与劳动、技术等要素一起形成增量供给，竞争性市场中投资什么和投资多少由需求决定。以汽车为例，居民对汽车的需求随收入增长而增加，需求增加带来汽车价格上涨和汽车厂商盈利增加，导致企业对汽车投资的增加；汽车投资的增加会带动钢材、电子器件等产品需求的增加，这又会引起生产这些产品的企业扩大投资，增加供给，从而带动与其相关的行业领域投资的增加。如此循环下去，汽车需求增加会形成一连串的需求引导供给的效应，其他领域也是如此。公共产品领域的投资和供给同样受需求引导，只是供给决策机制与竞争性领域不同。

经济系统中，供给与需求间的复杂关系随经济发展和科技进步而不断变化。技术进步的不确定性、市场需求的变动随时会打破原有供需均衡，这决定了供需均衡是一种特殊状态或一种趋势，非均衡才是常态。①

（二）最优结构在竞争性价格机制下形成

将市场分为产品市场和要素市场，两类市场中的参与者为居民和企业。② 居民在产品市场购买商品和服务，在要素市场提供劳动和资本；企业在产品市场提供商品和服务，在要素市场购买资本、劳动等投入生产活动。买者（需求方）和卖者（供给方）在市场中相互作用并共同决定商品和服务以及要素的交易价格和交易数量，各类商品、服务之间的比例关系为产品结构，各类要素之间的比例关系为要素结构。③ 产品结构、要素结构从买者角度可称为需求结构，从卖者角度可称为供给结构（见图 1 - 1）。

---

① 马克思主义经济学和西方经济学都用到均衡分析，经济的均衡状态与非均衡状态也是经济学界长期争论的话题。认为均衡为常态的学者多以均衡为假设来探讨经济非均衡问题，而主张非均衡为常态的学者多以非均衡为假设来探讨均衡趋势。本章分析投资结构、供需结构变动，选择后一个角度展开分析。

② 产品和要素市场上的参与者主要是居民和企业，政府等其他机构参与的产品和要素交易相对居民和企业很少，且相当部分的终极买卖者仍是居民和企业，因此文中将市场参与者简化为居民和企业。

③ 要素需求是派生需求，也就是企业的投入需求，由消费者对最终产品的需求间接派生而来。

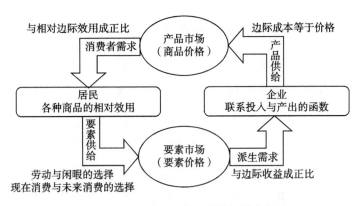

图 1-1　市场参与主体、供给与需求关系

在完全信息、无外部性的完全竞争市场中，消费者追求效用最大化，企业追求利润最大化，推动产品市场和要素市场同时达到均衡状态，此时社会生产处于生产可能性边界上。[①] 在经济是充分竞争、生产者和消费者信息充分且没有外部性的情况下，一般均衡市场体系就能显示出配置的效率，"在这样一个体系中，每种商品的价格等于其边际成本，每种要素的价格等于其边际产品的价值……经济作为一个整体就是有效的"（萨缪尔森和诺德豪斯，2017）。这种一般均衡状态下的供给结构就是有效供给结构，或称"最优供给结构"。

最优供给结构下，对消费者而言，任何两种商品的边际效用之比等于其价格之比；对生产者而言，每种商品的价格等于该商品的边际成本，任何两种商品的边际成本之比等于其价格之比。竞争性定价充分反映出商品的相对稀缺性，实现了资源的有效配置或最优配置，最优结构必须在竞争性价格机制下形成。

[①]　消费者效用最大化原则是每种产品的边际效用相等。企业利润最大化或最低成本原则是企业不断投入，直到每一投入上的边际成本的边际产量相等时为止，当企业将其产量确定在边际成本等于价格的水平上时，就实现了利润最大和成本最低，企业的这一规则完全类似于消费者效用最大化原则。生产可能性边界是指在技术和可投入品数量既定条件下，经济所能达到的最大产出。边界外的点不可行或不可达到，边界内的点表明经济未达到有效生产。当社会生产在不减少一种物品产量的情况下，不能增加另一物品的产量时，其生产便是有效率的，此时社会生产处于生产可能性边界上。

（三）优化结构的基本条件是要素配置市场化

现实市场存在由垄断等带来的不充分竞争、不完全信息和外部性问题，这些限制条件导致市场无法达到一般均衡状态，无法形成最优结构。次优选择是通过制度设计，发挥政府在促进充分竞争、缓解信息不充分和管理外部性上的作用，促进形成竞争性价格机制，逼近一般均衡状态，趋近最优结构。竞争性领域要趋近最优结构或优化结构，最基本的前提条件是要素配置市场化，政府配置资源领域的结构优化，则主要依靠推进公共决策科学化和民主化。

（四）宏观层面的主要结构相互紧密关联

资本与劳动、技术等要素结合形成新供给，投资结构改变供给结构，供给结构中的资本品结构和进口资本品结构①影响投资结构。要素所有者主要依据要素贡献获取相应报酬，要素报酬结构决定初次收入分配结构。初次收入分配结构经税收、社保等调节后形成居民可支配收入，可支配收入分配结构决定消费率、投资率与消费投资结构。消费结构带动供给结构优化，供给结构优化推动消费结构升级；如果供给结构不能满足消费结构升级的需要，消费、就业岗位就会外流。出口结构引导投资结构，进而影响供给结构，供给结构中生产要素的相对（主要贸易国的）结构及其优劣势决定出口结构，同时，经济周期、发展阶段、开放战略、国际经济环境、汇率制度等也会对进出口结构产生影响。供给结构、需求结构与其他主要结构的关系如图1-2所示。

供给结构可从要素结构、产品结构、企业结构、产业结构等角度去观察。需求结构可以从微观的产品结构和宏观的总需求〔投资、消费、（净）出口〕结构去分析。市场中最直接满足人们需要的是产品（商品和服务），供需矛盾直观地反映在产品上，所以供求分析常常针对产品。

---

① 投资结构主要受当期国内资本品供给结构影响，进口资本品所占比重很小。

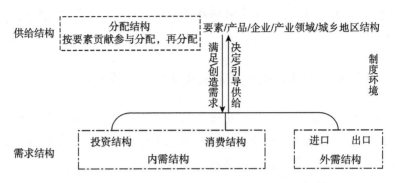

图1－2　供给结构、需求结构与其他主要结构的关系

产品在物理特征上千差万别，但都由劳动、资本、技术等要素生产出来，当关注供给质量、创新等问题时，往往需要从要素结构层面展开分析。任何产品都由数量有限的企业生产，这些企业构成生产这种产品的产业，产业的供给结构就是该产品或其生产企业的供给结构的总体表现。

要素、产品、企业、产业在空间上的展开，形成相应的城乡结构和区域结构，发展中经济体在快速工业化、城镇化过程中常常会出现比较严重的空间非均衡问题，我国经济社会发展特别是基础设施、公共服务在城乡和地区间的差距较大也是供给结构不合理的表现之一。[①]

市场中的任何供给都处于一定的制度环境中，当前突出的供给问题主要由有待完善的体制机制所导致，改善制度供给也是本书研究的重要内容。

二　投资优化供给结构的机理

资本的逐利性以及资本与劳动、技术等要素的紧密关联性决定了投

---

① 城乡地区供给能力因受资源禀赋、发展历史、政府投入等诸多因素影响而差距明显，但公共服务供给能力主要来自政府投入，供给差距过大不符合公平性原则。考虑到当前面临着低效劣质供给多、高端优质供给少这一更突出的供给结构问题，且城乡地区供给差距问题复杂，本书不展开详细分析。

资对供给结构存在显著影响，我国和其他经济体的相关数据也验证了这一点。

（一） 资本对市场供需变动反应最综合、最敏感

某种产品的供给能力主要由生产该产品的劳动、资本、技术等要素决定。劳动一般随资本流动而流动，知识和技术①总是以某种形式凝结在资本和劳动中，资本的逐利性使其对市场供需变动反应最敏感，总体上讲，凝结着技术的资本和随资本流动的劳动一起，在市场中从回报较低的领域流向回报较高的领域，形成新供给并改变供给结构。资本对利润的敏感性及其与劳动、技术的紧密关联性，决定了投资在优化供给结构中起着关键性作用。

（二） 我国投资结构与供给结构存在显著因果关系

用格兰杰因果检验分析我国投资结构与供给结构的关系发现，在三次产业层面，投资结构是滞后 4～5 年的供给结构的格兰杰原因，在九大行业层面，投资结构是滞后 1～5 年的供给结构的格兰杰原因。部分行业的供给结构也是投资结构的格兰杰原因，但投资结构影响供给结构的显著程度高于供给结构影响投资结构的显著程度。②

用结构偏差系数衡量投资结构对供给结构的影响发现，改革开放以来，三次产业、九大行业的投资结构与供给结构的偏差系数随着滞后时间的延长而呈缩小趋势（见图 1－3）。供给结构向投资结构明显收敛的特征表明，投资结构对供给结构有显著影响。

用结构变动系数衡量投资结构对供给结构的影响发现，在三次产业层面，投资结构与下一期供给结构的变动系数比投资结构与当期供给结构的变动系数更大，表明投资结构主要通过资本形成、新增供给影响下

---

① 此处的技术指总供给中的"技术进步"。现实中很多技术独立存在，如图书馆、档案馆中的知识和技术等，但这些知识和技术尚未直接进入供给领域。

② 供给结构也对投资结构产生影响，原因是投资品主要由当期国内企业生产。

一期的供给结构。

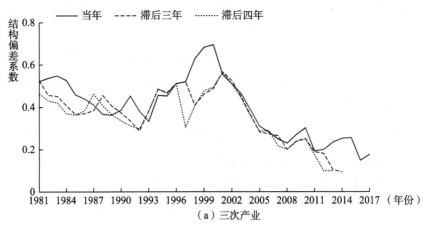

（a）三次产业

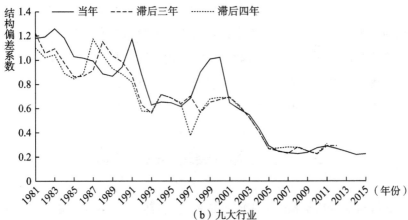

（b）九大行业

图 1 – 3　投资结构与供给结构的偏差系数

　　注：九大行业指农林牧渔业，工业，建筑业，批发和零售业，交通运输，仓储和邮政业，住宿和餐饮业，金融业，房地产业及其他行业，其中批发和零售业、住宿和餐饮业数据缺失。

　　资料来源：国家统计局、Wind 数据库。

（三）主要经济体的资本结构显著影响供给结构

　　根据 2000 ~ 2014 年全球 42 个经济体 56 个行业的投入产出数据，分别按照制造业全部样本国家、服务业全部样本国家以及制造业、服务业中分 OECD（Organization for Economic Cooperation and Development，经济合作与发展组织）国家和非 OECD 国家考察发现，资本结构变化对供给结构变化都有显著影响。其中在制造业领域，OECD 国家的影响系数（0.281）大于非 OECD 国家的影响系数（0.178），在服务业领域，非OECD 国家的影响系数（0.309）大于 OECD 国家的影响系数（0.184）。①

将制造业内部细分为高技术水平与低技术水平两类考察，高技术水平制造业的资本结构变化对供给结构变化的影响强于劳动结构变化对供给结构变化的影响，而低技术水平制造业则相反。这一结果表明，技术层次较高的制造业，其资本结构比劳动结构对供给结构的影响更强。

同样将服务业内部细分行业分为高技术水平与低技术水平两类考察，低技术水平服务业的资本结构变化对供给结构变化的影响强于劳动结构变化对供给结构的影响，而高技术水平服务业则相反，表明技术层次较高的服务业，其劳动结构比资本结构对供给结构的影响更强。

总体而言，资本结构显著影响供给结构。制造业技术水平越高，制造业的物质资本投资结构对供给结构的影响越显著，而服务业技术水平越高，服务业的人力资本投资结构对供给结构的影响越显著。

三 供给结构的突出问题与成因

我国当前供给结构的突出问题集中表现为低效劣质供给多、高端优质供给少。投资在一些领域过多而在另一些领域过少，是导致供给问题的重要原因，引致投资问题的根本原因则是投资体制机制不健全。

（一）供给结构的突出问题是低效劣质供给多和高端优质供给少

从要素、产品、企业、产业领域、城乡地区、供给主体、生态环

---

① 研究样本为 2000~2014 年全球 42 个经济体 56 个行业的投入产出数据库（World Input-Output Database，WIOD），包括 30 个 OECD 国家、12 个非 OECD 国家（包括中国）。按不同技术水平，将制造业和服务业分别划分为高技术制造业、低技术制造业、高技术服务业、低技术服务业四类。2014 年，这些经济体的 GDP 之和约占全球 GDP 的 85%，人口之和占全球总人口的比重超过 62%。

境等角度看，特别是从产能严重过剩、生态环境破坏以及关键核心技术缺失、优质消费品和优质民生服务不足等焦点问题看，供给结构存在的突出问题集中表现为低效劣质供给多与高端优质供给少（见图1-4）。

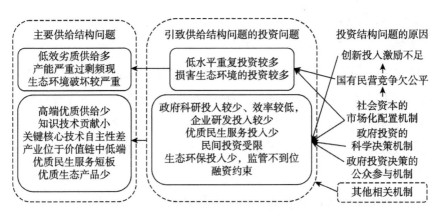

图1-4　供给结构问题、投资结构问题及原因

从要素看，我国为世界科技人才资源大国，研发经费占 GDP（国内生产总值）的比重与 OECD 国家的平均水平相当，高出相近发展阶段的其他经济体约 1 个百分点，发明专利申请量连续多年居世界首位，但是，最具研发创新价值的三方专利授权量仅分别为日本的 1/7、美国的 1/6，2017 年我国支付给其他国家与接收的知识产权使用费之比为 1 ∶ 0.3。[①] 与此同时，我国在基础性、引领性的关键核心技术领域缺乏自主性，一旦遇到封锁，在技术手段上还手之力不足；高级技工短缺，预计到 2020 年高级技工的缺口将超过 2000 万人[②]，重大科研和工程领域的领军型人才严重匮乏，有胆识、有"创造性破坏"精神、敢为天下先的企业家队伍建设尚需较长时间。

---

①　三方专利（Triadic Patent），是指针对同一发明，受欧洲专利局、日本专利局、美国专利与商标局共同保护的一组专利。三方专利数据来自 OECD 数据库，知识产权使用费数据来自我国商务部。

②　麦肯锡全球研究所的一项研究显示，到 2020 年全球高科技企业将面临约 4000 万的技术人才缺口，中国技术人才短缺将达到约 2200 万人。参见《麦肯锡报告称中国高科技企业面临人才短缺》，https://world.huanqiu.com/article/acaKrnJxOsl。

从产品看，在世界500多种主要工业产品中，我国生铁、粗钢、水泥、化纤、汽车、彩电、手机等220多种工业产品的产量居世界首位，化肥、谷物、肉类等的生产能力稳居世界第一（李国斌，2015）。但是，全国30多家大型企业130多种关键基础材料和装备的进口数据显示，52%的关键材料、70%以上智能终端处理器及95%的高端专用芯片依赖进口，高档数控机床、高档装备仪器、航空发动机、汽车等装备制造业关键零部件精加工生产线上，超过95%的制造及检测设备依赖进口。2017年我国芯片进口超过2600亿美元，远超当年原油进口额的1623亿美元（杨洁，2018）。高端制造品、高品质药品、高品质农产品长期依靠进口，国产高端消费品的供给也完全不能满足国内消费者的需求。

从企业看，2017年世界500强企业中我国企业（含在香港注册的企业）共有109家，排第二位。但是，我国进入世界500强的企业以银行、电网、电信、能源等垄断型国有企业以及房地产、工程建设企业为主，美国、日本则以制造、服务、制药等竞争性领域的非国有企业为主。其中，日本的51家企业中，有20家电子、通信、汽车制造等创新能力较强的企业。利润最高的50家企业中，我国占10家，包括7家国有商业银行以及平安保险、中国移动和国家电网，美国、日本则以制药、电信、半导体、软件、制造业企业为主。[①] 全球目前有3000多家将某个领域的关键材料或零部件做到极致、在某个细分市场绝对领先但鲜为人知的"隐形冠军"企业，我国拥有的"隐形冠军"企业数量较少[②]，如果有国外的"隐形冠军"企业切断上游供应链，可能导致我国国内的整个产业链瘫痪（西蒙和杨一安，2019）。

从产业看，我国产业体系完整，但是多数产业在全球分工体系中处

---

① 参见《2017年世界500强115家中国上榜公司完整名单》，财富中文网，http://www. fortunechina.com/fortune500/c/2017-07/20/content_286799.htm。

② 全球3000多家"隐形冠军"企业中，德国有1300多家，中国仅有48家。参见西蒙和杨一安（2019）。

于价值链中低端位置，产业转型升级受制于关键技术、材料的研发与生产。例如，我国液晶面板产业规模大、应用人才多，但从四代生产线一直到目前的十代生产线，仍必须购买国外关键技术和材料才能生产，一旦外方断供，上百亿元的生产线就面临停产危机。再如，从美国进口一部在我国组装的苹果手机，我国仅能分享 3.6% 的附加值，按手机零售价计算则不到 2%（众石，2011）。产能严重过剩频发集中反映了供给效率较低。例如，为应对 1998 年亚洲金融危机和 2008 年全球金融危机所带来的钢铁、水泥、电解铝等行业产能过剩等，几乎每一次应对外部冲击、扩大内需都会出现部分行业产能的严重过剩，而且过剩产能很难靠市场机制出清。

从民生领域看，优质教育、优质医疗、优质养老服务供需矛盾尖锐，上学难、就医难、养老难成为社会焦点和居民普遍焦虑的难题。基本公共服务分配不均的现象普遍存在。

从城乡地区看，广大农村及中西部、东北地区更多依靠土地和自然资源、更少依靠创新要素发展，其供给体系的质量不高，与城镇、东部发达地区的供给水平存在较大差距，部分地区的供给能力近年来甚至出现下降趋势。

从供给主体看，上述供给结构问题与供给的所有制结构不合理密切相关，竞争性领域国有供给多、民营供给少，公共领域民营供给长期受到抑制，加剧了供需的结构性矛盾。

从人与自然的关系看，生态环境严重破坏带来较多劣质供给。近年来污染治理取得了明显成效，但据《2017 中国生态环境状况公报》，全国 338 个地级及以上城市中，70.7% 的城市空气污染指数超标，地表水 1940 个断面中Ⅳ类、Ⅴ类和劣Ⅴ类占 32.1%，全国 2591 个县域中，生态环境质量为一般、较差、差的县合计占 68%。劣质生态环境严重危害人们的生命健康，危及永续发展。

（二）投资体制机制不健全是供给结构问题的重要原因

供给结构问题主要由投资结构问题导致，产生投资结构问题的根本原因是社会资本的市场化配置机制、政府投资的科学决策机制、政府投资决策的公众参与机制不健全。

1. 社会资本的市场化配置机制不健全

社会资本的市场化配置机制不健全导致市场优胜劣汰机制难以充分发挥作用，以严重过剩产能为典型代表的低效供给无法通过竞争而被市场淘汰，以减少环境污染或提供优质生态产品为代表的高效供给则缺乏内在激励。

社会资本的市场化配置体制机制不完善妨碍市场优胜劣汰，是导致产能严重过剩频发的主要原因。地方政府出于促增长、增税收、保就业等的需要，常常运用地价减免、能源低价、财税支持、排他性政府采购、协调金融机构支持等优惠政策招商引资，土地、金融、能源等基础性要素的市场化价格形成机制不完善，为地方政府动用这些政策工具提供了可能。竞争性领域的国企投资决策责任约束机制不健全，企业股权融资和债权融资也未形成强约束，企业特别是国企在扭曲的成本收益预期下极易盲目扩大投资。当市场需求下降、产能严重过剩出现时，地方政府常常出于社会稳定等方面的考虑，阻止企业退出市场，部分国有金融机构基于经济效益以外的考虑，也会为产能过剩的国企提供融资支持，维持企业僵而不死，政府补贴、廉价信贷和行政阻碍使过剩产能难以被市场竞争所淘汰，市场不能及时出清。

从典型行业对照看，资本配置市场化程度越低，行业创新能力和市场竞争力越弱。纺织、家电、汽车三个行业在行政保护、市场化程度方面差异显著。改革开放后，政府对纺织行业逐渐放松管制，所以纺织行业市场化程度高、竞争充分、行业出口能力强。近年来，纺织行业加快从产品出口转向对外投资，从贴牌输出转向品牌输出，一批实力较强的民营纺织企业纷纷通过海外并购拓展产业链，表现出较强的国际竞争力。自20世纪90年代开始，一批家电企业在激烈的市场竞争中成长起来，产品开始打入国际市场。加入世界贸易组织以后，家电行业取消了此前由国家主导引进关键设备、成套技术和生产线的做法，逐渐放开市场准入，开放竞争。当前，我国家电行业已形成若干个销售额过千亿元、全球布局的龙头企业。对于汽车行业，我国政府一直高度重视，"七五"计划明确汽车制造业的支柱产业地位，1987 年提出"三大三小"重点布局，1994 年出台《汽车工业产业政策》，2004 年出台《汽车产业发展政策》，2009 年出台《汽车产业调整和振兴规划》等，对行业进入设置了很高的门槛，希望通过财税、贷款、资本市场融资优惠等方面的支持政策做大做强汽车产业，但至今汽车制造业的自主研发能力都较弱，关键零配件仍需依靠进口。据中国汽车工业协会数据，2017 年我国汽车自主品牌率只有43.9%，其中90% 为5 万～8 万元低价位车型。不难发现，行政保护少、开放竞争早、市场化程度高的纺织、家电行业，其技术创新能力和国际竞争力较强，反之如汽车制造业，政府一直想通过保护政策助其做大做强，但至今其市场竞争力仍较弱。

从民生服务看，市场化配置机制不完善是优质民生服务供给少的重要原因。基本公共服务以外的优质民生服务供给，应主要由市场配置资源，通过市场机制供给。但现实情况是，少部分人享有公立名校名医和高端养老的资源，而居民有支付意愿、民间资本有投资意愿的优质教育、优质医疗、优质养老服务供给严重不足。政府对社会资本进入优质民生领域的管制多，民生领域的民营机构与公立机构在土地、税收、社保、职称评定、科研支持等方面待遇不公，导致优质民生服务供需矛盾尖锐。

从生态产品看，市场化配置机制不完善导致环境保护、优质生态供给的成本、收益无法内部化，市场微观主体缺乏内在激励。多年来，我国环境污染防治的法律法规多、层级高，建设项目分级分类环评制度、"三同时"制度等管理制度也比较完善，但环境状况不断恶化，出现了最严的法规与最差的环境并存这种尴尬的局面。其中，确有法规不落实、监管不到位的原因，但是，"绿水青山"未能体现"金山银山"的市场价值，生态环保投入不能取得相应回报，也是重要原因，甚至是主要原因。一方面，生态环境受益范围和受益程度较难认定，成本分担很难达成一致，缺乏有效的市场交易机制，优质生态、环境、资源产品卖不出相应价格，投资者、守护者很难从供给优质生态产品中得到合理收入，融资困难，投资激励缺失。另一方面，生态环境产品定价机制缺失，监管不到位或难以到位，企业破坏生态环境少付甚至不付成本，本应由企业支付的成本被转嫁给社会，逆向刺激了企业在环境保护上违法违规操作。

2. 政府投资的科学决策机制不健全

政府投资的科学决策机制不健全导致政府投入支持科学研究和企业创新的效果较差，也造成城乡地区间公共服务设施、公共基础设施等发展水平差距过大。

基础研究和应用研究投入效果较差。科学研究和部分应用研究经费主要来自不同渠道的财政资金，这部分资金的使用管理长期脱离科研实际，违背科研规律。其中最突出的问题是经费使用管理上重物轻人，将需要发挥人的主观能动性的科研活动视同依规则程序行事的行政行为来管理，科研人员不得不在符合经费管理规定上花费大量精力。社会各界长期呼吁改变这些不符合科研规律的做法，但收效甚微。管理部门在出台相关规定时，虽然从形式上听取了相关机构和人员的建议，但合理建议很难落实到文件中。主要原因是决策咨询论证机制、评估机制和决策失误追责机制不健全，公共决策在一定程度上成为行政决策甚至是公务人员的个人决策。

支持企业创新的政策效果欠佳。对以企业为主体、市场为导向的开发研究和部分应用性基础研究，每年财政支持力度并不小，但效果长期受到社会质疑。政府大力支持的企业的技术创新效果常常不如那些获政府支持很少的企业，如通信领域的中兴与华为就是比较典型的例子，互联网领域的阿里、腾讯、京东等都不是政策支持的重点，新能源汽车领域大面积骗补更是让社会怀疑巨额财政资金的使用效果。从客观原因看，管理部门信息不充分是重要原因，从主观原因看，支持政策的决策咨询论证机制不健全以及决策失误追责机制缺失是重要原因。在少有决策责任约束的情况下，追求眼前和短期效果、社会轰动效应的功利性决策难以避免，而这些决策的实际效果很难经得起时间的检验。

城乡地区间供给能力差距较大。乡村和内陆地区的供给水平较低有市场按照效率原则配置资源的原因，也有政府投资在城乡地区间分配差距较大的原因。我国幅员辽阔，各地发展条件和发展水平差距大，根据发展进程阶梯化拓展发展区域，可以发挥回旋余地较大的优势。这需要政府适时地科学决策，通过政府投资的适度先行，引导社会资本转向乡村、内陆地区。但是，政府投资的科学决策机制不健全，基础设施投资过度强调支撑产业发展，发展条件较差的内陆地区、老少边贫地区的基础设施投资支持不够，导致乡村和内陆地区的供给能力长期较低，反过来也制约城市、沿海地区供给水平的提升。

3. 政府投资决策的公众参与机制不健全

政府投资决策的公众参与机制不健全，公共决策更多地表现为行政决策，主要是对上负责，导致普遍性民生投入不足，有限民生投入明显分配不公。

民生投入普遍不足。以公共财政为资金来源、投向公共领域的政府投资，实质上是政府受资金的终极所有者——城乡居民的委托所进行的代理行为，理应遵照和体现所有者意愿。但是，由于政府投资决策的民主化水平有待提高，特别是公众参与决策机制不健全，地方政府的投资决策体现政府意图较多，尊重公众意愿不足。基础设施和民生产品的经济增长、财政增收效果不同，基础设施建设可以直接带来经济增长，还可以降低物流成本，提高企业经济效益，促进地方经济发展和财政增收，有些投资可以通过收费回笼资金，而教育、医疗、文化、体育、养老等民生事业财政增收效果不明显，因此地方政府特别是基层政府更重视基础设施建设，对民生事业的关注程度明显不足。

基本公共服务差距过大。基本公共服务涉及每个个体的生命健康和发展起点，是社会公平正义的最直接体现，城乡间、地区间、不同人群间的基本公共服务设施理应实现均等配置。但是，政府投资决策的公众参与机制和公众对行政决策的制约监督机制不健全，导致基本公共服务均等化成效不明显。典型的现象有两种：一是重视中心、忽视外围。行政层级越高，话语权越大，下级通常不敢与上级在事权和财权上讨价还价，造成优质公共服务资源更多地集中于中心城市、核心区域。与这些中心城市地理距离越远的中小城市、乡村，公共服务水平越差。二是追求"锦上添花"，忽视"雪中送炭"。部分基层政府盲目攀比，"贪大求洋"，不切实际超高标准地投巨资打造示范中学、高档医院、花园广场等，挤占了基本公共服务所需的民生投资。此外，事权下沉，相应的财权却交叉重叠、责任不清，造成基层政府对提供基本公共服务缺乏责任感，资金投入少，服务效率低，进一步加大了基本公共服务上的差距。

四　投资优化供给结构的思路与重点

（一）总体思路

推进基础性要素配置市场化，发挥平等充分竞争对社会投资的择优汰劣功能。健全政府投资科学决策机制和公众参与机制，提高政府投资支持创新的效率，增强政府投资的公平性。以优质高效的新增供给带动存量供给结构优化，促进形成运作灵活的随需求变动的现代化供给体系。

（二）基本原则

市场优胜劣汰。推进土地、金融、生态环境等领域要素配置市场化，完善守信激励和失信惩戒机制，显著提高违法成本，由市场通过平等充分竞争选择优胜者。

企业自主投资。深化简政放权，实施负面清单制度，确立商业类国企市场微观主体地位，不同所有制投资主体在规划计划、技术政策、标准规范、法律法规引导下自主投资、自主退出、自担风险。

政府科学决策。深化工程咨询机构市场化改革，加强工程咨询机构的中立性，增强评估结果的科学性，强化咨询机构和个人咨询责任约束，完善后评价制度，建立政府投资决策失误追责制度。

公众有效参与。健全政府投资决策公众参与机制，强化论证、听证代表的责任约束，提高公众参与决策的有效性，定期公开重大民生工程完整信息，妥善处理民主决策与科学决策可能存在的冲突。

（三）投资重点

政府投资领域。政府只投向市场不能有效配置资源的领域，主要包括社会公益服务、公共基础设施、社会管理、国家安全等公共领域，以及促进科技进步、推动绿色发展、保障粮食安全、实现住有所居、支持农村和贫困落后地区发展等外部性领域。[①] 具备条件的领域同时鼓励社会投资。

政府投资重点。当前，政府资金应重点投向带动社会投资效果显著的领域，主要包括城市郊区、远郊区、农村地区的基础教育，公共医疗，城镇住宅适老化改造，与乡村振兴、城中村改造、棚户区改造、旧城改造、智慧城市建设、海绵城市建设等相关的公共基础设施建设，完成扶贫攻坚规划的后续投资，完成"十三五"规划所确定的重大工程、重大项目的后续投资等。"十四五"时期，政府投资还应着力于弥补公共基础设施建设领域短板，强化发展动能支撑，提升长期发展潜力。

社会投资重点。鼓励社会资本参与有财务收益或能够建立回报机制的公共服务、公共基础设施、扶贫攻坚、生态环保等领域的投资，加强关键核心技术研发投入和境外并购，加大优质民生服务投入。"十四五"时期，鼓励社会资本持续加强关键核心技术领域的研发投入，增加高端制造品、高品质药品、高品质日用消费品、高品质农产品、优质民

[①] 中央政府投资应按照中央与地方财政事权和支出责任划分改革要求，依据受益范围、职能分工、行政效率、统一行动、激励地方等原则，投向中央投资事权领域，包括国防、海关、反恐、外交、国家级和基础性科研、边境公路与界河湖管护、全国性重大传染病防治、海洋管理、全国性大通道等；分担中央地方共同投资事权，包括义务教育、基本医疗、公共文化、群众体育、交通水利、资源保护与开发、环境保护、生态防护林建设、荒漠化治理等；中央委托地方部分投资事权，包括大灾大难救助和灾后重建，重大疫情、传染病防治，原油、稀土、粮食等全国性战略物资储备，国家级自然保护区等。适当补助地方履行投资事权存在的资金缺口。

生服务、生态环保领域投资，稳步拓展全球投资布局。

政府支持社会投资的环节。对经营性领域中外部性显著的环节（如关键核心技术研发及其应用性基础研究、绿色发展等），恰当运用补助、贴息、债券融资、基金投资等方式，补偿企业创新、环保投入的外溢效应，扩大正外部性。政府扩大正外部性对促进转型升级和可持续发展的效果，既为我国多年追赶型发展的事实所验证，也为多数亚洲经济体的发展绩效所证实，即使是美国、日本等发达经济体，也在不同程度地运用财政补贴、税收抵免等政策支持私营部门的技术创新、节能减排及中小企业发展等。管理部门应该研究如何在更符合国际规则的前提下使用这些支持手段。

需要注意的是，政府对经营性领域的投资支持应注意以下原则：一是只针对经营性领域的外部性环节，如有利于技术进步的关键核心技术攻关、共性技术研发等；二是坚持支持政策的普惠透明，对不同所有制企业一视同仁，同时注重与竞争性政策的结合，尽量避免直接挑选企业；三是即使是在经济下行或应对危机时，政府资金也只能投向市场不能有效配置资源的公共领域和经营性领域中外部性显著的环节，政府投资的支持力度可以相机抉择，但支持范围和环节基本不变。

（四）结构与总量

在坚持优化结构的同时，减轻企业税费负担，增强政府融资能力，以郊区、乡村、中西部为重点区域，以科技创新、绿色发展、民生服务、基础设施为重点领域，保持投资适度增长，推动供给结构优化，促进经济高质量发展。一是更大幅度下调增值税率和职工基本养老保险企业缴费率，显著降低企业税费成本，增强制造业、中小企业投融资能力，涵养税源。二是扩大政府长期债券限额，用好企业债、专项债，支持能够改善发展条件、惠及民生、长期发挥效能的公共基础设施、民生服务设施建设。三是引导市场利率保持在适宜水平，降低政府债务融资成本，稳定政府偿债能力。四是划转部分经营性国有资产充实社保基金，增强消费能力，促进消费升级，带动供给结构优化。五是将农村集体经营性建设用地入市试点推广至全国，土地增值收益的一部分用于乡村、郊区的公共基础设施和民生服务设施建设，改善乡村、郊区发展条件，推动乡村振兴。以必要的投资总量补短板强弱项增动能，加快推动结构优化。

（五）改革时序

"十四五"时期，改革的重点任务是，基本消除产能严重过剩频现和生态环境恶化的制度性原因。深化国企、金融、土地和生态环境领域改革，促使商业性国企转变成为真正意义上的市场主体，推动金融资源市场化配置，实现城乡建设用地同地同权，消除产能严重过剩频现的体制机制根源。建立完善生态产品价格形成机制，推进生态产品供需市场化和产业生态化，强化监管责任。

到 2035 年，改革的重点任务是基本形成加大关键核心技术和优质产品投入的长效机制。深化科技创新、人力资本等领域改革，健全激励创新的体制机制，以普惠、透明、稳定的政策培育高端优质供给者，审慎挑选并支持"集中力量办大事"的关键核心技术领域，提高创新支持资金的使用效率，争取在部分关键核心技术领域实现局部突破。以灵活多样的方式引导社会资本在群众需求意愿强烈、有支付能力的优质民生服务领域加大投入。完善政府投资的科学决策机制和公众参与机制，坚决改变强势人群利用公共资源享有优质民生服务的做法，将财政资金投向基本公共服务均等化领域。持续深化投融资体制改革，完善市场竞争机制，健全有效激励创新的产权保护和运用制度，激发和保护企业家勇于创新、追求卓越的精神，形成投资优化供给结构的长效机制。

五 投资优化供给结构的具体政策措施

推动基础性要素配置和产品供需市场化，以普惠、透明、稳定的政策培育创新优胜者，审慎挑选和支持"集中力量办大事"的关键核心技术领域，引导社会资本增加优质民生服务供给，完善政府投资等公共资源的公正分配机制。

（一）通过要素配置市场化减少低效劣质供给

1. 将商业类国企培育成平等竞争的独立市场主体

赋予少数商业类国企保障国家安全、完成特殊任务职能，逐渐剥离其他商业类国企负担的保障经济运行、发展前瞻性战略性产业等职能。

从全球视角看，即使是保障国家安全等特殊职能，在市场经济国家也并非只能由国企去完成，世界国防军工领域的顶尖企业多为公众公司或私企就是例证。从一般规律看，赋予商业类国企过多额外职能，就必须同时给予较多的非市场化政策支持，这必然导致形形色色的行政垄断，造成自然资源、土地、金融等要素价格扭曲和资源错配，真正意义上的统一开放、竞争有序的市场就很难形成。从多年实践看，名义上承担了这些特殊职能的商业类国企仍要与其他企业在市场上展开竞争，在利益驱动下，不仅未能有效履行这些职能，而且因缺乏竞争力成为低效无效供给（如严重过剩产能等）的制造者。

如果去除这些职能，让商业类国企与其他所有制企业平等竞争，优胜劣汰，商业类国企从抢占市场、增强竞争优势考虑，必然谋求全球市场布局，重视创新，加强管理，创新驱动发展战略、产业升级和高质量发展的理念，会在各类所有制企业追求自身生存与发展的激烈竞争中"自动"得以贯彻，增强国有经济活力、放大国有资本功能、实现国有资产保值增值的目标也才能真正实现。从理论和国内外实践看，目前赋予商业类国企的特殊职能，也必须经由市场竞争才能履行好。

除国防军工、军事工程、战略物资储备等直接关系国家安全，以及自然垄断环节外，其他竞争性领域的商业类国企将改制为依法自主经营、自负盈亏、自担风险、自我约束、自我发展的独立市场主体。一是推进混合所有制改革，实现股权多元化，解决一股独大问题。二是取消行政级别，推行职业经理人制度，健全企业内部市场化用工制度，建立激励与约束相结合的职务待遇和薪酬制度。三是完善国有资本授权经营体制，国有资本投资运营公司依法自主开展国有资本运作，通过公司董事会以出资份额对所出资企业行使股东有关企业利润分配、重大决策、选择管理者等权利。四是去除不适宜的公共职能和过多的社会责任，鼓励国企在自觉履行社会责任上发挥表率作用。五是增强考核评价的针对性和科学性，对不直接关系国家安全、不承担特殊任务的商业类国企，重点考核经营业绩、国有资产保值增值和市场竞争力，对兼具竞争性业务和特殊业务的商业类国企，分业务类别进行考核。

2. 推进金融资源配置市场化

通过金融资源的供给市场化解决中小民营企业金融服务供给不足、正规金融体系外影子银行体系膨胀、违规民间借贷屡禁不止等问题，避免因金融资源价格低于均衡价格而刺激过度投资，恶化供给结构，促进金融供给与实体经济的金融需求在总量上相适应和结构上相匹配。

一是完善问题金融机构退出机制，去除多年来监管部门的无限风险管理责任，下决心让该破产的银行、证券、保险、基金等主体破产退出，以典型案例警示全社会特别是中小投资者，增强风险意识，减少政府兜底的道德风险。

二是允许民间资本控股银行、证券、保险等各类金融机构实现民间资本与其他资本平等竞争，提高金融配置效率，更好地满足中小微企业融资需求。

三是实现股票、债券等金融产品发行的市场化，除影响境内外资本流动管理的少量金融产品外，对其他金融产品的发行逐步由审核改为备案管理。完善上市公司退出机制，发挥证券市场优胜劣汰功能，减少金融资源的无效占用。提高直接融资比重和效率，降低社会融资成本，畅通居民储蓄转化为有效供给的渠道。

四是规则化管理到期地方政府债务置换，对启动债务置换的条件、置换债期限和收益率做出明确规定，避免行政行为对商业银行的盈利水平、风险状况、信贷资源等的不当干预，减少相关方道德风险。及时发现并督促启动地方政府性债务风险处置预案。

3. 实现城乡建设用地同地同权，促进实现同权同价

改变现行土地征收制度，形成城乡统一的建设用地市场，为被征地农民建立保障资金，抑制房地产价格攀升，提高土地配置效率。

建立农村集体经营性建设用地入市制度。将农村集体经营性建设用地入市试点扩大到包括存量和增量在内的所有农村集体经营性建设用地，充分利用农村学校和医疗卫生机构撤并、公共服务机构合并、基层组织调整腾退的闲置土地。农村集体经营性建设用地出让方式、出让最高年限比照国有建设用地执行。入市、再转让时原则上由出让方、出租方、作价出资或入股方及再转让方，向县级政府缴纳土地增值收益（入市成交总价款扣除取得成本和土地开发支出后的净收益）的20%至50%为调节金，试点阶段暂不收税。调节金上缴县地方国库，纳入地方一般公共预算管理。农村集体经济组织以现金形式取得的土地增值收益，在集体与农村集体经济组织成员间合理分配，以非现金形式取得的增值收益按相关规定管理。交易方按合同支付价款、税费、调节金后，由国土资源主管部门办理不动产登记手续，颁发农村集体建设用地使用权证（北京大学国家发展研究院综合课题组，2012；张云华，2018）。

建立农民宅基地使用权流转和房屋财产权交易制度。按照不动产统一登记原则，加快推进宅基地使用权确权登记颁证，对农民住房财产权做出明确界定。保持农村宅基地集体所有权不变，参照农村集体经营性建设用地入市和城镇房屋交易制度，建立面向城乡居民的农民宅基地使用权流转和房屋财产权交易制度，纳入农村产权流转交易市场体系统一管理。明确界定可流转交易的宅基地范围，农民自愿流转交易后不得再分配新的宅基地，在城镇无商品房的农民的唯一宅基地暂不允许流转交易。宅基地流转最高年限可参照国有建设居住用地使用权年限执行。宅基地和房屋首次流转交易只缴纳相应税费，土地增值收益归宅基地和房屋原使用人，再次流转交易缴纳一定比例的土地增值收益给村集体，用于农村建设。宅基地和房屋流转交易、缴纳相应税费后，由国土资源主管部门办理不动产登记手续，颁发宅基地使用权证。①

出台农村建设用地、宅基地（使用权人为城镇居民）使用权抵押贷款办法，赋予使用权证抵押融资、抵押变现等功能。比照国有建设用地使用权到期后的政策规定，明确农村建设用地使用权、宅基地使用权到期后的续期政策以及土地上的房屋及其他不动产的归属，实现农村集体建设用地与国有建设用地、宅基地与城镇住宅用地同地同权，给予用地主体稳定的政策预期，促进实现同权同价。

4. 推动生态产品供需市场化

随着经济持续快速增长带来经济规模的不断扩大，经济系统与生态系统之间的冲突越来越尖锐，除了强化监管外，建立绿水青山体现"金山银山"价值的市场机制十分必要。

构建生态投入回报机制。对生态产品定价，赋予自然以经济价值，建立生态产品市场化供需机制，通过经济供求原则激励生态环境保护与治理。一是在生态功能区建立资源变资产、资产变股金、股金变现金机制。在生态效益优先前提下，将生态功能区建设与产业发展结合起来，科学配置生态产品结构，由龙头企业按照产业化生产经营思路确立生态特色产业，实现专业化生产、规模化经营，通过市场引导龙头（企业）、龙头带动基地、基地联结农户的方式，实现生态建设与产业发展、生态效益与经济效益相互促进，增强生态功能区自我积累、自我发展能力。二是在荒山、林地、草地的所有权、承包权、经营权分置基础上，向企业、个人、组织团体公开拍卖经营权，对植被生长缓慢的高寒、干旱半干旱、荒漠化石漠化地区可加长承包期，并约定到期后如植被、生态效益达到标准，经营者可按到期时的市场价格获得优先经营权。政府在交通、水利、电网等基础设施建设上给予适度支持。三是健全生态保

---

① 参见中共中央办公厅、国务院办公厅《深化农村改革综合性实施方案》，中国政府网，http://www.gov.cn/gongbao/content/2015/content_2955704.htm，2015年11月。

护补偿机制。在推进江西、贵州国家生态文明试验区建设基础上，总结改革成果并向全国推广，尽快建立流域上下游、跨区域、跨流域以及重要生态保护区、水源涵养区、江河源头区、湿地生态系统、生态公益林的生态保护补偿制度，积极探索资金补助、产业转移、人才培训、教育帮扶、园区共建等多样化生态补偿机制。

推进生产消费生态化。在加快调整产业结构、能源结构、运输结构、用地结构以及加大生态环境执法力度的同时，强化经济激励与约束。一是倡导绿色价格观念，引导企业在商品和服务定价中加进生态成本，鼓励全社会为绿色消费付费，实现优质优价，逐渐形成市场化的生态投入回报机制。二是适时调整应税大气污染物和水污染物的环境保护税税额，足额补偿污染治理成本和污染损害成本，增加企业减排压力。三是建立押金返还制度。消费者或企业购买电池、有毒物品容器等商品时预先支付一定数额的押金，交回这些产品或原材料废物时返还押金，并将废物交由有资质的企业处理或回收再利用，避免废弃物因非法处置而污染环境。四是用好价格手段。对汽车、化肥农药、包装材料、化石燃料等的使用，根据对环境的损害程度，从需求端额外收费，将污染的社会成本内部化为消费者、企业的内部成本，促使消费者、企业转向使用环境友好的替代产品或减量使用。五是发挥好排污权交易、碳排放权交易制度的作用。

（二）引导社会资本增加高端优质供给

1. 鼓励企业在关键核心技术领域加大研发投入

在关键共性技术、前沿引领技术、现代工程技术、颠覆性技术创新等领域，选择有一定基础且先发优势不显著的核心技术环节，综合运用价格、财税、标准、投资补助等政策长期支持，争取有所突破。

以政策的普惠、透明、稳定培育市场优胜者。将公平竞争放在优先位置，支持政策对支持领域的企业一视同仁，通过平等充分竞争促进优胜劣汰。避免政府直接挑选企业和项目，减少点对点支持，减轻市场扭曲。通过消费端补助、培育消费市场等措施，将供给侧企业的技术和产品的优劣交由消费者和市场去评判。结合技术创新投入大、风险高和创新成功后收益高的特点，创新支持政策要有利于创新者形成明确、稳定的预期，以便创新者在稳定的收益预期下，放心地持续研发。[1]

采取有利于共性技术扩散和应用的组织方式及政策支持共性技术研发。根据共性技术的公共性确定支持力度，共性技术的公共属性越高，政府支持力度越大，共性技术的基础性越强，国家科研机构承担研究的责任越重。[2] 有针对性地选取支持方式。一是对高风险高回报的前瞻性共性技术项目，采取合同管理方式，以专项计划进行支持。二是对制约产业国际竞争力的关键共性技术，采取直接资助方式，或发起成立研究联合体后支持联合体，并监管联合体的研究活动，但不干预联合体项目选择。三是针对后期共性技术接近市场、技术优势一般集中在极少数企业、企业合作研发可能性小的特点，支持单个企业关键领域后期阶段的共性技术研发。四是对需要利用国家整体科技资源的共性技术项目，采取权责明确的合作开发协议或工程研究中心等方式进行支持，推动产学研合作。五是对产业发展必需的基础性共性技术，通过直接拨款，由国家研究机构进行研发。

审慎挑选"集中力量办大事"的关键核心技术领域。关键核心技术往往需要大量基础研究支撑以及长期试验验证和经验积累，且大多已形成产业生态系统，先发优势明显，后来者几乎无法与先行者竞争（瞿剑，2018）。芯片制造等产业具备高专业化、高兼容性的特征，需要产业链上下游配合，除中央处理器（Central Processing Unit，CPU）、内存

---

[1]　美国从 1978 年开始对非常规天然气企业给予同等的价格、税收等支持政策，经过各种非常规天然气企业间不同技术路线间的充分竞争，页岩气技术的竞争优势显现出来，美国鼓励发展非常规天然气的政策持续了 20 多年。德国的《可再生能源法》规定，电网公司必须全额收购光伏发电的收购期为 20 年。

[2]　日本下一代制造计划开发一个共性工艺模型后，不同企业特别是制造企业在该模型基础上进行调整，提高生产工艺自动化水平，日本政府将采用专项计划直接管理并承担全部研究经费。测量测试等基础性共性技术在美国由国家标准与技术研究院、在日本由产业技术综合研究院、在加拿大由国家研究委员会、在韩国由产业技术研究所等国家级科研机构承担。

条外，多数芯片要按需定制，同时要高度兼容，以适应分散的市场，这要求企业自主试错、自担风险。这些后发劣势明显的领域，需要先做力所能及且能为市场接受的产品，积累资金和技术后再向高端发展。科技发展有其规律，迭代演进是基本特征，想集中力量"弯道超车"往往会事与愿违。

尊重创新的空间集聚规律。大城市相对丰富的创新资源决定了创新活动发生在大城市与创新成果商业化发生在大城市的可能性更大。创新活动高度依赖服务体系，如创新前端的需求发现、知识形成及发明需要商业咨询、科学研究、技术服务，创新商业化需要风险投资、商业咨询、市场管理、会计、律师等生产性服务等，这使得大城市的创新活动更容易成功。美国研发活动集中在以五大湖为中心的东北走廊和南加利福尼亚，20世纪90年代美国92%的专利来自大城市，几乎所有风投集中在大城市区域。法国6个区域集中了75%的研发人员。德国97个行政单元中的11个几乎集中了全国所有专利。我国创新资源主要集中在直辖市、副省级城市和东部沿海地区。从提高创新效率看，在倡导全社会创新的同时，创新政策要发挥市场配置创新资源的作用，政府的资金支持更要讲效率，不宜"撒胡椒面"。

2. 支持社会资本增加优质民生供给

任何国家在任何时候也无力通过纯财政资金来满足优质民生服务需求，所以还需引导社会资本在市场需求强烈、有支付能力的优质教育、优质医疗、优质养老服务等领域加大投入，满足部分人群的优质民生服务需求，促进人力资本积累，为高质量发展创造条件。

引导社会资本兴办优质教育。通过社会化、集团化、网络化等方式支持社会资本扩大优质学前教育和优质中小学教育。一是支持社会资本以独资或与名校合作的方式兴办教育，适当收费，合理盈利，满足市场对优质学前教育和中小学教育的急迫需求，缓解社会在孩子上学方面的普遍性焦虑。主要依靠社会资本而非公共财政为部分人群提供优质教育是国际通行做法，也相对公平，既可满足部分有支付能力的人群对优质教育的需求，也能在财政资金有限的情况下，调动社会、家庭资金积累人力资本。公办名校的高质量主要来自公共资源的不公平分配，并非来自管理（杨东平，2018）。公办名校以挤占其他公办学校经费为代价，损害公众切身利益，而一些通过社会力量兴办的优质学前教育和优质中小学，因资金主要来自社会，即使价格高，公众舆论也不会过于关注。要坚决改变强势人群利用公共资源享有优质教育的做法，将财政资金投向提高教育公平性领域，由社会资本来满足优质教育需求。二是推动"名校＋弱校"向"名校＋民校"拓展。随着城市向外延伸以及"撤点并校"政策的实施，大量人口因房价等原因居住在没有学校的郊区甚至远郊区，原有"名校＋弱校"方式也解决不了这些居民的孩子就近入学问题。政府可以支持社会资本出资建设相关教学设施，作为城区名校、其他地区名校的分校，以社会资金保障分校老师待遇，通过集团化形式实现城乡教师交流轮岗制度化常态化，让这些地区群众的孩子就近入学，缓解交通压力和城区房价上涨压力。三是发挥线上教育广覆盖、低成本和普惠性优势，让农村边远地区家庭的孩子也能享有高质量的教育。教育行政主管部门可同时委托 2 ~ 3 个地方政府，通过招标优选办学业绩突出的社会机构，组织优秀教师录制在线课程，政府统一采购后免费提供给全社会选用。对在线教育出台审慎包容性办学指引，可暂不设准入门槛，鼓励办学机构在教育服务市场上公平竞争，优胜劣汰，让部分办学机构凭教学质量和口碑脱颖而出。转变政府职能，简化办学许可，义务教育以外的教育培训机构在工商部门登记注册，将前置办学许可改为备案管理。引导社会办学机构遵循教育规律，坚持育人第一，减少因逐利对办学质量的侵蚀，避免将教育事业办成"圈钱"和单纯谋利的产业。

鼓励社会资本提供优质医疗卫生服务。在提供全方位全周期健康服务的同时，通过充分发掘存量供给能力和新增供给，缓解优质医疗供需矛盾。一是依托二级及以上公立医院和政府办基层医疗卫生机构，建设多种形式、各具特色的医疗联合体，根据社会办医疗机构的意愿，将其纳入医联体。引导医联体内部形成科学的分工协作机制和顺畅的转诊机制。二是鼓励社会资本举办运营高水平的全科诊所、专科医疗服务、前沿医疗服务、个性化就医服务及优质中医医疗康养服务。允许社会办医疗机构、医院管理公司重组兼并公立医疗机构，或形成优势互补的长期稳定的合作经营关系，或组成规模化医疗集团。允许公立医院与社会资本合作举办新的非营利性医疗机构。三是鼓励具有先进医疗技术和管理经验的外资企业兴办高水平医疗机构，对外资办医实行准入前国民待遇加负面清单管理制度。四是降低准入门槛，简化审批事项，提高服务效率。社会办非营利性医疗机构在准入、医疗保险、用地、财税、投融资、监管以及个人执业、职称、社保、科研等方面，与公立医疗机构及人员实行相同标准，享受同等待遇，展开公平竞争；社会办营利性医疗机构参照企业管理，政府可给予适当优惠。

支持社会资本发展老龄产业。未富先老意味着老年人对养老服务缺乏支付能力，这从总体上决定了我国未来的养老服务供给水平相对发达经济体明显偏低。2030 年后，1950～1957 年、1962～1973 年"婴儿潮"出生人口分别进入 80 岁、60～65 岁，其中"60 后"一代以自有住房为主的家庭财富较多，养老服务支付能力较强。养老服务供给要针对不同年代出生人口的财富水平及支付能力，在居家养老、社区养老、机构养老服务供给上有所侧重。居家养老和社区养老是养老服务的主要市场，这部分市场应主要由政府和社会资本解决小型养老设施，提供照料康复服务。鼓励保险公司投资于养老服务设施，引导房地产企业等社会资本投资建设老年公寓等养老服务设施，鼓励医疗机构与养老机构开展合作共建。采取公民共建、公建民营、民办公助、特许经营或购买服务、一院两制①、民建民营等多种模式，给予土地、财政补贴、税收、

---

① 公民共建指政府提供土地和部分资金，邀请民间机构投资共建养老院，委托专业民间机构经营管理；公建民营指政府投资建设或将现有养老服务机构委托民间机构经营管理；民办公助指社会资本自建或租用房产、自我经营，政府给予一定的补助；特许经营或购买服务指政府将规定的养老服务项目以特许经营或购买服务方式，委托给民间机构或者个人运营管理；一院两制指政府在自建自管的养老机构中设立民建民营部分。

投融资以及水、电、气、热、网络等方面的优惠，支持社会资本提供多层次多样化的养老服务。农村老龄化节奏会持续快于城镇，农村老人支付能力低于城镇老人，应结合农村"三块地"改革，引入社会资本提供机构养老服务；完善社会保障关系转移接续机制，方便农村父母进城随子女养老。

3. 创新引导方式

综合考虑不同行业领域的技术经济特点和投资项目的实际需要，分别采取资本金注入、直接投资、投资补助、运营补贴、以奖代补、PPP（Public Private Partnership，政府和社会资本合作）、基金注资等方式鼓励引导社会资本。以奖代补特别是后补在相当程度上克服了过程监管难题，政策效果的确定性较强，适用于点多面广、单个项目资助规模不大、过程监管困难的领域。近年来各地普遍采用的 PPP 和引导基金方式，因引入了市场机制，对市场扭曲较小，成为政府引导社会资本比较普遍的方式，但要防范由此引致的地方政府债务风险。

规范 PPP 项目。总结近年来推动政府和社会资本合作的经验，统一政策和规则，规范 PPP 项目管理。一是对公益性民生项目，通过政府采购服务对服务销售进行"兜底"，保证最低收益，降低风险，充分利用社会资本方成熟的技术和管理，提高服务质量和运营效率。二是对有一定的使用者付费基础但收入不足以弥补建设运营成本的准经营性民生项目，通过投资补助、价格补贴、无偿划拨土地、提供优惠贷款、贷款贴息、投资入股、放弃项目公司中政府股东的分红权，以及授予项目周边的土地、商业等开发收益权等政府提供可行性缺口补助的方式，在政府不承担建设经营成本的前提下，对项目绩效进行一定的控制，充分利用社会资本方的经验和技术，提高建设和经营效率。三是对准经营性民生项目也可采用政府资本金注入方式，由政府和社会资本双方共同承担风险，调动社会资本的积极性，充分利用社会资本方的技术和管理经验。

规范政府出资产业投资基金运作。在经营性、准经营性领域，规范运用产业投资基金，通过政府与市场化机制的有机结合，提高运用财政资金实现战略目标的效力。针对近年来各地政府产业投资基金一哄而上的情况，要按照国家相关管理办法的要求，对政府出资产业投资基金进行规范。一是在投资方向上，不同层级相同或相近政策目标的基金应在具体的政策目标上有所分工，避免基金争抢项目。规模较大的基金更多地采用参股基金方式，更少采用直投方式，便于与下级政府设立的基金或其他同类基金形成合力，避免政府性基金在市场上相互替代或恶性竞争。二是在市场化运作上，将以往以产业投资基金名义成立的非市场化运作的基金分两类进行规范，一类按《政府出资产业投资基金管理暂行办法》（发改财金规〔2016〕2800号）进行规范，由符合条件的基金管理人市场化运作；暂时难以规范的，明确为财政专项资金，按相关规定管理使用，不纳入政府出资产业投资基金的绩效评价范围。三是在专业化管理上，新成立基金严格按照相关规定交由符合条件的基金管理人管理，以前成立且由政府部门或事业单位管理的基金应逐渐转交专业化团队管理，确保基金管理人员在项目选择、风险防控、团队管理等方面具备相关专业知识和经验，减少投资决策失误和资金浪费。四是在不同地区，政府让利大小和分担风险程度应有所不同，创新资源较稀缺的地区，政府出资成立的各类创业投资引导基金应适度加大政府出资部分的让利幅度和风险分担比重，确保政策引导效果。五是在引导效果与经济效益上，各类产业投资基金都应该平衡好政策效果与财务收益，以弥补市场失灵和追求政策引导效果为优先目标，将财务收益放在次要位置，避免政府出资的基金在市场上与民争利，干扰市场在资源配置中决定性作用的发挥。六是在"走出去"上，针对部分国家对我国并购其高科技公司的中后期投资和并购的限制增多，目前对风险投资阶段的整体限制较少的情况，鼓励国内创业投资引导基金跨境进行早期技术类投资。

4. 审慎把握引导力度

欠完善的市场环境导致信息更不充分，这种环境下如果政策引导力度过大，极易导致企业"一哄而起"，适宜的选择是引导力度宁可不足也不宜过度。

避免政策失当叠加、信息不充分带来企业决策上的"错上加错"。政府制定规划计划时对行业发展的规模、速度、市场需求、技术路线等也有可能判断失误，容易出现"计划赶不上变化"的情况。完善的市场经济中存在信息不充分问题，我国市场经济体制尚在形成过程中，部分领域市场化程度不高，市场机制不健全，信息不充分问题更突出。引导政策失当叠加、市场信息不充分会增大企业误判市场的可能性，引导力度不够至多带来引导效果欠佳，还可后续调整政策，而引导力度过大且与优化资源配置方向相反，必然导致资源配置的低效率。

减少新兴产业发展初期的投资"潮涌"行为。[①] 新兴产业发展前景好，市场需求增长快，预期利润率高，企业家们总是"英雄所见略同"，一波接一波地进入，直至出现产能严重过剩，这种情形在我国政府大力推动产业升级的政策背景下更容易出现。政府对这些新供给领域应更多地从提供市场供需信息、管理好土地和环境等外部影响、培育市场等方面提供支持和服务，同时，定向的财税、投资政策支持要适度。

探索开展政策效果后评价。政府官员希望在有限任期内很快见到政策效果和施政业绩是政策过度的重要原因，急于求成往往带来支持政策的不断加码，直至出现严重过剩。有些大型国企基于响应国家号召、落实国家战略的愿望，利用其在资金、技术动员能力上的优势，在产业领域"跑马圈地"，恶性竞争。针对盲目扩张、产能严重过剩频发的情况，可考虑对部分支持政策5～10年的实际效果开展评估，总结经验，吸取教训，警示政策制定者和企业。

（三）完善政府投资的科学决策机制

1. 形成资金统筹使用、项目递进安排、计划财政协调机制

将政府各部门在建和三年内拟建且拟申请安排政府投资的建设项目

[①] 光伏等新能源、新能源汽车政策实践中，企业在新兴产业的投资"潮涌"行为叠加、市场信息不充分和引导力度失当，导致企业投资损失和资源浪费的现象多次大规模出现，至今仍有数量不少的光伏、风电供给能力不能充分发挥作用，政策承诺的财政补贴也难以到位。

纳入政府投资项目储备库，由投资主管部门和财政部门牵头，依托项目储备库，编制覆盖一级政府各个部门的全口径三年滚动政府投资计划和年度政府投资计划，形成项目储备、三年滚动投资计划、年度投资计划的递进机制。未纳入重大项目库的，原则上不得编入三年滚动投资计划，未纳入三年滚动投资计划的，原则上不得编入年度投资计划。对因重大政策调整，未纳入项目库、确需编入三年滚动投资计划或年度投资计划的项目，要依程序审核。

重视项目储备工作，满足投资计划和财政预算的时间要求。加快推进入库项目前期工作，提高入库项目质量。逐步实现从"资金等项目"到"项目等资金"的转变。依托重大建设项目库，做实做细三年滚动投资计划，与中期财政规划和五年规划衔接。通过建立项目递进机制，统筹使用政府资金，落实五年规划纲要中的重大建设任务，区分轻重缓急，解决民生急需，发挥"集中力量办大事"优势，解决长期以来各级政府投资总量不清、资金来源不明、管理制度规则不一、资金分散使用、富余资金沉淀和多头重复配置、投资计划与财政预算进度不同步问题，减少同级政府各部门分散编制投资计划在行业和领域间造成的"苦乐不均"，提高政府投资的整体效益，方便人大和公众监督（马骏和周燕，2008）。

2. 建立资金安排咨询论证机制

对三年滚动政府投资计划涉及的投资领域、投资结构、投资方式以及年度政府投资计划中的投资项目，进行科学性和合理性咨询论证。政府投资计划在最终决策前，按辖区内外、不同领域（公共管理、法律、经济、社会等）、不同人群（专家、企业家、居民、行政人员等）的一定比例组成咨询论证会成员，听取意见建议，形成书面咨询意见，咨询意见与投资计划一并提交最后行政决策。

3. 强化工程咨询机构的责任约束

建设统一开放的投资中介服务体系，全面放开投资中介服务机构区域、资质限制。增强咨询机构的独立性和责任约束。发挥行业协会作用，建立有利于工程咨询机构和从业人员科学严谨、独立公正、诚信廉洁的从业管理制度。建立违规失信惩处制度和终身禁入制度。加强咨询机构和从业人员国际交流，学习国外工程咨询服务先进经验，提高行业竞争力。

4. 加强项目评估审查

项目前期工作对项目生命期影响巨大[①]，现阶段完全依靠市场力量还难以取得客观公正的咨询成果和评估意见，各级政府投资项目评审中心要加大对前期咨询成果的评估审查力度，减少因咨询机构与业主单位实质上的地位不平等对项目建议书、可行性研究报告质量的影响，避免可行性研究报告编成可批性研究报告，增强前期咨询成果的科学性。

5. 建立后评价制度

立足我国国情，借鉴国外先进经验，设计定量定性指标，选择科学适用方法，挑选有代表性的重大政府投资项目，由第三方开展后评价。通过后评价全面、客观地评估投资决策实施水平，发现问题，并将后评价结果与问责制度结合起来。

6. 增强投资项目在线审批监管平台一体化功能

按照政务服务"一网通办"要求，以国家政务服务平台为枢纽，整合各部门分散的投资项目网上服务入口，实现各部门投资项目集中在审批监管平台受理、审批。形成一级政府、一个平台。加快构建跨部门、跨层级、跨地域互联互通的全国一体化在线审批监管平台。推动平台标准化建设，搞好项目代码应用，方便企业运用项目代码这一唯一标识申报、查询，便于监管机构跟踪督办。发挥好平台项目进度跟踪、投资运行监测与调度的功能。

（四）健全政府投资的公众参与机制

1. 建立相对统一的投资决策听证制度

公共产品的消费者偏好无法通过市场价格反映出来，决策者常常只

---

① 据统计，前期工作影响项目投资控制的程度为75%～95%，初步设计阶段为35%～75%，施工图阶段为10%～35%。参见李斌和张帆（2009）。

能通过已经存在的诸如上学难、看病难、养老难或设施闲置等短缺或过剩现象，才能发现供过于求或供不应求，听证是获取真实需求偏好信息的有效手段。一是统一规范听证程序，对听证信息的通知公告、听证主持人的指定①和回避、听证代表产生、听证笔录和确认、听证过程和听证结果的公开方式等，进行统一规定。二是明确听证事项，凡涉及社会公众利益的规划、投资计划、重大项目、资金安排等都应经过听证程序。三是明确听证人员范围，决策利益相关方机构和人群、专家、管理者、媒体等都应参与听证。公共决策实质上是将公共资源分配给不同利益主体，各利益主体的决策话语权决定了公共资源分配的公平性，多元利益主体在公正的制度环境中通过表达需求意愿、协调博弈等机制共同决定公共资源分配，是实现公正分配的关键。四是确保听证过程真实透明，如实记录听证人员意见，或直播听证过程。五是翔实回应听证意见，对采纳、不采纳的听证意见分别向代表和社会做出回应。六是有效发挥专家在专业领域的专长，公开专家遴选标准、过程和结果，防止专家为决策机构代言；公开专家意见，接受监督，防止专家对听证消极懈怠（张昭，2016）。

避免强势群体对政府投资决策的不当影响。随着行业集中度提高，社会资本在某一行业领域的权重增大，媒体话语权和对行政决策的影响力增加，以往公共领域主要由政府控制的局面正在发生变化。利益集团往往会利用强势地位，影响甚至左右公共决策机构和个别行政人员。弱势人群的声音小，对决策施加压力的手段和途径缺乏，行政决策往往难以感受到弱势群体的压力。公开直接地听取弱势群体的需求意愿，让强弱群体公开直接辩论，有利于维护社会公正。

2. 完善政府投资项目公示制度

除涉及国家机密的部分国防项目外，利用预算内建设资金、专项建设基金、建设国债资金等财政性资金，且投资额超过一定规模的政府投

---

① 听证不宜由决策机构主持，而应由独立于决策机构的其他组织来主持。鉴于我国国情，可考虑待行业协会改革到位后由相关协会等中介组织主持。

资项目，都应经过公示程序。

政府投资项目在开工建设前，应向社会公示以下信息。一是项目建设的必要性。二是项目基本情况，包括项目名称，建设地址，项目目标、建设规模、主要建设内容和建设标准，建设期和实施进度计划，总投资和资金来源，征地、拆迁补偿标准，环境影响评价，社会和经济效益。三是项目建设单位及本项目主要负责人简介，项目设计单位及本项目主要负责人的业绩简介，项目监理单位、法人代表及本项目主要负责人的业绩简介，项目施工承包单位、法人代表和本项目主要负责人的业绩简介，特别是应公布这些单位的业务能力情况和相关经验。四是有关项目可行性和合法性、合规性的证明文件，主要包括人大报告（决议）、项目评审（评估）报告、项目可研批复文件、初步设计文件审查等文件的主要内容。五是受理举报电话，包括政府投资主管部门、财政部门、审计部门、项目建设单位和项目使用单位的联系电话。

政府重大投资项目在竣工决算或正式验收后，应向社会公示项目建设实际执行情况的信息包括：一是项目基本情况；二是项目实施情况，包括项目建设目标、建设规模、标准、主要建设内容，以及质量、工期、投资、效益等方面的变动情况；三是受理举报电话，包括投资主管部门、财政部门、审计部门、项目建设单位和项目使用单位的联系电话。

3. 适度上移民生项目的审核权限

自上而下任命制的干部人事管理制度决定了地方政府决策会较多地考虑对上负责，能见到、可核算的政绩往往成为基层政府领导决策时的追求，政绩工程、形象工程就是典型表现。在公众参与决策机制有待健全、基层政府决策可能偏离当地公众需求的情况下，可适度上移部分民生服务设施、公共基础设施投资项目的审核权限。

4. 妥善处理民主决策与科学决策可能存在的冲突

民主决策在于平衡权益，少数服从多数是民主决策的基本准则；民主决策容易忽视少数人的正当权益。科学决策在于求真，力求避免利益干扰，分工高度专业化使长期从事某一领域研究的专家比其他人更有发言权。但是，建制化的科研在很大程度上依靠利益驱动，个人专业的偏好也可能使专家在做出判断时出现偏差（崔裕蒙，2006）。当专家和精英的判断与公共选择发生激烈冲突时，相关方自由平等地沟通辩论就是协调利益、追求真理的必要过程。投资决策是人们对事物发展结果的预判，主观预判不可能完全符合未来的实际，所以即使决策形成后，也要允许不同意见甚至反对意见的存在。

（五）改善结构形成的其他制度供给

1. 构建有利于结构优化的新型投融资体制

除了健全投资的市场化、科学化、民主化体制机制外，优化供给结构还需要完善其他方面的投融资体制机制。

建立依法依规自主决策的企业投资管理体系。完善企业投资管理负面清单、权力清单、责任清单制度，释放企业投资活力，限定政府管理职权，加强失职渎职责任追究。厘清固定资产投资基本程序，精简合并审批事项，下放审批权限，优化审批流程，简化审批手续，最大限度方便企业。缩减政府核准的投资项目目录，推行告知承诺制。

完善政府投资体制。将政府投资严格限定在市场不能有效配置资源的公共领域和外部性领域。在明确中央和地方财政事权和支出责任划分的基础上，调整优化中央与地方投资事权和投资资金安排责任，减少中央和地方共同投资事权。建立投资事权和资金安排责任的动态调整机制。更多地运用事后奖励、基金投资等方式，充分利用市场机制实现国家战略意图。加强建设管理，严格投资概算、工程质量、建设工期管理，改进监管制度，丰富监管手段，强化违规惩戒。

创新融资机制。大力发展直接融资，依托国内主板、中小企业板、创业板、科创板、新三板等多层次资本市场体系，拓宽项目融资渠道。加快发展风险投资、私募股权投资、创业投资基金，为科技型创新企业投资提供融资支持。加快债券市场发展，丰富债券品种，在有效防控风险的情况下，逐步扩大地方政府债券发行规模。发展政府引导、市场化运作的产业投资基金、基础设施建设基金、公共服务发展基金、住房保障基金等重点领域的各类投资基金。鼓励社保基金、保险资金在依法合规、风险可控的前提下，以认购基金份额的方式参与基础设施建设、重大民生工程的投融资活动等。完善政策性开发性融资机制，提高政策性开发性金融机构融资效率。鼓励支持国内商业银行积极推动贷款融资方式创新，在不断扩大抵押贷款、担保贷款等传统信贷模式的基础上，稳步扩大信用贷款规模，加快发展专利权、知识产权和商业票据质押贷款等新型信贷模式，为优质企业和中小型企业投融资活动提供融资支持。积极推进对外融资机制创新，在管好用好国际金融组织贷款、国外商业银行贷款的同时，鼓励支持企业赴境外发行股票、债券融资，降低融资成本。提高金融服务实体经济能力，推动金融去杠杆，降低企业融资成本，构建绿色税收体系，建立绿色金融体系。

健全投融资政策协调机制。有效发挥发展规划、技术政策、行业标准对投资活动的引导作用，把发展规划作为引导投资方向、优化投资结构、协调投资布局的重要手段，构建科学完备可操作的行业准入标准体系，加快制定修订能耗、水耗、用地、碳排放、污染物排放、安全生产等技术标准。加强政策的部门协同和上下联动，形成政策合力。

2. 完善公平竞争机制

完善竞争起点平等、竞争规则公平的统一开放的市场环境。完善金融价格形成机制，提高金融机构风险定价能力，扩大存贷款利率浮动区间，推动商业银行自主决定存贷款利率，增强国债利率引导市场利率的基础性地位。完善人民币汇率形成机制，逐步扩大人民币汇率弹性，探索人民币对新兴市场货币的双边直接汇率形成机制。按照"管住中间、放开两头"的思路深化垄断行业价格改革，竞争性领域和环节由市场定价，政府定价领域健全成本监审规则和定价机制。完善公共服务价格机制，放开公用事业竞争性环节和非基本公共服务价格，健全科学反映成本、服务质量效率的政府定价机制。健全生态环保价格形成机制，推进环境损害成本内部化。稳步推进农业水价综合改革，稳妥改革粮食等重要性农产品价格形成机制。规范各类涉企收费。健全价格监管体制机制，增强监管能力。深化国企国资改革，使商业类国企成为真正意义上的市场主体，解决不同所有制企业在市场准入以及金融、土地等资源不平等使用方面的问题。破除各种隐性壁垒，规范地方政府运用土地、环境、金融、政府采购、补贴奖励等手段干预企业成本收益和妨碍统一市场的行为，打破形形色色的市场分割，形成全国统一开放的市场。

维护公平有序竞争的市场规则。落实公平竞争审查制度，明确审查程序，细化审查标准，加强政策指导，落实责任追究，发挥第三方审查的作用，提升审查制度的法律层次，确保规范市场运行的政策措施的公平性，促进市场充分竞争。加强事中事后监管，加强反垄断和反不正当竞争执法，依法制止滥用行政权力排除、限制竞争行为，打击公用事业、专营买卖行业的限制竞争和垄断行为，严厉查处制售假冒伪劣产品等违法行为。

公共领域引入竞争机制。推动自然垄断行业的竞争性领域和环节资源配置市场化。对轨道交通、港口码头机场等公共资源开发利用以及体育场馆、文化馆、图书馆、博物馆等准经营性、公益性项目，通过政府采购服务、提供可行性缺口（补助）、政府资本金注入等方式构建投资回报机制，采取指标、拍卖、招募等公平竞争方式择优选择社会投资者，提升公共服务效率。

倡导积极的竞争观念。将培育积极的竞争观念和竞争文化作为健全竞争机制的有机组成部分，加强全社会对开放条件下参与积极竞争重要性的认识，明确积极竞争是促进科技进步、产业升级、结构优化、高质量发展的必要过程，是个人和家庭积极向上、增加收入、自由发展的有效途径。

3. 健全激励创新的产权保护和运用制度①

建立各部门权责清晰、分工合理、相互协同的知识产权综合管理体制，提升知识产权创造、运用、保护、管理和服务水平。提高知识产权侵权法定赔偿上限，建立对专利权、著作权等知识产权侵权的惩罚性赔偿制度，提高知识产权侵权成本。将故意侵犯知识产权行为情况纳入企业和个人信用记录。加强知识产权法院体系建设，充分发挥知识产权司法保护主导作用。完善知识产权保护的区域协作和国际合作机制。加强品牌商誉保护，有效保护商业秘密。加大宽带移动互联网、物联网、云计算、大数据、高性能计算、移动智能终端等领域的知识产权保护力度，促进新产业、新技术、新业态、新模式蓬勃发展。打击网络侵权假冒行为，建立知识产权执法与电子商务企业管理合作机制。加强进出口贸易知识产权保护，打击互联网领域跨境电子商务的侵权假冒违法活动。完善高技术含量知识产权转移转化机制，创新知识产权运营模式，完善知识产权服务体系。探索建立知识产权质押融资风险补偿机制，鼓励金融机构加大对创新型企业的信贷支持力度。推动军民知识产权转移转化，促进军民融合创新。通过严格保护和有效运用创新成果，激发社会创新创业动力。

依法平等保护产权。将平等保护作为规范财产关系的基本原则。健全以企业组织形式和出资人承担责任方式为主的市场主体法律制度，清理废止按照所有制类型制定的市场主体法律法规。废除对非公有制经济各种形式的不合理法规政策和隐性壁垒，确保各种所有制经济依法平等使用生产要素，公平参与市场竞争，同等受到法律保护。甄别涉产权纠纷申诉案件，依法纠正错案冤案并赔偿当事人损失。严格遵循法不溯及

---

① 建立有利于不断攻克关键核心技术的体制机制，才是解决关键核心技术受制于人的根本之策。关键核心技术是演进的，蒸汽机、电力、内燃机都曾经是核心技术，关键核心技术的自主可控需要一个过程，要想在技术领域始终不受制于人，关键是制度保障。实际上，民族复兴也是一个相对概念和过程，本质是比其他国家发展得更快，20世纪70年代初期，苏联的GDP仅次于美国，为我国的4倍多，而现在俄罗斯的GDP不到我国的1/7。

既往、罪刑法定、在新旧法之间从旧兼从轻原则，妥善处理改革开放以来各类企业特别是民营企业发展过程中的不规范问题。防范刑事执法介入经济纠纷。严格遵循疑罪从无原则。细化涉嫌违法的企业和人员财产处置规则和程序，查封、扣押、冻结及处置涉案财物时，依法严格区分个人财产和企业法人财产、涉案人员个人财产和家庭成员财产。依法保障涉及犯罪的民营企业投资人在服刑期间行使财产权利等民事权利。完善办案质量终身制和错案责任问责制。通过平等保护产权，以衡产稳恒心，以恒心促发展。

4. 激发和保护企业家勇于创新、追求卓越的精神

树立创新致富的社会导向，依法保护企业家创新收益和财产权，让企业家敢于创新。建设专业化、市场化、国际化的职业经理人队伍，鼓励科技人才凭"一智之长"创办企业，让企业家善于创新。营造创新光荣、包容失败的社会氛围，让企业家乐于创新。重视企业家的创新实践经验，更好地发挥企业家在法规政策、规划计划、标准规范、立项评估等政府行政管理中的咨询作用。确立企业家在技术创新和管理创新中的主体地位，发挥企业家在凝聚专业人才、整合创新要素中的作用。提高教育质量，塑造健全人格，培育创新精神，增强创造能力，加强中高端综合性人才培养，为企业家培养后备力量。

保护老字号品牌，弘扬老字号文化，鼓励企业家立志于"百年老店"经营与传承，在专长领域精耕细作，追求人无我有、人有我优，支持企业在市场竞争中"宁为鸡头、不为凤尾"。引导上市企业创始人珍惜股权，以上市为创业起点，在特色领域做优做强，勇立市场潮头，争创世界一流，以特色优质产品和服务在市场竞争中长盛不衰。宣传国内外百年老店、千年老店，总结企业历经岁月洗礼、基业长青的经验，引导企业在优势领域以追求卓越的精神谋求永续发展。

5. 以全面开放促进制度完善

坚持将我国的根本制度、基本制度与具体的制度形式区分开来，继续解放思想，以开放促改革。通过引入外部市场主体改变支持与不支持改革的力量对比，减轻改革阻力。通过增加外部市场主体分摊制度改革成本，促进不同利益诉求的利益群体间的力量均衡和改革成本均摊，促进形成改革共识，加快改革进程。通过开放改变市场竞争格局，以新主体的进入打破原有的市场进入壁垒，以增加产品替代性和差异性打破市场垄断，以市场结构优化和市场竞争加剧推动市场竞争制度规则的建立。通过开放扩大市场竞争的地域范围和增加市场竞争的激烈程度，增大企业的市场风险，增加企业产权制度改革的外部压力，促使地方政府改善投资环境、转变政府职能和提升政务效率（黄上国，2005）。

六　妥善处理投资与供给、需求等的关系

优化投资结构和供给结构的同时，还要正确认识和妥善处理投资的供给与需求属性、投资结构与总量、投资与消费、投资（资本）与其他供给要素以及结构优化中政府与市场的关系，推动经济平衡协调和高质量发展。

（一）投资优化供给结构与稳定总需求

投资项目在建成之前表现为需求，能够稳定增长，项目建成投产后形成新供给，能够提高增长潜力，改善供给结构。从投资的需求效应看，消费主要由居民家庭的持久性收入决定，相对稳定；外需相对总需求的规模有限，影响因素复杂，可控性差；投资对政策变动反应敏感，这使它在稳增长中能够发挥关键作用。从投资的供给效应看，由劳动、资本（投资）、技术、制度等决定的潜在增长率是一国国民的经济福利的唯一最重要的因素。改革开放以来百姓生活水平的提高和国力的增强，主要得益于体制变革带来的潜在增长率的提升。在劳动年龄人口已经净减少、技术追赶难度增大的情况下，有效的资本积累对人均资本水平仅为发达国家20%左右的我国而言，无疑是非常重要的，也是我国

相对发达国家的增长优势（张长春和郑征，2018）。投资对优化供给结构和稳增长都重要，二者应兼顾。但是，经济短期波动并不必然破坏潜在增长能力，投资的供给效应比需求效应更重要，这决定了宏观投资管理应更多从供给侧着力。

（二）投资结构与投资总量

当结构有效时，短期内投资的多与少并不是一个大问题，长期中则需要保持适度投资增速以促进经济增长。没有一定的投资总量也就没有相应规模的新供给，供给结构调整会非常缓慢；而不注意优化投资结构，则会导致不合理的结构问题继续恶化，加剧供需矛盾。所以，保持必要投资增速的同时，优化投资结构是优化供给结构效果较好的可行途径。

（三）投资与消费

在劳动供给趋于减少、技术进步贡献相对稳定的前提下，投资增速下降必然带来经济和居民收入增速下降，削弱消费增长基础。要强行保持一定的消费增速，只能借债消费，最终引发（东欧国家曾经出现过的）债务危机。这也是强调居民收入水平要和经济增长同步、劳动者报酬要和生产率提高同步的原因。而如果不保持一定的消费增速，只有通过扩大出口和增加投资来消纳投资品才能实现经济循环，这会带来更多国际经贸摩擦，容易出现产能严重过剩。要实现经济平稳增长和居民收入持续较快提高，需要兼顾投资和消费。

（四）投资与（总）供给

投资所形成的资本与劳动、技术一起形成总供给，物化在资本中和凝结在劳动中的技术要素是提高供给能力、优化供给结构的重要动力。在发挥投资优化供给结构作用的同时，要不断提高知识和技术对总供给增长的贡献。考虑到劳动供给在长期中很可能趋于净减少，所以有必要采取节约劳动、提高资本有机构成的措施，减缓劳动供给减少对供给能力和供给结构的影响。

（五）有效市场和有为政府

经济中众多要素和产品的关系纷繁复杂，高效地协调供给与需求非人力所能及，主要依靠市场这只"看不见的手"来完成。但是，不充分竞争、不完全信息、外部性导致市场失灵，市场有效运行需有相关法律法规和监管，这决定了政府在竞争性领域维护平等充分竞争、优化结构的作用不可或缺。对于公共领域的资源配置和结构优化，政府更是发挥着不可替代的作用。此外，对体制原因导致的部分行业的供给能力严重过剩，政府采取相关措施进行调整，减少资源错配，也是一种必要的优化结构的办法。

第二章 投资优化供给结构的机理

内容提要：根据完全竞争市场一般均衡理论，在完全竞争条件下，市场竞争会有效配置资源，使经济活动达到供求均衡，这种状态下的供给结构称为有效供给结构或最优结构。供给结构优化的关键是竞争定价。投资是调整优化供给结构的重要手段，政府在调整优化供给结构中的作用必不可少。

一 供给结构

国民经济是一个由许多市场组成的复杂系统。市场是市场参与者或买者和卖者交换产品的场所，主要包括产品市场和要素市场。市场参与者主要包括居民和企业两大类，他们通过市场来交换商品和服务。例如，居民在产品市场购买商品或服务，从而得到满足，在要素市场提供劳动和资本，从而获得收入；企业在产品市场提供商品和服务，在要素市场购买资本、劳动等投入从事生产活动。在产品市场中，居民是需求方，企业是供给方；在要素市场中，居民是供给方，企业是需求方。

在一个经济体中，生产什么和生产多少产品是经济学研究的主要内容之一。市场是买者（需求方）和卖者（供给方）相互作用并共同决定商品或劳务的价格和交易数量的机制。需求与供给通过市场来达成交易，这些达成交易的各种产品或服务之间的比例关系称为产品结构。一般来说，这种产品结构从需求角度看可称为需求结构，从供给角度看就是供给结构，也就是说，供给结构和需求结构就是一个硬币的两面。例如，在消费品市场中成交的各种消费品，按用途可分为食品、衣着、住房等，各部分价值量之间存在一定的比例关系，这种比例关系从居民（需求）角度看就是消费品需求结构，简称消费结构，从企业（供给）角度看就是消费品供给结构。

对要素市场来说也是一样。要素的供给者是居民，需求者是企业。要素需求是派生需求，即企业的投入需求，由消费者对其最终产品的需求间接派生而来。例如，居民对食品的需求属于消费需求，而生产食品需要机器等生产要素投入。进一步，这些机器又需要厂房和设备等生产要素投入，这一系列的由食品消费需求引起的要素投入需求属于派生需求。要素需求主要包括资本、劳动和土地。这些要素在生产不同产品的行业间存在一定的比例关系，从需求角度看，这种比例关系称为要素需求结构，从供给角度看，称为要素供给结构，如劳动力的行业结构、资本的行业结构等。

二 最优供给结构

经济活动的最终目的是满足人们的各种需求。由于资源的稀缺性，如何有效（或最优）配置资源就成为经济社会追求的目标之一。

在市场经济中，需求量与价格的关系称为需求曲线，它是向下倾斜的。[1] 即在其他条件不变时，当一种商品的价格上升时，购买者趋向于购买更少的数量。同理，当价格下降，在其他条件不变时，需求量就会增加。类似地，供给量与价格的关系称为供给曲线，呈现的是在其他条件不变时，一种商品的市场价格与生产者愿意生产和销售的数量之间的

---

[1] 需求曲线向下倾斜的背后原因是边际效用递减规律和等边际准则。边际效用递减规律：当某物品的消费量增加时，该物品的边际效用趋于递减。效用最大化的基本条件是符合等边际准则，即在消费者的收入固定和他面临着各种物品的市场价格既定的条件下，当花费在任何一种物品上的最后一美元所得到的边际效用正好等于花费在其他任何一种物品上的最后一美元所得到的边际效用时，该消费就得到了最大的效用。

关系。单个物品的供给曲线是向上倾斜的。[①] 供给和需求的力量相互作用，从而产生均衡价格和均衡数量，即市场均衡。市场均衡发生在供给和需求力量达到平衡的价格和数量点上。在该点上，买者所愿意购买的数量正好等于卖者所愿意出售的数量（见图 2-1）。在其他条件不变的情况下，价格保持不变。需求和供给与价格的关系及其相互作用的原理，不仅适用于产品市场，也适用于生产要素市场。

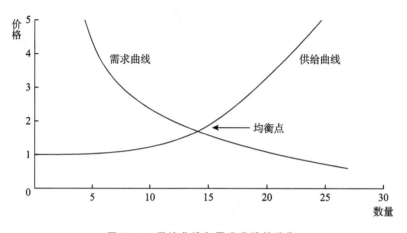

图 2-1　供给曲线和需求曲线的均衡

经济学一般均衡理论告诉我们：在完全竞争经济中，消费者追求效用最大化[②]和企业追求利润最大化[③]，将推动产品市场和要素市场同时达到均衡。这时，社会生产处于生产可能性边界上。即"在经济是充分竞争、生产者和消费者信息充分和没有外部效应的情况下，一般均衡市场体系就能显示出配置的效率。在这样一个体系中，每种商品的价格等

---

① 供给曲线向上倾斜的背后原因是边际收益递减规律。边际收益递减规律认为当其他的投入不变时，随着某一投入量的增加，我们得到的产出增量越来越少。换句话说，当其他投入不变时，随着某一投入量的增加，每一单位该种投入的边际产量会下降。

② 消费者均衡原则：每种物品每一美元的边际效用相等。参见萨缪尔森和诺德豪斯（2017，第 79 页）。

③ 最低成本规则：为了以最小成本生产出一定数量的产品，企业应该购买各种投入，直到花费在每一投入上的每一美元的边际产量相等时为止。企业的这一规则完全相似于追求效用最大化的消费者所遵循的原则。参见萨缪尔森和诺德豪斯（2017，第124 页）。在完全竞争条件下，当企业将其产量确定在边际成本等于价格的水平上时，就实现了利润最大化。参见萨缪尔森和诺德豪斯（2017，第 140 页）。

于其边际成本，每种要素的价格等于其边际产品的价值。当每个生产者都最大化其利润，每个消费者都最大化其效用时，经济作为一个整体就是有效的，没有一个人的境遇可以在不使另外一个人的境遇更糟的情况下得到改善"①。这种状态下的供给结构称为最优供给结构。

市场的一般均衡决定了商品的价格和产出。对消费者来说，任何两种商品的边际效用之比都等于其价格之比；对生产者来说，每种商品的价格都等于该商品的边际成本，或者说，任何两种商品的边际成本之比等于其价格之比。从而每种商品对消费者的边际效用都等于每种商品给社会带来的边际成本。边际成本比率反映了社会将一种商品转换为另一种商品的比率。因为边际成本比率等于价格比率，所以相对价格反映了商品之间的转换比率。因此，竞争性价格提供了各种商品相对稀缺性的准确信号。

经济中众多产品间的关系纷繁复杂，有效地配置资源最大限度满足人们的需要非人力所能及。上述一般均衡理论表明，在完全竞争条件下，市场竞争这只看不见的手会有效配置资源从而使经济活动达到供求均衡②，在这种状态下，供给结构达到最优。在供给结构调整过程中，看不见的手是通过价格变动来调节的，而竞争性价格提供了各种商品相对稀缺性的准确信号，因此，竞争性定价在供给结构优化过程中起着关键作用。

---

① 边际成本是指增加一单位产出额外的或增加的成本。在市场经济中，边际成本的主要作用是，只有当物品的价格等于其边际成本时，该经济才能从它的土地、劳动和资本等稀缺资源的利用中获得最大数量的产量。边际成本的主要作用可以扩展到完全竞争之外。运用边际成本来获得生产效率，对于任何一个试图最有效地利用其资源的社会或组织来说都是适用的。参见萨缪尔森和诺德豪斯（2017，第 142 页）。

② 19 世纪法国经济学家列昂·瓦尔拉斯（Leon Walras）发现了一般均衡的理论和方程。20 世纪中期，数学家约翰·冯·诺依曼（John von Neumann）及美国经济学家阿罗（Kenneth Arrow）和德布鲁（Gerard Debreu）运用拓扑学和集合论，对竞争均衡的存在性给出了一个完整的论证。这个革命性的发现表明，即使在许多不同的地区存在成千上万种投入品和产出品，即使货物生产和销售的时间并不相同，但在一定的限制条件下，总是存在至少一组价格使得所有投入品和产出品的供求实现完全均衡。

三　投资是调整供给结构的重要手段

供给结构的调整依赖于生产要素投入的调整。生产要素包括资本、劳动和土地。生产要素需求是相互依赖的需求，也就是说，在现代经济活动中，各种产品都由上述三种要素共同作用生产出来。土地的数量由地理状况决定，一般不会有大的改变。资本的供给依赖于企业、家庭和政府过去的投资，短期内的资本存量固定。投资是资本存量的保持和增加，长期内资本存量调整表现为投资的变动。

从各生产要素的流动性上看，资本的流动对市场供需情况变动的反应最快、最敏感，而劳动随资本的流动而流动。如果某一产品供不应求，在市场上该产品的价格就会上升，企业根据价格和边际成本，决策是否要增加投资，从而扩大资本和产能。劳动力随着该产品生产资本的扩大而流入。最终，该产品的供给得到增加，供给结构发生调整，资源得到有效配置。

供给结构调整依赖于资本存量和劳动的调整，投资和随投资流动的劳动一起改变着供给结构。因此，投资是供给结构优化调整的重要手段。

四　政府在供给结构优化中起重要作用

经济要取得一般均衡，有三方面的限制条件：没有外部性，充分竞争，以及消费者和生产者具有完全信息。经济学上将不满足这些条件的现象（外部性、不充分竞争和不完全信息）称为市场失灵。经济一旦出现市场失灵，一般均衡的条件就得不到满足，市场运行效率下降，这时的供给结构也不是最优的。

不充分竞争或垄断是对有效市场偏离的重要原因之一。当出现不充分竞争时，社会的产出将会从生产可能性边界上移至边界之内。当市场存在垄断，价格就不能反映供需状况，边际效用等于边际成本等于价格的条件受到破坏，经济的有效性就会受到损害。垄断者通常会抬高价格以获得超额利润，价格远超过成本，该物品的产出就会低于最有效的水平。不充分竞争导致价格高于成本，消费者购买量低于效率水平。过高的价格和过低的产出是伴随不充分竞争而来的非效率的标志。

外部性是指企业和个人向其他人所强加的成本或利益。外部性分为负外部性（成本）（如空气和水的污染，药物、食品等的不安全问题）和正外部性（利益）（如技术外溢、公共品）。经济活动的负外部性如环境污染对民众造成健康损害，若得不到企业的赔偿，经济的有效性就会受到破坏。

完全信息也是市场有效运行的重要条件。看不见的手理论假定：买者和卖者对其买卖的商品和服务掌握了充分的信息，消费者被假定了解商品的质量和价格。但现实中消费者对一些重要商品的质量缺乏足够的认识，如食品和药品，如果不安全的话，往往会对消费者造成很大的伤害。

另外，与市场运行相关的法律、监督和管理等市场环境，也是经济有效运行的重要保障。建立良好的市场环境的目的是保护市场参与者的合法权利，维护市场秩序，如纠纷裁决、违规处罚等。

消除垄断、负外部性和信息不对称，建立和完善法律法规是政府的主要职能。弥补市场失灵，创造良好的市场环境有利于市场趋向有效，有利于投资意愿的实现、投资成本的降低和投资效率的提高，从而有利于供给结构的优化调整。因此，政府在供给结构调整优化过程中起着重要作用。

第三章　投资市场化对供给
　　　　质量的影响

内容提要： 改革开放以来，总投资中政府投资占比逐渐下降，竞争性行业国有投资占比下降较快，民间投资比重不断上升，市场在资本配置中发挥的作用越来越大，有力地促进了供给结构优化和供给质量提升。对始终严格准入管理的汽车产业、先管后放的家电产业、一直少有准入管理的纺织产业三个产业的对比分析发现，竞争性产业市场化越早，市场化程度越高，产业的国际竞争力提升越快，供给质量越高。

一　我国不同阶段政府投资比重及供给效率

在竞争性领域，政府投资占比下降或维持低位，对应的是社会投资的活跃，而在公益性领域，政府投资占比上升或维持高位，说明具有正外部性的公共品供给更多。① 竞争性产业和公益性领域中政府投资占比的一降一升，反映出市场机制作用的变化，同时也反映了投资促进供给效率的提升。

---

① 考察投资领域的市场化水平最有代表性的指标是民间投资，由于相关制度的原因，我国系统性的民间投资统计数据发布较晚，统计口径也进行过调整，难以进行准确的历史比较分析，而最能代表投资领域政府力量大小的国家预算内投资比重的统计数据相对完整和准确，因此以国家预算内投资的变动来间接反映政府投资的变动和投资领域市场化水平的变化。

（一）1978～1996 年投资快速市场化改变了全面短缺状况

改革开放前，我国实行以政府为投资主体的投融资制度，形成了巨大的国有资产，促进了工业体系和国民经济体系的建立。十一届三中全会后，随着改革开放的深化，政府投资在总投资中的比重不断减少，民间投资比重逐渐上升，投资效益和供给效率随之提高。

1978～1996 年，政府投资份额被市场快速替代。政府投资占比在整体观测区间居高位，1981～1996 年的平均值为 11.9%，该占比趋势性快速下降，年均下降 1.7 个百分点。这一阶段的投资主体是国有企业和大型企业，出台和实施投资政策时，还具有一定的计划和行政色彩。伴随着市场化改革的推进，政府投资占比不断下降：1980 年国务院批准《关于实行基本建设拨款改贷款的报告》，允许以有偿使用资金的方式管理财政投资；1988 年国务院印发《国务院关于印发投资管理体制近期改革方案的通知》（国发〔1988〕45 号），指出改革重点应集中在资金来源渠道、政府投资范围及运营方式等方面；1992 年国务院颁布《全民所有制工业企业转换经营机制条例》（1992 年国务院令第 103 号），推动投融资体制改革进入新阶段。这一时期的政府投资主要集中在工业领域，第一、第三产业投资很少。

（二）1997～2001 年投资市场化有所减缓

1997～2001 年，政府投资占比从前期的低位反弹，平均值为 5.3%，年均增长 0.8 个百分点。这一阶段，政府对第二产业的投资比例下降，对第三产业的投资比例上升，对第一产业投资比例的变动较小。1998 年我国实施积极的财政政策以拉动内需，政府投资占比上升。2001 年 11 月，相关部门取消第一批五大类行政审批事项，国家出台新投融资体制改革方案。政府加大投资使得我国经济在 2001 年全球经济普遍不景气的情况下仍保持较高经济增速。

（三）2002～2007 年投资体制的市场化改革并未得到完全落实

2002～2007 年，政府投资占比持续下行，平均值为 4.7%，年均变化为 -0.47 个百分点。2004 年国务院出台《国务院关于投资体制改革的决定》（国发〔2004〕20 号），将政府投资范围主要框定在公益性和公共基础设施建设、保护和改善生态环境、促进欠发达地区的经济和社会发展、推进科技进步和高新技术产业化等领域，同时，明确提出要确立企业投资的主体地位。限定政府投资的领域和确立企业投资在市场中的主体地位，从政策层面极大地推动了投资的市场化。

但是，在政策执行过程中，由于受制于地方政府特别是基层政策的诸多体制性因素，政府投资领域的限定和企业的投资主体地位均未能完全落实。在政府职能未有根本转变、相关体制改革不到位的情况下，地方政府投资还是有相当部分进入了经营性领域，对私人企业投资形成了一定的挤出，导致投资结构和供给结构不尽合理。这一阶段我国劳动力成本优势较明显，加入世界贸易组织后正逢经济全球化加速期，良好的国内外环境暂时掩盖了这一时期特别是后期的重复投资、供给结构失衡等结构性问题。

（四）2008～2011 年投资市场化进程再度放缓

2008～2011 年，实施政府投资计划，政府投资占比平均值为 4.6%，年均增长 0.11 个百分点，其中 2008 年、2009 年平均增长 0.6 个百分点。在这一时期，大量公共基础设施投资项目上马，在项目选择、投资管理、资金使用等方面出现了一些问题，降低了项目的预期回报[1]，对供给效率造成了负面影响。

---

[1] 实证研究表明，项目实施时某国政府投资占 GDP 比例与项目实施前五年平均水平的差距每提高 1 个百分点，会降低该项目成功率 1.3 个百分点（Presbitero，2016）。

（五）2012 年以来的投资结构调整和供给结构优化

2012 年以来，受前期形成的供给结构方面问题、内外部环境变化等不利因素影响，包括民间投资在内的企业投资意愿受到一定程度的抑制，全社会投资增速持续显著下降，政府投资占比平均值为 5.2%，与前期相比有所上升。这一阶段我国市场经济体制已基本建立，中央和地方国企数量已大幅减少，政府对于非国有企业投资的影响程度已大幅下降。2016 年中央出台《中共中央　国务院关于深化投融资体制改革的意见》，提出建立完善企业自主决策、融资渠道畅通，职能转变到位、政府行为规范，宏观调控有效、法治保障健全的新型投融资体制。

这一阶段，政府投资进一步向公益性行业领域①集中，尽管在竞争性领域仍有相当数量的政府投资，但这些政府投资主要投向竞争性领域的外部性环节，如促进企业技术进步、鼓励企业节能降耗减排等。竞争领域民间投资的准入门槛降低，投资领域的市场化水平提高，投资优化供给结构的效果较为明显，供给结构持续优化。

从 2004～2017 年的政府投资占比变化趋势看，公益性行业国家预算资金占比平均值逐渐提升，由 2004 年的 11.28% 提高为 2016 年的 15.07%，受国企改革影响，公益性行业国有控股企业投资占比平均值由 2004 年的 87.45% 降为 2017 年的 61.15%。竞争性行业国家预算资金占比平均值在 3.34%～4.89% 的区间波动，竞争性行业国有控股企业投资占比平均值快速下降，由 2004 年的 52.57% 降低为 2017 年的 30.43%（见图 3-1）。公益性行业中，政府投资占比提高的有电力、

---

①　一般来说，公益性行业（公用事业和基础设施）包括电力、燃气、水的生产供应业，交通运输、仓储和邮政业，科学研究、技术服务和地质勘查业，水利、环境和公共设施管理业，教育，卫生和社会工作，文化、体育和娱乐业，公共管理、社会保障和社会组织等行业。竞争性行业包括农林牧渔业、采矿业、制造业、建筑业、批发和零售业、住宿和餐饮业、金融业、房地产业、租赁和商务服务业、居民服务和其他服务业等行业。

燃气、水的生产供应业，交通运输、仓储和邮政业，水利、环境和公共设施管理业，教育，卫生和社会工作，公共管理、社会保障和社会组织，占比下降的有科学研究、技术服务和地质勘查业，文化、体育和娱乐业。在竞争性领域，农林牧渔业、制造业、金融业的政府投资占比趋势性下降，由于加大棚户区改造和大力兴建保障房，建筑业、房地产业的政府投资占比有所提升。

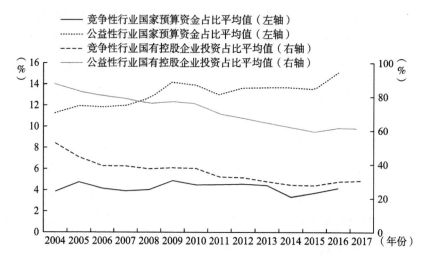

图 3 −1　竞争性、公益性行业政府投资占比的变化（2004～2017 年）

资料来源：Wind 数据库。

政府投资在道路、港口、通信系统等基础设施建设上的支出、公共研究支出以及基础教育和医疗服务支出，增强了经济发展潜力。政府投资的目标领域主要是以下三类：一是存在自然垄断、信息不完全、外部性、公共物品等市场失灵问题的领域；二是存在较大正外部性但发展存不确定性的幼稚产业，如战略性新兴产业；三是存在产能过剩、过度竞争等问题的传统衰退型产业，以转型引导投资、再就业培训投资、人力资本投资为主。需要注意的是，地方特别是基层政府从促进增长、增加税收、保障就业目标出发，在民生供给不足的情况下，仍然对竞争性领域或竞争性环节进行较大规模的投资，今后政府投资的科学化民主化水平仍有待提高（张长春，2014）。

（六）国有投资与产业国际竞争力的关系

统计分析发现，在所有行业中，国有投资①占比越小的行业，其国

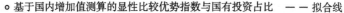

○ 基于国内增加值测算的显性比较优势指数与国有投资占比　　— — 拟合线

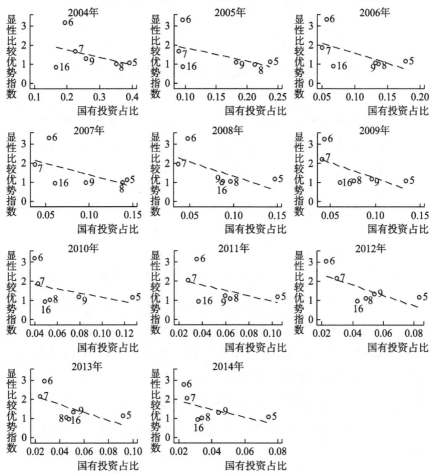

图 3 - 2　劳动密集型行业的显性比较优势指数与国有投资占比拟合情况（2004～2014 年）

注：劳动密集行业包括 5 食品、饮料及烟草业，6 纺织、服装及皮革业，7 木材加工（家具除外）及木竹藤棕草制品业，8 造纸及纸制品业，9 印刷及出版业，16 金属制品业（机械设备除外）。

资料来源：UIBE GVC Index。

_____

① 在本节的定量分析中，用国有投资代表政府投资，用基于国内增加值测算的显性比较优势指数代表行业竞争力。

际竞争力越强。在图 3 - 2 中，在各个年度，拟合出的"显性比较优势指数"对"国有投资占比"拟合线的斜率都为负。以 2014 年为例，行业 6、行业 7 的国有投资占比较低，同时具有较高的显性比较优势指数，行业 5、行业 9 的国有投资占比较高，这两个行业的显性比较优势指数较低。

二　典型产业市场化程度与产业竞争力

本节以政府保护最严的汽车产业、保护一段时期后开放的家电产业、保护很少的轻纺产业为例，分析政府准入管理等行为通过投资影响供给结构的特征。

（一）汽车产业

1. 汽车产业结构性政策演变

在计划经济时期，我国汽车产业实施高关税、高国产化和高保护的政策。改革开放初至 2000 年，汽车工业的发展重点是轿车制造。1986 年，"七五"计划明确提出将汽车制造业列为重要支柱产业之一，1987 年提出以一汽、东风、上汽三大轿车基地以及北京吉普、天津夏利、广州标致三个小型轿车基地为重要布局点的"三大三小"战略。1994 年国务院印发《90 年代国家产业政策纲要》（国发〔1994〕33 号），1995 年"九五"计划提出将经济型轿车和重型汽车及其零部件产业作为发展重点。

"十五"计划鼓励轿车进家，国家七次下调汽车进口关税。2004 年国家发改委出台《汽车产业发展政策》（发展改革委令 2004 年第 8 号），明确了汽车产业的投资管理、进口管理和消费政策等。2007 年国家发改委颁布《新能源汽车生产准入管理规则》（发展改革委令 2007 年第 72 号）。2009 年国务院出台《汽车产业调整和振兴规划》。2011 年商务部出台《商务部关于促进汽车流通业"十二五"发展的指导意见》，鼓励汽车流通业统筹推进"走出去"与"引进来"。2015年国务院发布的《中国制造2025》（国发〔2015〕28号）强调继续支持电动汽车、燃料电池汽车发展。

2. 政府行为对汽车产业投资的影响

第一，汽车产业投资门槛较高，不利于社会投资参与竞争。除"三大三小"以外，其他企业进入汽车行业面临较高门槛，奇瑞、吉利、比亚迪等民营企业在进入行业期和初创期异常艰难。与此同时，许多连年亏损、研发投入不足的小型国有车企，却可以凭借政府设置的行业进入门槛而不被市场淘汰。

形成这种局面的重要原因是政府设置的准入壁垒。一是投资审批制度较为严格。我国对于各种规模的汽车投资项目要求由国家审批立项，一度规定了投资总额不得低于20亿元的准入条件，同时对建立研发机构、配套发动机生产线等生产工艺做了要求。二是企业和产品目录管理制度较为严格。多年以来，只有经汽车管理部门认定的特定企业和产品，才可以开工生产和进入市场销售，在管理更严格的领域，即使是已获得生产资质的车企，在开发创新型汽车产品时，也需要再次认定产品生产开发资质。

第二，过于重视规模指标，强调投资规模和汽车产量，导致企业自主研发积极性不足。政府重视提升汽车产业集中度、扩大规模经济，在汽车产业"扶大扶强"，通过贷款、税率、股票和债券发行等支持政策，支持大企业进一步兼并重组，扩张为大企业集团。多数合资企业本身研发创新能力较低，但通过享受国家给予的各种优惠政策和市场垄断获取丰厚收益。这导致合资企业过度依赖国外技术，不愿意自主进行风险高、投入大、见效慢的自主研发，进而陷入"越保护越落后，越落后越要求保护"的困境。

1999～2004年我国汽车工业R&D投入占销售收入比例在1.4%～1.8%的低位（杨沿平等，2006）。2013年上汽、比亚迪、长城作为我国研发投入总额前三的企业，其研发投入占营业收入的比重为0.93%、

5.43%、2.98%，相比而言，福特和通用汽车公司2004年的研发强度为4.31%和3.20%；2009年我国除一汽、东风等车企外，多数车企配置的高级技术人员数量不到百名（于良春和王雨佳，2016）。我国整车投资与零部件投资的比例是1∶0.4，而世界汽车产业发达国家的最差水平也达到1∶1.2（张洁和冷民，2011）。

第三，新能源汽车投资补贴方式欠妥，阻碍外地投资进入。汽车产业地方保护主义较强。一是设置相关技术壁垒，排除外地车企。2014年初，北京出台《北京市示范应用新能源小客车管理办法》和《北京市示范应用新能源小客车生产企业及产品审核备案管理细则》，规定北京只对纯电动车进行补贴，从而挡住了荣威、江淮和比亚迪等外地车企的插电式混合动力轿车，保护了只生产纯电动汽车的北汽福田。二是设置产品目录，重点补贴本地车企。2014年上海发布《上海市第五批私人购买新能源汽车补贴试点车型产品信息的通知》，产品目录中多数是本地车企，长期内只有上海通用雪佛兰赛欧纯电动车和上汽荣威E50两款本地车获得4万元地方补贴和中央财政补贴（张厚明和文芳，2015）。

3. 政府行为对汽车产业供给质量的影响

第一，产销全球领先。2017年，我国汽车产销分别达到2901.5万辆和2887.9万辆，连续九年蝉联全球第一。自1980年以来，我国汽车产业在国际市场的占有率呈现不断上升的态势，2000年为0.3%，2008年为2.4%，至2013年达到3.4%（张航燕和江飞涛，2015）。在新能源汽车领域，2017年我国新能源汽车产业规模持续扩大，2017年产量79.4万辆，销量达到77.7万辆，连续三年居世界首位。

第二，产业国际竞争力弱。主要表现如下。一是汽车产业核心部件长期依赖进口。发动机、变速箱等核心零配件技术严重缺失，几乎完全依靠进口，近年汽车零配件进口额不断攀升，汽车零配件销售市场绝大部分市场份额被外资汽车零部件公司占有。二是自主品牌少。2000～2010年，汽车自主品牌市场份额仅从22%提升到30%，其中，5万～8万元车型自主品牌率超过90%，高价位车型的自主品牌率较低。到

2017 年，自主品牌率仍然未过半（43.9%），以德系（19.6%）、日系（17%）、美系（12.3%）为主的国外品牌合计仍然占有半壁江山（中国汽车工业协会，2012）。三是多数车企产品处于产业链低端。根据海关总署资料，2014 年全国整车生产企业超过百家，其中 75% 的市场销售份额来自排前 15 位的企业，其余大多数企业只创造 25% 的市场份额，这些企业研发技术能力严重不足、生产工艺落后、盈利状况不佳（肖俊涛，2015）。四是贸易优势指数较低。自 1980 年以来，我国汽车产业显性贸易优势指数小于 0，显性贸易优势指数从 1980 年的 - 0.52 上升至 2008 年的最高值 - 0.09，随后快速下降至 2010 年的 - 0.21，之后缓慢上升至 2013 年的 - 0.26（张航燕和江飞涛，2015）。根据世界银行 2004 ~ 2014 年收集统计的汽车产业的技术因素、政策因素和规模因素的数据构建产业国际竞争力指标，中国汽车产业的国际竞争力（- 1.16）远远低于日本（0.59）、德国（0.48）、美国（0.28）、韩国（- 0.23）。

第三，产能过剩问题较严重。2009 年国家发布刺激汽车产业消费系列利好政策，汽车企业出于乐观估计，开展"大跃进"式产能扩张，使得当年汽车产销增加 42%，增速同比增加 7 个百分点，最终导致 2011 年汽车领域产能利用率降至 72%，同比下降 13 个百分点（中国汽车工业协会，2012），2015 年进一步滑至 52%（张炳辉和吕亚勃，2017）。产能过剩问题导致企业效益下降、库存增多、市场价格战日益激烈，不利于产业长远健康发展。

（二）家电产业

1. 家电产业结构性政策演变

第一阶段（1979 ~ 1983 年），政府鼓励家电企业发展。国家支持家电企业合作生产，支持引进电冰箱压缩机等关键设备、成套技术和生产线，促使长虹等军工企业进入电视机、电冰箱、洗衣机等民用品制造行业。

第二阶段（1984～2001年），政府防控家电产业投资过热，保护国内市场。1984年电冰箱潜在产能达1700万台，超过当时市场需求，为控制家电产能膨胀，1985年中央层面连续出台《关于采取紧急措施严格控制盲目引进电冰箱生产线的通知》《关于加强电冰箱行业管理、控制盲目引进的报告》《国务院批转国家经委关于控制重复引进、制止多头对外的报告》。1989年，发布《国务院关于当前产业政策要点的决定》（国发〔1989〕29号），将家用电冰箱和洗衣机等家电列为停止或严格限制基本建设的产品及限制进口的产品，采取配额和高关税壁垒的政策。1992年，国务院批转《国务院批转国家计委、国务院生产办、关于控制若干长线产品和热点产品建设项目审批请示的通知》（国发〔1992〕17号），明确将电冰箱、冰柜及压缩机列为产能过剩产品，并且禁止在"八五"期间审批新项目。在《外商投资产业指导目录》（1995年）中，政府将洗衣机、电冰箱、冰柜生产列入限制目录，直到2002年才剔出限制目录。

第三阶段（2002年至今），政府对家电产业进行市场化调控。这一阶段家电产业结构性政策中指标行政性命令减少，市场化经济手段增多，政府更加注重规范家电价格行为和促进公平有序竞争，减少制定具体的价格水平目标、规模增速目标和技术发展路线。为提升企业国际竞争力与消化过剩产能，《家用电器行业"十五"规划》提出降低市场准入门槛、完善产品标准体系、攻克技术壁垒等有利于市场化的举措。国家大规模降低家电企业中间投入成本，在2007年6月下调20多类家电产品及其零部件进口关税，税率平均降幅接近50%。

2. 政府行为对家电产业投资和供给的影响

第一阶段的政策效果显著，家电产业快速发展。截至1981年底，我国家用电冰箱产量由1978年的2.8万台增加到5.56万台，年均增加27%，洗衣机产量则由1978年的0.04万台增加到128万台，年均增速接近14倍。

第二阶段的政策管控间接塑造了家电行业的寡头垄断格局。尽管政策初衷是缓解过剩产能问题，但由于低估了家电产品的市场需求和市场潜力，正常的家电市场需求被压制，到 1993 年，约 1/3 的家电企业处于亏损状态。由于 20 世纪 90 年代我国基本不再新建电冰箱厂等企业，间接塑造了寡头垄断的产业格局，成就了一批名牌企业，如荣声、海尔、新飞等电冰箱企业，荣事达、小天鹅、杭州松下、水仙、海尔等洗衣机企业。

第三阶段的促进市场竞争政策效果良好。一是家电产业规模快速提升，打开并占据国际市场。降低了要素采购、产品贸易和投资的成本，促进了家电企业提质增效，走出国门。2009 年，我国 28 种家电产量居世界之首，家用电冰箱产量由 1978 年的 2.8 万台增加到 4379.1 万台，家用洗衣机由 1978 年的 0.04 万台增加到 3856.1 万台，产量分别占世界份额的 34% 和 35%。二是家电产业形成一批行业巨头。在产业集中度提高的过程中，我国家电产业整体竞争力不断提升。在 2012 年，仅海尔一家家电企业销售额超千亿元，而到 2017 年，海尔、美的、海信、格力、长虹、TCL 等 6 家企业销售额均超千亿元，其中，海尔一家市场份额在 40% 以上（鲁建国，2017）。三是家电企业对外投资节奏有所加快。国内家电巨头拓展海外市场，在欧美等地开拓销售网络、建立生产制造工厂。部分家电龙头企业的海外业务收入占其收入比重相当高，如海尔集团 2004 年的海外业务收入比重已经达到了 22%。

（三）纺织产业

1. 纺织产业结构性政策演变

2001 年以前，纺织业由对口部委进行管理。1977 年纺织工业部从轻工业部分出。1993 年，撤销纺织工业部，成立中国纺织总会。1998 年，中国纺织总会改组为国家纺织工业局，由国家经贸委管理。2001 年以后，国家对纺织业放松管制，撤销国家纺织工业局，成立中国纺织工业协会，纺织业由纺织工业协会、国家发改委和环保总局等机构协同规制，政府大幅消减指令性控制，而代以市场化调节。

政府对纺织业的市场化调控举措有两点。一是调整出口退税政策。1994年，纺织品行业的出口退税税率定为17%，即全额予以退回，由于退税额负担太重，该税率在1996年调回6%。1998年亚洲金融危机爆发后，为消除不利冲击，政府上调纺织品出口退税税率到11%，尔后上调为13%（1999年）、17%（2001年）。2004年因政府出口退税欠税过多，将退税率调低为11%。2008年，为应对国际金融危机，将退税率升为13%，尔后调高为16%（2009年）。二是促进纺织产业集群发展。纺织工业协会于2002年启动纺织产业集群试点，陆续命名68个产业集群试点，其中14个点为中国纺织产业基地，54个点为特色城镇。地方政府构建集群合作网络，全力支持纺织骨干企业全球布局，培育专业化的中介机构，做好保障服务，营造适合纺织业集群发展的制度环境和市场体系。

2. 纺织产业结构性政策对投资和供给的影响

纺织工业规模效益稳定增长，结构调整不断深化，科技创新和技术进步明显加快，在全球纺织产业中地位进一步巩固。《纺织工业发展规划（2016－2020年）》显示，"十二五"时期，规模以上纺织企业工业增加值、主营业务收入和利润总额年均分别增长8.5%、9.2%和11.5%。2014年大中型纺织企业研究与试验经费支出257亿元，比2010年增长81%。

2008～2009年的国际金融危机极大冲击了我国纺织产业及上下游产业，2008年纺织产业增速为13.7%，同比回落8.8个百分点，大量中小企业关停。不过，危机催生新技术新模式，部分纺织企业由劳动密集型产业转为科技产业、时尚产业和绿色产业（张吉，2017）。

（四）汽车、纺织、家电产业竞争力

根据UIBE GVC Index提供的基于国内增加值测算的显性比较优势指数（该指数是用于比较同一国家各产业竞争优势的指数），按比较优势指数排序：纺织大于家电大于汽车。第一，汽车产业排名相对靠后。

在 44 国中，我国汽车产业由 2000 年的第 30 名提升到 2014 年的第 24 名
（见表 3-1），平均处于第 28 名，汽车产业在全球各国的排名位次较落
后。汽车产业在日本、捷克、匈牙利、墨西哥、斯洛伐克、德国、韩国
等国的排名相对靠前。第二，家电产业排名相对靠前。我国家电产业
（以电气设备制造业表示）的排名由 2000 年的第 9 名提升到 2014 年的
第 7 名，平均排第 9 名。其他国家中，家电产业地位排名靠前的是斯洛
文尼亚、捷克、德国、罗马尼亚、日本、奥地利、匈牙利等国。第三，
纺织产业排名前三。我国纺织业平均处于第 3 名，由 2000 年的第 4 名
提高到 2014 年的第 2 名。纺织产业排名依次是土耳其、中国、葡萄牙、
保加利亚、印度尼西亚、意大利、罗马尼亚、立陶宛、印度等国家。

表 3-1　我国汽车、家电、纺织产业的显性比较优势国际排名（2000~2014 年）

年份	小汽车、拖车、半挂车制造业	电气设备制造业	纺织、服装及皮革业
2000	30	9	4
2001	32	9	4
2002	30	9	5
2003	29	9	5
2004	28	10	3
2005	28	9	2
2006	26	10	2
2007	25	10	2
2008	26	10	2
2009	24	9	2
2010	24	7	2
2011	23	7	2
2012	24	7	2
2013	24	7	2
2014	24	7	2

注：由于标准国民经济行业分类中并没有家电行业，这里用电气设备制造业（包含家用
电力器具制造、非电力家用器具制造、照明器具制造等）来指代家电行业。

资料来源：UIBE GVC Index。

按市场占有率排序：纺织和家电产业市场占有率相当，并高于汽车产业。第一，纺织产业市场占有率较高。根据中国纺织工业联合会报告，2016 年我国纺织产业产量占世界一半以上，国际市场占有率超过世界的三分之一，并且纺织企业基本都是内资企业。第二，家电产业市场占有率较高。根据韩国电子信息通信产业振兴会发布的《家电产业现状和展望报告书（2017 年）》，2017 年中国制造的家电产品在全球市场份额达 56.2%。根据中国家电协会数据，2016 年我国冰箱和冷柜、空调、洗衣机、微波炉产量占全球比重分别达 55%、80%、51%、80%，冰箱压缩机和空调压缩机产量占比分别达 75% 和 80%，小家电产品在全球更是占有绝对优势，部分产品比重高达 90%。第三，汽车产业市场占有率较低。根据中国汽车工业协会数据，2017 年我国乘用车产量占世界总产量的 34%，其中，国产乘用车占我国乘用车产量的 44%，由此可计算，国产乘用车产量仅占世界总产量的 15%。

保护政策可在短期内保持产业的繁荣，如果受保护产业未能在保护期内快速提升市场竞争力，产业的技术水平和竞争力与国际水平的差距将不断扩大，汽车产业就是如此。反之，如果产业适时参与国际竞争，在与国际同行激烈的市场竞争中提高技术水平，增强竞争力，就有可能成为国际市场的领跑者，家电产业就是如此。

第四章　优化供给结构的投资体制改革措施

内容提要： 发挥投资对优化供给结构的关键性作用，要提高企业投资市场化和政府投资科学化水平，努力减少低效（如重复建设）、有害（如污染）投资，增加高端（如关键核心技术领域）优质（如优质民生服务）投资。近期深化投资体制改革、优化供给结构的主要措施是，提高政府投资决策的科学化、民主化水平，增强政府投资的针对性和有效性，加强对社会资本尤其是民间资本投资的支持和引导，激发市场主体的积极性和创造性，形成政府和市场的合力，有效弥补"政府失灵"和"市场失灵"，补短板、锻长板、强弱项，优化投资结构，带动和促进供给结构调整优化。

发挥投资对优化供给结构的关键性作用，要紧密围绕使市场在资源配置中起决定性作用和更好地发挥政府作用这一核心，以提高企业投资市场化和政府投资科学化水平为主攻方向，深化投融资体制改革，着力减少低效（如重复建设）、有害（如污染）投资，增加高端（如关键核心技术领域）优质（如优质民生服务）投资，调整优化投资结构，锻长板、补短板、强弱项，推动完善现代化供给体系。

一　发挥政府和市场的合力

紧密围绕使市场在资源配置中起决定性作用和更好地发挥政府作用

这一核心，明确界定政府的职责，有效弥补"市场失灵"和"政府失灵"，形成政府和市场的合力。

（一）明确界定政府的职责

供需关系是市场经济的基本规律，市场机制是调节供需关系的最佳工具。当市场的地位和作用受到干扰时，必然会影响供需结构平衡，进而导致经济结构失衡。市场经济体制改革的主线是理顺政府和市场的关系、政府和企业的关系，从而充分发挥市场在配置资源中的决定性作用，有效调动市场主体的积极性和创造性。党的十八届三中全会明确提出"发挥市场在资源配置中的决定性作用和更好发挥政府作用"。然而，在供给体系中特别是关键领域和薄弱环节市场机制的作用并未得到充分有效发挥，政府作用也存在不同程度的缺位和越位甚至错位的问题，"市场失灵"和"政府失灵"常常同时存在，从而形成了供给体系中的短板领域。优化供给结构的本质是通过补齐关键领域和薄弱环节等的短板、弱项，使供给体系更加适应国内外需求结构变动的新形势、新要求，更好地满足"人民日益增长的美好生活需要"，进而扩大整体需求规模，促进经济持续稳定增长，推动实现高质量发展。

投融资的本质是资源和要素的再配置，在制定投融资政策时应首先考虑如何让市场机制发挥最大作用，投融资政策的重要出发点应是如何提升市场配置资源的效率、保障市场规律的正常运行并有效弥补"市场失灵"。为充分发挥投资对优化供给结构尤其是补短板的关键性作用，应充分发挥市场机制的作用，通过市场机制引导企业特别是民间资本的投资方向，同时为有效防范重复建设、产能过剩等"市场失灵"问题，要加强对企业投融资行为的引导并强化负外部性监管。具体而言，在优化供给结构特别是补短板工作中，政府的作用主要应体现在三个方面：一是调整优化政府的投资方向和方式，在关键领域和薄弱环节适度加大政府投资力度，强化政府投资对市场主体特别是民间投资的引导作用，从而有效解决政府投资的"缺位"和"越位"问题；二是营造良好的投资和创业环境，保障市场机制良性运行，完善投融资政策，调动市场主体包括各类产业资本和金融资本的积极性和主动性，让市场主体的投资成为优化供给结构的主力军；三是强化对企业投资的外部性监管，从国家安全、资源有效利用、生态环保和公共利益等方面实施有效监督，设立合理的投资准入门槛，有效防范企业投资项目的负外部性问题。

值得注意的是，为更好地发挥政府作用，政府在制定投资、财政、金融等相关政策时，要高度重视政策支持的"盆景化"问题，即普惠政策不足、特惠政策尤其是激励性政策有余且强度过大，通过短期高强度的政策支持和公共资源配置，人为地营造政策"高地"和政策"孤岛"，导致市场主体对公共资源和政策特别是财政性资金过度依赖甚至丧失自我可持续发展能力。政策"盆景化"问题的本质是扭曲市场机制，妨碍市场发挥配置资源的决定性作用，甚至"误导"市场主体的投融资行为。激励性政策退出时，往往就是企业衰败之始。

（二）强化发展规划的导向作用

国家发展规划是宏观调控的重要载体，集中体现党和国家的战略意图和中长期发展目标。党的十九大报告提出"创新和完善宏观调控，发挥国家发展规划的战略导向作用"，进一步强调了发展规划的重要地位和作用。发展规划的编制过程是一个集思广益和形成社会共识的过程，也是发现经济社会发展中的短板和薄弱环节的过程。发展规划体系包括总体规划、专项规划和区域规划三类，是政府投资决策和审批/核准投资项目以及安排政府投资资金的重要依据。补短板对于优化供给结构尤其是完善供给体系、提高供给质量具有重要意义，甚至可以说优化供给结构的核心就是在关键领域和薄弱环节补短板。为更好地发挥投资对优化供给结构的关键作用，加大补短板的投资力度，建议国家层面研究制订三年滚动的补短板工作规划或行动计划，提出补短板尤其是关键领域和薄弱环节的主要任务和工作重点，明确相关部门和地方政府的主要职责，包括政府投资方向和重点。地方政府在此基础上研究制订本地补短板工作的行动计划或实施方案，确定补短板工作的奋斗目标，明确补短板的重点领域、重大工程和重大投资项目，明确政府在短板领域的投资责任，集中本级政府可以掌控的资源、资产和必要的政府投资，引导社会资本尤其是民间资本参与，从而切实加大短板领域的投资力度。

二　提高政府投资决策科学化水平

着力提高投资决策的科学化和民主化水平，从源头上提高投资项目的可行性，完善投资决策机制，有效防范低效（如重复建设）、有害（如污染）的投资，增加高端（如关键核心技术领域）、优质（如优质民生服务）的投资。现阶段要加强投资项目可行性研究和咨询评估，加快建立政府投资决策听证制度，扩大人大的投资决策权。

（一）做好投资项目可行性研究工作

投资项目可行性研究论证是项目投资决策的重要基础和依据。要进一步完善投资项目可行性研究体系和方法，增加投融资方案可行性尤其是政府投资必要性的研究内容，增加政府财政承受能力论证的内容，增加项目采用公建公营或 PPP 模式的比选内容，完善对项目全生命周期风险识别和风险管控措施的研究。各级政府投资主管部门要切实做好政府投资项目可行性研究报告的审查工作，从源头上把关，确保投资项目能够切实解决经济和社会发展中的实际问题，确保政府投资资金能主要用于重点领域和关键环节的补短板项目，确保投资项目能真正有利于优化供给结构，以及确保从源头上防控政府（隐性）债务风险。

（二）建立政府投资决策听证制度

政府投资是落实政府公共服务和社会管理职能、发挥政府作用、弥补市场失灵、推动经济社会协调可持续发展的重要手段。政府投资决策是一种重要的公共决策行为，涉及经济、社会、行业、工程、技术、金融、财务等多方面的知识和信息，对投资决策审批部门和主要个人而言是一项巨大的挑战。改革开放后特别是 21 世纪以来，为完善政府投资决策机制，提高政府投资决策水平，我国在建立健全政府投资决策机制方面实施了诸多改革措施，如引入投资项目的专家评审和评议制度以及试行项目公示制度，在某种程度上弥补了投资决策审批机关和主要个人的专业能力不足、信息不充分的问题，但仍然难以有效克服信息不对称以及投资决策审批部门和主要个人的主观偏好与自由裁量权过大等问题。完善政府投资决策机制和提高投资决策科学化水平，提高政府投资效益，扩大公众应有的知情权、参与权和监督权，有必要引入政府投资决策听证制度。

公众听证制度是现代社会普遍推行的用于保证各利益主体平等参与公共决策过程，最终实现决策民主化、公开化、科学化的一种重要制度安排，也是公众参与的重要而有效的形式。建立政府投资决策听证制度具有重要的现实意义，不仅有助于提高投资决策水平，识别、防范和化解潜在社会风险，扩大社会公众的知情权、参与权和监督权，更有助于进一步推进国家治理体系和治理能力现代化建设。实行公众听证制度是一项需要花费大量人力、物力、财力的工作，建议可针对一些投资规模大、环境和社会影响范围大、有可能对公众合法权益造成侵害的政府投资项目，先行进行投资决策听证试点，待总结经验、完善听证制度后再推广运用到其他政府投资项目，见专栏 1。

专栏 1　政府投资决策听证会初步设想

第一，听证组织机构。听证会的组织机构应按照"谁决策、谁审批、谁组织听证"的原则确定。对地方各级政府投资的重大项目，一般应由地方人民政府或其委托投资主管部门组织听证会。按照有关规定，需要国务院投资主管部门审批或核报国务院批准的地方政府投资项目，应由国务院投资主管部门组织或委托省级人民政府组织听证会。

第二，听证时机。最好选择在项目可行性研究报告完成后、投资主管部门正式批复项目前举行听证会。如听证会上有关各方对项目相关决策事项存在重大分歧和异议，必要时，负责项目决策审批的投资主管部门可责令项目建设单位调整项目建设方案并进一步修改、完善可行性研究报告，之后再举行一次听证会。

第三，听证内容。项目决策听证的内容应重点围绕项目建设的必要性、可行性、科学性等问题展开。一般而言，听证会的具体内容应包括：①项目建设的必要性和意义；②项目选址方案；③建设规模、主要建设内容和建设标准；④城市房屋拆迁、农村土地征用的补偿安置方案；⑤生态环境影响和保护措施；⑥总投资和资金筹措方案以及政府投资需求和投资方式；⑦经济和社会影响；⑧社会公众要求举行听证会的有关事项。

第四，听证会的召集。鉴于需要举行听证会的政府投资项目往往影响范围广、涉及层面多，从提高听证会的召集效率考虑，可采取由听证组织机构发起，自上而下的召集模式。

第五，听证参加人。听证会的参加人，除投资主管部门和项目建设单位外，其他参加人代表建议分三大类：有关政府机关、听证会专家和社会公众代表。为建立有效的制衡、协调机制，建议三类代表的人数比例可按3：4：3确定。其中，政府机关代表应包括与项目建设有关的政府部门工作人员，主要是土地、规划、环保、财政、建设部门和项目的行业主管部门等。听证会专家则主要包括建设项目涉及的经济、技术、环保、建筑、社会学、法律等领域的专家学者。社会公众代表则应包括以项目建设占地为中心一定半径内的周边区域的居民、企业及其他社会组织等，尤其要强调各利益主体特别是直接受损群体的代表性。

（三）扩大人民代表大会的投资决策权

强化人民代表大会对政府投资年度计划（以及预算内专项资金使用

计划、政府性基金预算计划）的审议，该计划中有关政府投资资金规模、投资支持方向以及投资项目安排的内容，应在年初报经人民代表大会审议批准。未经人民代表大会常务委员会批准，政府及其有关部门不得更改政府投资规模和投向。客观地说，目前人民代表大会及其常务委员会直接参与单个政府投资项目决策的模式在短期内全面实施尚存在较大的困难，但三峡工程由全国人大代表投票表决的机制开创了重大项目民主化决策的先例，三峡工程也由此成为重大政府投资项目科学决策的典范。也许人大代表本身不是投资、融资以及行业、技术、项目管理等方面的专家，但不同人大代表审议投资项目的过程本身就是一个集思广益的过程，也是发现和识别项目潜在风险的过程，尤其是其中反对者和批评者的意见和建议有助于进一步回答项目建设的必要性、完善项目建设方案，从而有助于提高项目的综合效益。建议中央政府对一些跨地区、跨流域以及对经济和社会发展全局有重大影响的重大投资项目，可仿效三峡工程的做法，投资决策时提请人民代表大会审议并由人大代表进行投票表决。地方各级政府也应仿照中央政府的做法，对重大政府投资项目以及直接涉及公众利益、公共安全等重大企业投资项目，应增加报经同级人民代表大会审议批准这一重要环节，由人民代表大会直接做出同意建设与否的决定。

（四）　实施统一的政府投资计划管理

优化供给结构特别是在关键领域和薄弱环节加强补短板工作，无疑需要各级政府尤其是中央和省级政府加大投资力度。然而，目前我国中央政府投资和各级地方政府投资的管理总体上属于分散管理的体制，不同政府部门实际上或多或少地行使着政府投资的管理职能，包括安排政府投资项目和政府投资资金。政府投资主管部门实际并不管理全部政府投资，更无法统筹安排全部政府投资资金的投向，以至于政府层面实际上缺乏集中统一的政府投资计划。其导致的主要问题是不同部门政府投资项目和资金管理的制度规则不一、不同行业领域投资资金分散使用和重复配置并存，从而不利于政府集中力量办大事和提高政府投资效益。为使有限的政府投资用在优化供给结构特别是关键领域和薄弱环节补短板的"刀刃"上，要着力改变目前政府投资分散管理、分散使用又难免重复配置的现状，统筹安排关键领域和薄弱环节补短板的政府投资，逐步实现政府投资管理一盘棋格局。

建议作为投资主管部门的国家发改委会同财政以及交通、能源、水利、环保、文化、教育、卫生、体育等行业主管部门，共同制订中央层面的全口径三年滚动政府投资计划和全口径年度政府投资计划。全口径政府投资计划包括中央预算内投资计划、预算内专项资金投资计划、政府性基金投资计划及专项税收（收费）投资计划，分别对应目前中央政府用于固定资产投资的各类政府投资资金，包括预算内投资资金、预算内专项资金、政府性基金、专项税收（收费）等。建议政府投资计划涵盖的投资项目主要信息包括项目名称、项目代码、建设规模、主要建设内容、建设周期、总投资和资金来源、项目实施进展情况及建设单位（包括 PPP 项目实施机构和社会资本方）等。

三 切实做好企业投资的引导工作

尊重市场经济规律，使市场在资源配置中起决定性作用，有所为有所不为，合理引导企业投资方向。

（一）有效防范行政力量推动的重复建设

一般而言，竞争性产业领域的重复建设有其必要性和意义，有序的市场竞争有利于发挥市场机制的作用，适度的产能过剩也有利于劣质产能出清，从而促进该领域"上档次""上水平"和提升竞争力。近年来我国供给侧结构性改革尤其是"去产能""去库存"工作实施情况也表明，竞争性产业领域试图通过行政性手段而非市场化手段来控制行业市场准入、投资布局和生产能力，反而不利于行业健康发展尤其是产业竞争力的提高。

需要引起注意的是，近年来我国部分行业领域出现的主要是行政力量主导、推动的重复建设问题，其中既有政府负有提供责任的基础设施和公共服务领域，也有竞争性产业领域。例如，近年来一些地区产业园区/城市新区热、特色小镇热、大数据产业热等问题基本都是地方政府直接主导、推动的。其投资不仅浪费、闲置了宝贵的资源和要素，也没有发挥应有的优化供给结构的作用，导致了重复建设和产能过剩等突出问题，见专栏2。行政力量推动的重复建设扭曲了市场机制的作用，也是供给结构不合理的重要表现之一。

专栏2　近年来我国行政性重复建设的典型领域

重复建设和产能过剩是投资结构不合理的突出体现，是导致投资效益不高的重要源头，也是长期以来投资建设领域的一大顽疾，不仅不能有效发挥投资对优化供给结构的作用，而且会导致新的供给结构失衡。

第一，交通基础设施领域。一是一些沿海沿江地区新建、扩建大型深水泊位码头成风，部分地区港口码头密度过大，导致吞吐能力严重闲置。很多内陆地区也不顾自身区位条件和物流产业发展状况，投资建设"无水港"项目。二是一些经济发展相对落后的地区高估交通运输需求，花费巨额资金超前修建高等级公路尤其是高速公路，建成后却远远达不到预期车流量，且今后较长时期内难以得到充分利用。

第二，各类产业园区/城市新区。早几年全国很多地区打着拓展经济发展空间和改善投资环境的旗号，掀起了严重的"开发区热"，导致大量土地闲置浪费。在国家清理开发区热和加强土地管理，开发区热得到一定程度的遏制后，一些地区产业园区的重复建设之风则打着国家鼓励支持发展的新兴产业、循环经济、生物医药、文化建设、大数据和互联网产业等各种旗号猛刮。而城市新区在全国遍地开花，几乎每个地市甚至县区都规划建设新城新区，有的根本没有考虑城市建设的必要性和可能性。

第三，特色小镇和田园综合体等领域。特色小镇是创新创业的重要载体，是推进新型城镇化发展的重要抓手，但发展特色小镇要因地制宜，发挥特色优势。实践中，很多地区不顾自身区位条件、产业发展基础和文化旅游等特色资源状况，盲目规划建设特色小镇，有的地方还运动式提出建设一县一镇甚至一县几镇。甚至有的部门也加入规划建设特色小镇的浪潮中，提出在本行业领域建设大量特色小镇。田园综合体是集现代农业、休闲旅游、田园社区为一体的乡村综合发展模式，也是推动新型城镇化发展的路径之一。然而，在 2017 年有关部门推出田园综合体试点政策并给予试点项目财政性资金支持以来，很多地方也一哄而上地大量规划建设田园综合体项目，有的甚至异化为农村地区的房地产开发项目。

第四，大数据产业。新兴产业属于国家鼓励发展的产业，近年来新兴产业也在反复上演重复建设的故事，如多晶硅和光伏发电设备等产业，其中地方政府也成为重要的幕后推手。最近几年突出的大数据、互联网等产业成为地方政府大力支持发展的重点产业，大数据和互联网等产业也基本成为地方新城新区和产业园区的"标配"产业。然而，很多地方甚至连大数据从哪里来、干什么用、为谁服务、怎么获取投资回报等基本的商业模式都不是很清楚，只是把大数据产业简单化为建设一栋楼、购买一批服务器。

鉴于我国基础设施和高新技术产业等领域出现的重复建设、超前建设和盲目投资等问题在很大程度上是由行政力量推动的，甚至是由一些地方政府或其所属投融资平台公司投资建设造成的，很多项目建成投产之日就是闲置之始，浪费了土地资源和投资资金，投资效率低下甚至损害了政府形象，今后应该坚决制止。这类行政力量推动的重复建设问题，根本原因在于不科学的政绩观和不健全的投资决策机制。要从重复建设的源头上建立健全依法决策机制，把公众参与、专家论证、风险评估、合法性审查、集体讨论决定确定为重大行政决策法定程序，确保决策制度科学、程序正当、过程公开、责任明确。要建立重大决策终身责任追究制度及责任倒查机制，对于今后出现这类行政力量主导、推动的重复建设问题，要追究有关部门和地方主要负责人的行政责任，对决策严重失误，造成重大损失、恶劣影响的，要严格追究行政首长、负有责任的其他领导人员和相关责任人员的法律责任。

（二）　加强竞争性领域的投资信息发布工作

企业投资尤其是民间投资以市场为导向、以营利为主要目的，但在我国，对企业投资决策具有很大影响的经济、金融、产业、市场、价格等相关重要信息存在较大的信息不对称甚至政府部门垄断的问题，企业尤其是中小企业获取相关信息的渠道比较狭窄，信息往往不准确、不完整，信息获取成本也较高，使得企业投资行为往往难免存在盲目性甚至非理性。实际上，竞争性领域出现的严重重复建设和产能过剩问题在很大程度上就是企业对投资信息掌握不充分、不正确而导致的（用经济学术语讲，就是企业个体看似理性的投资行为往往导致企业集体的非理性投资行为）。强化对企业投资的信息服务、合理引导企业投向，对减少企业投资的盲目性乃至优化供给结构和提高全社会的投资效率都具有十分重要的意义。投资信息发布属于政府服务工作内容，也是投融资领域深化"放管服"改革、转变政府职能和提升综合服务管理水平的重要举措。2016 年《中共中央　国务院关于深化投融资体制改革的意见》中明确提出，发布政策信息、投资信息、中介服务信息等，为企业投资决策提供参考和帮助。

然而，由于投资信息的收集、处理和发布工作是一个复杂的、动态的系统工程，且涉及投资、统计、金融、土地、价格、建设等多个部门的职责分工，从近几年的实践来看，该项工作没有很好地开展起来。从引导企业投向、为企业提供投资决策的角度看，投资信息应具有相当的综合性、系统性、动态性，主要包括宏观经济形势、产业发展规划、产业政策、市场准入标准、产品技术标准、技术发展状况、市场供求关系、价格变动趋势、利率、汇率、城市规划、土地利用政策、环保政策和投融资政策以及有关法律法规等多方面。投资信息发布并不直接干预企业投资行为，也不会干扰市场机制对资源配置的作用，属于典型的间接投资调控和引导手段。为更好地引导企业投资的方向，建议作为投资主管部门的国家发改委牵头，会同统计、金融、土地、价格、建设以及行业主管等部门，选择若干主要行业领域尤其是急需补短板的重点领域和关键环节，进一步加强和改进投资信息收集、处理和发布工作。与此同时，鼓励支持有关行业协会、商会等社会中介组织开展行业领域的投资信息发布工作。

四 大力推进投融资领域的法治建设

（一）强化对投资项目负外部性的依法监管

投资建设项目的外部性是指项目对包括市场垄断、国家经济安全和产业安全、资源开发或利用、生态环境保护、社会公众利益、劳动安全等方面的影响。一个项目的投资建设和运营全过程，既可能产生正外部性，也可能产生负外部性（通常所说的外部性是指负外部性）。客观地说，投资项目的负外部性问题是一个伪命题，其产生的根本原因是投资项目原本的法律法规没有得到有效实施或贯彻执行，亦反映了与投资项目负外部性相关的法治建设滞后。

强化对投资建设项目外部性的监管，目的就是要尽量实现项目预期的正外部性，同时尽可能减少负外部性。这不仅是贯彻落实新发展理念和推动高质量发展的要求，也是转变政府职能、推进"放管服"改革的具体举措。按照有关规定，对企业投资项目实行的核准制和备案制，政府审核项目的主要内容就是项目的负外部性；对政府投资项目的审批制，政府决策审批的重点内容实际也包括项目的外部性。但由于投资建设项目的外部性涉及的内容十分宽泛，很多外部性难以确定一个比较准确、客观的评价指标，更难以确定该指标的评判标准，实践中项目外部性监管还涉及多个政府部门的职责分工与协作，因而对投资建设项目外部性的监管工作，并没有取得十分理想的效果。建议今后可从以下两个方面强化对投资建设项目负外部性的监管。

第一，进一步改进和加强对投资建设项目负外部性的事前审核。进一步研究制定有关投资建设项目外部性的内涵、评价指标和标准，从项目事前审批（核准、备案）的角度，尽量减少项目可能产生的不利影响，并将项目负外部性的范围和大小及相关补救（补偿）方案或措施作为项目审批（核准、备案）的重要依据。同时，发改、财政和行业等有关部门要将项目正外部性大小及其实现程度，作为确定政府投资补助、运营补贴、以奖代补及其他奖励政策的重要依据。

第二，加快建立对项目负外部性的事后制约机制。投资、规划、环保、土地、水资源、安全生产等有关部门要按照职责分工，各司其职，相互协作协同，加强对项目建设实施过程中和运营中负外部性的监管，严格监督和严令制止项目的负外部性，限期整改或提出补救方案。对项目产生的影响很大、性质恶劣的负外部性，要按照国家有关规定追究项目单位主要负责人及主要经办人的相关责任。充分利用全社会信用信息平台，建立项目负外部性失信行为的联合惩戒机制，将失信行为对外公布，使失信者受到惩戒。

（二）大力加强投资建设领域的立法工作

社会主义市场经济本质上是法治经济，只有加强法治建设，才能保证市场经济的健康、有序发展，才能真正使市场机制在资源配置中起决定作用。法治建设在投融资体制改革中的作用同样越来越重要。进一步深化投融资体制改革要依靠法治来推进，各类投融资主体的投融资行为要依靠法治来规范，投资者权益要依靠法治来保障。政府对全社会投资包括政府投资和企业投资活动的审批/核准和事中事后监督工作也要纳入法治化管理轨道，投资项目建设要依法组织实施，投资项目建设中各方利益尤其是社会公众利益需要依法保护。

投融资体制必须首先建立在法治化的基础上，相关投融资体制机制的改革措施出台要先有法律法规依据或者对现有法律法规体系的补充和完善。建议投资建设领域的法治建设从以下两个方面展开和强化。

其一，强化既有法律法规的执行力度。进一步落实投资项目审批（核准、备案）制、招标投标制、建设监理制、合同管理制、项目稽查制等已有法律法规，并出台必要的相关配套措施和管理办法，以提高既有法律法规的实施效果，增强其约束力。对于与投资项目建设实施直接相关的规划、土地、环保、安全、节能、文物保护等法律法规，从项目前期审批（核准、备案）、中期执法检查和后期监督与绩效考核等全过程，采取部门联合执法和"双随机、一公开"的监管模式，进一步加大执法力度，制止投资项目建设实施和运营等全过程的违法违规行为。

其二，进一步加强投资建设领域的立法工作。按照党中央、国务院关于深化投融资体制改革的总体要求和部署，围绕进一步扩大企业投资自主权、强化政府投资（项目）管理、健全投融资机制、加强投资项目监管、优化政府服务及改善投资宏观调控等方面，进一步研究出台新的法律法规。针对长期以来在政府投资（包括中央政府投资和地方政府投资）领域迫切需要解决的"谁投资、谁决策、谁审批、谁监管"的问题，总结部分地区相关经验和做法，研究出台《政府投资条例》相关配套法规，明确相关部门的职责和权力，确保政府投资活动"有法可依""有法必依"。针对长期以来非经营性政府投资项目分散管理及其导致的"有教训、无总结""有经验、无传承"等问题，借鉴发达国家以及我国香港、台湾等地区的经验和做法，加快推进非经营性政府投资项目的集中统建制，研究出台政府投资建设项目集中统建管理办法。积极审慎推广 PPP 模式，坚持问题导向和目标导向，着力解决 PPP 模式在实践中存在政府相关部门职责分工不明确，PPP 模式适用范围、PPP 项目操作流程与现行基本建设程序不协调，社会资本招标采购法律不适用，PPP 合同的法律属性不明确，以及土地、价格/收费和税收政策不明确等共性问题。

第五章 优化供给结构的融资机制改革措施

内容提要：基础设施、产业发展等重点领域尚存在一些融资问题和障碍，制约了投资优化供给结构作用的发挥。需要长短结合，完善投资优化供给结构的融资机制。聚焦补短板领域加大融资支持力度，进一步促进有效投资，推动高质量发展。着力建立健全适合我国国情、与地方政府财权事权相匹配的基础设施融资机制，更好地发挥地方政府债券对重点领域建设的融资支持作用，分类推进和选择政府投资项目融资模式，积极推进地方政府融资平台转型发展，继续规范有序推广PPP模式。努力推动解决中小企业特别是中小科技创新企业融资难题，在产业发展领域更好地发挥政府资金对社会融资的引导作用。

一 重点领域融资存在的突出问题

当前，基础设施、产业发展等重点领域尚存在一些融资问题，突出表现为融资难、融资贵与资产荒问题并存。一方面，实体经济融资难、融资贵问题依然存在，不少企业反映融资难、资金成本较高，特别是民营企业融资渠道较少、融资难度更大；另一方面，金融机构反映找不到好项目，资金在金融系统空转甚至沉淀，资金利用效率较低。

（一）基础设施领域融资渠道不畅

数年来，基础设施投资持续快速增长，近5年平均增速在20%左右，2017 年基础设施投资对整体投资增长的贡献率达到 60%，对全国固定资产投资增长形成了重要支撑。2018 年以来，基础设施投资增速大幅回落，上半年基础设施投资增长 7.3%，分别比上年同期和上年全年回落 13.8 个百分点、11.7 个百分点。个别地方基础设施投资增速回落超过 50%，如内蒙古、新疆基础设施投资增速同比分别下降 53.6%、50.9%。基础设施投资增长放缓的原因是多方面的，除存在趋势性因素外，还与基础设施领域融资渠道不畅有关。

1. 从短期看，受金融监管强化、地方政府债务管理收紧等影响，资金筹措出现一定困难

一方面，部分地方在贯彻落实防范化解地方政府债务风险政策措施的过程中，由于前期开工的一些项目融资方式不够规范甚至存在违规融资问题，超过当地财政承受能力，故部分在建项目后续资金出现缺口，只能停建或缓建。2018 年 4 月，湖南省财政厅印发《湖南省财政厅关于压减投资项目切实做好甄别核实政府性债务有关工作的紧急通知》，要求各地按照"停、缓、调、撤"的原则压减投资项目，切实做好政府性债务甄别核实工作。同时，一些财力有限的地方，将政府性资金集中用于脱贫攻坚、民生保障、维稳等刚性支出，相应调减了对基础设施的政府投资。

另一方面，金融监管强化、融资渠道收窄。基础设施投资项目资本金中有一部分来自银行理财产品等短期资金，2018 年 4 月，中国人民银行等部门联合印发《人民银行　银保监会　证监会　外汇局关于规范金融机构资产管理业务的指导意见》，明确限制银行理财产品为投资项目资本金提供融资，受此影响，部分基础设施投资项目后续资本金落实面临困难。同时，受金融监管强化、流动性不足等多重因素影响，银行信贷额度趋紧，表外融资大幅收缩，金融机构对基础设施项目放贷更趋谨慎，资金到位放缓。一些企业还反映，个别金融机构已停止发放 PPP 项目贷款。

2. 从长期看，基础设施投融资机制尚不健全

第一，地方政府债券总量不足，结构不合理，难以满足政府投资基础设施项目的资金需求。当前，相对于人民日益增长的美好生活需要，我国基础设施发展不平衡不充分的问题较为突出，资金需求很大。为加强地方政府性债务管理，目前建设－移交（BT）、以政府购买服务名义为建设工程举债等模式已被叫停，地方融资平台公司也被要求剥离政府融资职能。同时，随着房地产行业进入下行通道，土地财政融资模式难以为继，基础设施投资需求巨大和传统融资渠道持续收紧之间的矛盾日益突出。根据2014年新修订的预算法，地方所必需的建设投资的部分资金，可以在国务院确定的限额内，通过发行地方政府债券举借债务的方式筹措，除此之外，地方政府及其所属部门不得以任何方式举借债务。但地方政府债券总体规模不大，且专项债券特别是长期限专项债券比重过低，难以满足期限长、回报率低的政府投资基础设施项目的资金需求。

第二，尽管PPP模式取得了一定成效，但还存在一些弊端和风险隐患。《国务院关于加强地方政府性债务管理的意见》提出，鼓励社会资本通过PPP模式参与基础设施投资和运营，政府通过特许经营权、合理定价、财政补贴等事先公开的收益约定规则，使投资者有长期稳定收益。2014年以来，PPP模式已成为发挥投资对优化供给结构关键性作用的重要抓手，对鼓励和促进民间投资、加强经济社会发展薄弱环节建设以及提高基础设施项目建设、运营和管理效率发挥了积极作用。但是也要看到，PPP模式在运作过程中存在私人部门融资成本普遍高于公共部门、长期合同缺乏灵活性等弊端。在我国，PPP模式操作过程中还出现了重建设轻运营、前期工作深度不够、操作不规范等问题和风险隐患。2017年11月，财政部出台了《关于规范政府和社会资本合作（PPP）综合信息平台项目库管理的通知》，旨在防止PPP异化为新的融资平台、遏制隐性债务风险增量。该政策的初衷是好的，但在实施过程中，由于清库周期过长，项目出入库标准不清晰、不统一等原因，项目业主、金融机构等面临PPP项目能否入库的极大不确定性，项目实施进展也因此受到明显影响，部分符合规划、操作规范的PPP项目受到误伤，难以顺利实施。一些地方政府和市场主体认为PPP政策出现了方向性的调整，对PPP模式发展前景感到迷茫，甚至怀疑和否定PPP模式。个别地方采取"一刀切"政策，对涉及政府支出责任的PPP项目一律停建、缓建，而对PPP项目是否规范操作不做区分。在这种情况下，基础设施领域资金短缺问题显得更为突出，BT等一些已被认定违规的方式出现了重新抬头的倾向性、苗头性现象。

第三，主流融资工具与投资项目的收益和期限存在匹配问题。基础设施等短板领域投资项目大都投入规模大而回报率低，投资回报周期普遍很长，如国内外城市轨道交通投资项目投资回报周期通常达到30～40年甚至以上。与投资回报周期长的特点相对应的是，为保障项目能够按时还本付息，要求债务融资的期限要与项目投资回报周期相匹配，这样才能确保项目可持续运营，而不至于因还贷陷入资金流断裂。然而，在我国，与此类投资项目融资需求相匹配的债务融资工具普遍缺失，为解决每轮融资之间的时间差问题，不得不承受高息短期融资，加重了债务负担，造成"借新还旧""拆东墙补西墙"等现象较突出。作为重要融资来源的银行贷款尤其是商业银行贷款期限普遍相对较短，一般只有10～15年；企业债券发行期限一般不超过15年，主要集中在7年期；银行间债券市场发行的非金融企业中期票据的期限一般只有3～5年，极少数中期票据发行期限可达到15年。项目融资期限与投资回报周期之间的不匹配，无疑增加了项目运营期的还贷压力，也加剧了流动性风险。

（二）产业发展领域存在融资短板

1. 中小企业融资渠道有限和融资成本高的问题仍然存在

中小企业贷款难的问题一直制约着我国中小企业的成长和发展，成为当前我国经济发展中面临的突出问题。中小企业贷款难主要源于两方面原因：一是中小企业与银行之间存在严重的信息不对称，这使得对中小企业进行信贷配给成为银行的理性选择；二是中小企业的抵押品不足，大企业可以通过提供足够的抵押品获得银行贷款，而中小企业普遍存在资产较少、抵押品不足等问题，无法显示自身信用水平，很难从银行获得贷款。近十多年来，为促进中小企业发展，缓解中小企业融资困境，国务院及各部委出台了一系列改善中小企业融资环境的政策，取得了一定的进展，但总体来讲，中小企业"融资难、融资贵"问题仍未得到根本解决。

2. 政府资金引导带动社会融资的作用不够突出

目前，安排政府资金时，投资补助、贷款贴息是政府引导社会资本的主要投资方式，前者侧重引导带动股权融资资金，后者侧重引导带动债权融资资金。但在实践中，两种方式均存在杠杆效应不足的局限性，财政资金引导社会资金流向战略性新兴产业等领域的作用较为有限。投资补助、贷款贴息本质上是一种无偿拨付的资金分配方式，缺少循环使用、滚动支持的制度设计，没有形成政府资金对社会融资的可持续支撑作用。

除运用投资补助、贷款贴息等方式引导社会融资外，近年来投资基金等市场化运作方式在各地广为流行。总的来说，投资基金方式创新了政府投资资金的使用方式，有利于发挥财政性资金杠杆放大效应，较好地规避了政府不熟悉市场的缺陷，为政府借助市场力量实现政策目标提供了实施工具。但总体看，政府投资基金因体制机制问题，未能充分发挥基金的引导作用，甚至异化为变相的低息贷款。

3. 创业投资对重点领域补短板建设的金融支持不足

当前，国内有些企业在核心技术、关键部件制造上受制于人的基本局面并未扭转。目前，国内创业投资呈现蓬勃发展态势，越来越多的投资者踊跃投身创投事业，社会资金大量涌向创业企业，创业投资机构募资金额和投资规模均大幅增长，但是创业投资对创业创新特别是核心技术和关键领域创新的支撑价值还不够显著。突出原因是，受利益最大化目标的驱使，创业投资机构更愿意追求投资少、周期短、见效快、效益高的"短平快"项目，而核心技术、关键部件和特殊材料的研发和成果转化都需要长期大量的投入和积累，而且存在高失败风险，创业投资机构参与积极性不足。据统计，2017 年，我国创业投资机构 39% 的案例发生在互联网和信息技术业，7.8% 的案例发生在娱乐传媒行业，而仅有 4.9% 的案例发生在机械制造行业，4.2% 的案例发生在电子及光电设备行业。[①]

二 融资机制改革的总体思路

基础设施、产业发展等重点领域存在融资困难和障碍，在本质上反映出投资和融资衔接不足、储蓄向投资转化不畅。下一步，需要长短结合，为更好地发挥投资优化供给结构的关键性作用提供融资支持。

短期内，对补短板重点领域项目合理融资需求加大支持力度。资金到位情况是反映投资增长态势的先导指标，稳投资要以稳融资为第一要务。短期内，针对当前形势，要聚焦补短板重点领域加大融资支持力度，合理保障在建基础设施项目资金需求，充分调动民间投资积极性，继续规范有序推进 PPP 模式。

长期内，要进一步深化投融资体制改革。2016 年 7 月，中共中央、国务院印发《中共中央 国务院关于深化投融资体制改革的意见》，这是改革开放 30 多年来以中央名义发布的第一个投融资体制改革方面的文件，不仅包含了投资活动的内容，也包含了融资方面的规定，是当前和今后一个时期投融资体制改革的纲领性文件。下一步，要根据该意见要求，针对重点领域存在的投融资问题，在新的起点上纵深推进投融资体制改革，打通政策和改革措施落地"中梗阻"，加快投资向投融资转变，系统解决储蓄转化为投资渠道不畅的问题，畅通投资项目融资渠道，合理满足转型升级条件下实体经济多样化的融资需求，为更好地发挥投资优化供给结构的关键性作用提供有力的金融支持。当

---

① 数据来源：清科研究中心。

然，投融资体制改革的红利释放是一个渐进、长期的过程，不宜仅仅根据短期内的固定资产投资增速变动情况、投资项目落地数量等指标对改革成效进行评价。

三　深化融资机构改革的具体措施

当前，受中美经贸摩擦影响，进出口增长面临较大不确定性，消费增速处于多年以来的最低水平，在此背景下，继续保持投资稳定增长，对发挥投资对优化供给结构的关键性作用，推动高质量发展具有十分重要的意义。为此，要长短结合，深化投融资体制改革，聚焦补短板领域，加大融资支持力度，进一步促进有效投资，推动实现高质量发展。

（一）建立健全适合我国国情、与地方政府财权事权相匹配的基础设施投融资机制

针对基础设施投融资机制不健全、渠道不畅的问题，在规范有序发展PPP模式的同时，还要着力健全基础设施投融资机制，大力发展直接融资，完善保险资金、社保资金等长期资金对基础设施项目的投入机制，畅通基础设施项目投融资渠道，有效满足基础设施项目的合理融资需求。

（二）更好地发挥地方政府债券对重点领域建设的融资支持作用

结合经济发展水平、地方财政能力和政府投资项目融资需求，建立相适应的限额规模调整机制，适时扩大地方政府发债权，切实保障政府投资项目的合理融资需求。优化地方政府债券结构，增加地方政府专项债券比重，增加15年、20年长期限专项债券比重，更好地支持期限长、回报率低的政府投资基础设施项目。完善地方政府债券兑付机制，允许通过提前偿还、分年偿还和存续期提前赎回等方式，及时回收资金并用于满足新的建设项目资金需求，提高债券资金使用效率。扩大投

者范围，鼓励引导社保基金、住房公积金、企业年金等机构投资者积极投资地方政府债券，降低地方政府债券风险权重，提高流动性。提高地方政府债券发行和定价的市场化程度，使发行利率和风险溢价反映地区间的差异，引导地方政府积极控制和管理债务风险，形成降低融资成本的正向激励机制。

（三）分类推进和选择政府投资项目融资模式

根据融资成本与投资回报相适宜的资本预算基本原则，为提高融资资金使用效率，有效降低融资成本，不同性质的政府投资项目应选择差别化融资模式。对于纯公益性项目，统筹财政预算资金予以优先保障，加大地方政府债券资金支持力度。对于准公益性项目，合理利用财政资金的引导和杠杆作用，多渠道吸引金融资本，积极引进社会资本参与投资、建设与运营管理。对于经营性政府投资项目，更多充分发挥项目公司的自筹能力，大力提升公司造血功能和公开市场融资能力。

（四）积极推进地方政府融资平台公司转型发展

融资平台公司模式是地方政府在现有约束条件下的重要的融资实践创新。为满足依然庞大的基础设施投资需求，在当前乃至未来一段时间，地方政府融资平台公司仍然是地方政府不得不倚重的主流融资模式。为此，现阶段，仍需要多措并举，做实做强地方政府融资平台公司。一是地方政府合法合规通过预算安排资本金和注入经营性资产等方式向地方融资平台公司注资，增强其自我发展能力。二是地方政府结合财力状况设立或参股担保公司，依法合规为融资平台公司增信，地方政府在出资范围内对担保公司承担责任。三是支持转型后的融资平台公司依法合规承接 PPP 等投资项目，实行市场化经营、自负盈亏，地方政府以出资额为限承担责任。四是引导金融机构按照市场化原则保障融资平台公司合理融资需求，对于存量债务暂时难以偿还的，允许融资平台公司在与金融机构协商的基础上采取适当展期、债务重组等方式维持资金周转。

（五）继续规范有序推广 PPP 模式

如果运作规范，PPP 模式可在基础设施领域扩大有效投资、加快补短板建设等方面发挥更为积极的作用。因此，要在基础设施等补短板建设重点领域，充分发挥 PPP 模式的积极作用，更好地吸引社会资本参与。一是做好 PPP 项目统筹规划，严格 PPP 模式适用范围，合理确定 PPP 项目总体规模。二是要规范操作 PPP 模式。各地在操作实施 PPP 项目中，严格执行投资管理规定，加强 PPP 项目可行性研究论证。通过公开招标等公开竞争性方式选择 PPP 项目社会资本方，对应履行招投标手续的工程，必须严格按照相关法律法规开展招投标，控制项目造价和运营成本。三是重点实施以使用者付费为主的特许经营类项目，审慎开展完全依靠政府付费的 PPP 项目，以降低政府支出压力，防范地方债务风险。四是加强 PPP 项目全生命周期监管。在基础设施领域推广 PPP 模式，并不是把公共产品的提供责任全部推给市场，政府应当有标准规范和安全的要求，因此要持续做好监管和绩效考核，以保证公共产品的优质足量供给。

（六）努力推动解决中小企业特别是中小科技创新企业融资难题

导致中小企业融资难、融资贵的原因是多方面的，需要充分发挥市场和政府的合力，兼顾金融机构和中小企业双方的利益诉求，在防范金融风险的同时，努力帮助解决中小企业特别是中小科技创新企业"融资难、融资贵"难题。一是积极发展中小金融机构。发挥中小金融机构服务中小企业的优势，增加对中小企业信贷供给。二是鼓励金融机构创新符合中小企业特色的金融产品。充分挖掘和利用商品交易、税务、电力、水力等方面的数据来甄别、判断中小企业的信用状况。三是努力提高直接融资比重。大力发展多层次的股权融资市场，丰富债券市场品种。四是扩大投贷联动试点区域范围、增加试点银行，加大对中小科技创新企业的支持力度。五是政府可以设立并按照市场化方式运作引导基金，引导民间资金主要投资处于种子期、成长期等创业早中期的创业企业，发挥财政资金的杠杆放大效应，促进优质创业资本、项目、技术和人才集聚。六是继续推进企业信用体系建设，督促中小企业规范自身经营，健全财务制度，约束其失信行为。

（七）在产业发展领域更好地发挥政府资金对社会融资的引导作用

产业发展领域融资活动要充分发挥市场配置资源的决定性作用，政府着力创造和维护有利于市场竞争的体制政策环境，并在重要的外部性领域发挥引导作用，弥补市场失灵。但即便是政府介入和投资资金支持，也不能替代市场进行决策，避免对市场机制造成干扰和损害。一是转变政府投资奖补方式。对于科技创新、创业创新支撑平台建设、战略性新兴产业发展、企业研发、传统产业技改等短板领域，政府投资应以补助为主，具体支持方式宜从事前补助转向事后补助、以奖代补，由项目单位先行组织研究开发、成果转化和产业化活动，政府投资根据成果质量给予相应补助。积极探索采用发放创新券、创业券等方式，支持创业者和创新企业向高校、科研院所等机构购买社会培训、管理咨询、检验检测、软件开发、研发设计等服务以及开展产学研合作等活动。二是健全中小企业融资风险损失分担机制。适时注入财政资金，大力发展融资担保机构，降低融资担保的门槛，更好地发挥政策性融资担保机构的重要作用，提高担保机构为中小微企业提供融资的服务水平。三是完善政府投资基金管理。加强绩效评价，有效推动政策目标与市场目标相容，政府投资基金绩效评价既要考虑政策目标的实现程度，也要考虑基金自身的投资回报与可持续性经营管理。政府部门集中发挥自身专业优势，着力推进备选项目库建设，并通过高层会商、信息交流、思路对接、工作互动等多种方式，提高项目落地保障水平。政府部门要明确基金政策目标和产业投向，但应避免干预具体项目的投资决策。

第六章　美日投资结构与供给结构
　　　的变化及启示

内容提要：美国、日本投资结构与供给结构的历史变动特征表明，投资结构变动始终是供给结构变动的重要力量，原因是，投资决定了资本存量结构，而资本存量与产出能力的变动密切相关。以人均 GDP、工业化、城镇化、老龄化等指标代表的发展阶段考察美国产业投资结构的变动趋势，为认识我国现阶段和未来一个时期投资结构和供给结构的变动特征提供了有益借鉴。从美日两国长期发展经验看，以投资结构优化来促进供给结构优化，需要投资不断跟随、适应宏观变量的变化，调整产业投入结构、要素投入结构，推动资本带动其他要素的进入或退出和交易成本最小化；推动供给变动必须基于有效需求的变化，而市场需求、要素条件及生产函数都伴随经济发展与技术进步的动态过程在不断变化。随着产业高端化，投资从更多与土地、资源等传统要素的结合转向更多与知识产权等新要素的结合。因此，投资结构优化也意味着资本形成结构的变化，意味着投资带动或结合其他要素的方式与产业高端化的方向相一致，由此释放出新的投资与供给增长空间。

一　美国 19 世纪末至 20 世纪 50 年代中期投资与供给结构变化

（一）投资促进经济总量增长

从年均投资看，1869～1898 年，美国年均投资额（包括基建投资与生产设备投资两部分）为 9.6 亿美元（1929 年不变价），1946~1955年达到 113.6 亿美元（1929 年不变价），增长了近 11 倍。[①] 从资本存量（固定资产加净存货）看，1869 年为 450 亿美元（1929 年价格），1955年达到 11910 亿美元（1929 年价格），增长了 25 倍多。此间总人口增长较快，人均资本存量增长 5.4 倍多。这段时期投资与经济大体保持了相当的增速。1946~1955 年年均资本形成总额是 1869~1888 年的 8 倍。

从投资率（资本形成总额占 GNP 比重）看，1869~1928 年，投资率在 20%~26% 波动。进入 20 世纪 30 年代后，由于遭遇经济大萧条，投资率大幅下降，1934 年仅为 13.9%。20 世纪 40 年代特别是第二次世界大战后投资率逐渐回升，1950 年达到 18.8%。

从资本产出率（资本存量与 GNP 之比）看，除 20 世纪 30 年代外，不同时期的资本产出率在 4.5~6.0 的区间波动，边际资本产出率（资本形成总额的增加值与 GNP 的增加值之比）的波动幅度较大。

（二）政府投资与私人投资的比例

1900~1919 年，美国私营部门投资、地方政府投资、联邦政府投资（不包括军用投资）结构大体在 92.5∶6.2∶1.3，各年变化不大。从 1920 年到第二次世界大战前，私人投资比重持续下降，政府投资比重不断上升。此后，私人投资与政府投资比重出现相反方向的调整，逐步恢复到 20 世纪 20 年代的结构关系。

从政府投资内部结构看，联邦政府投资在 20 世纪 30 年代之前所占比重一直很小，30 年代出现明显增长，所占比重从 20 年代的 0.6% 上升到 7.5%。第二次世界大战时期快速增长，其资本形成比重（不包括军用投资）达到 13.2%，超过地方政府投资。战后的 1945~1955 年，联邦政府投资比重回落到约 3% 的水平（见表 6-1）。不难发现，和平时期美国政府投资主要由州及州以下地方政府承担。

---

① 除另有说明外，本章数据均来自林勇明（2018）。

表 6 - 1　私营部门投资、地方政府投资、联邦政府投资占
总投资比重（各年平均数）

时期		1900~1909 年	1910~1919 年	1920~1929 年	1930~1939 年	1940~1945 年	1946~1955 年
私营部门	资本形成总额（亿美元）	45.1	79.7	136.8	60.2	115.3	431.2
	比重（%）	92.4	92.5	87.6	70.7	77.9	84.2
地方政府	资本形成总额（亿美元）	3.0	5.3	18.4	18.6	13.2	65.5
	比重（%）	6.1	6.2	11.8	21.8	8.9	12.8
联邦政府	资本形成总额（亿美元）	0.7	1.1	0.9	6.4	19.5	15.6
	比重（%）	1.4	1.3	0.6	7.5	13.2	3.0
总计	资本形成总额（亿美元）	48.8	86.1	156.1	85.2	148	512.3

注：表中联邦政府资本形成总额不包括军用投资。

（三）主要部门的资本结构变动

1. 农业投资先升后降

美国农业产出占农业、采掘业、制造业、公用事业四部门的比重从
1880 年的 35.8% 下降到 1948 年的 10%，但同期农业投资增长相对稳定，
其净资本形成额占四部门的比重从 1880~1890 年的 12%，上升到 1891~
1922 年的 16.6%，而后下降到 1923~1948 年的 12.4%（见表 6 - 2）。

表 6 - 2　美国资本形成的部门结构（1929 年不变价格）

时期	农业		采掘业		制造业		公用事业	
	净资本形成额（亿美元）	比重（%）	净资本形成额（亿美元）	比重（%）	净资本形成额（亿美元）	比重（%）	净资本形成额（亿美元）	比重（%）
1880~1890 年	22	12	12	6.5	57.6	31.4	91.8	50.1
1891~1922 年	65.6	16.6	37	9.4	148.8	37.6	144.1	36.4

续表

时期	农业		采掘业		制造业		公用事业	
	净资本形成额（亿美元）	比重（%）	净资本形成额（亿美元）	比重（%）	净资本形成额（亿美元）	比重（%）	净资本形成额（亿美元）	比重（%）
1923~1948 年	32.1	12.4	0.6	0.2	127.4	49.2	99	38.2

注：（1）以上数据不包括政府投资。（2）每个时期的净资本形成额由期末的固定资本存量减去期初的固定资本存量而得，如 1880~1890 年净资本形成额 = 1890 年 6 月 1 日固定资本存量 - 1880 年 6 月 1 日固定资本存量。（3）公用事业主要包括铁路运输、电力、电信、城市交通等需要政府规制的行业。

2. 采掘业投资高增长后出现明显回落

1880~1890 年，采掘业净资本形成额占四部门净资本形成总额的比重为 6.5%，1891~1922 年上升到 9.4%。这两个时期是美国采掘业投资高增长的时期，采掘业资本存量占四部门总资本存量比重从 1880 年的 2% 左右，上升到 1922 年的 7%。1923~1948 年，采掘业投资增长明显放缓，净资本形成额仅有 0.6 亿美元，资本存量比重下降到 5% 左右。

3. 制造业投资持续高增长且高于产出增速

1880~1948 年，制造业投资持续高增长，其净资本形成额占四部门总量的比重不断上升，制造业建筑与设备的存量占四部门总资产的比重从 1880 年的 9.1% 上升到 1948 年的 33.5%。1880~1948 年近 70 年间，制造业的资本存量增长了约 17 倍，制造业产出增长了近 14 倍。

4. 公用事业投资比重有所下降

1880 年公用事业资本存量比重曾高达 60%，此后其资本形成额比重不断下降，特别是 1901~1922 年降幅加大，1948 年资本存量比重已下降到 43.6%。公用事业产出比重则从 1880 年的 4.9% 增加到 1948 年的 15.4%，增长了 2 倍多。

（四）采掘业与制造业内部的资本存量变动

1. 采掘业内部

在采掘业内部各行业中，石油天然气开采业的投资一直保持高速增长，其资本存量占采掘业总资本存量的比重从 1870 年的 10% 左右上升到 1890 年的 26.8%，到 1940 年进一步上升到 69.3%，其后基本保持不变（1953 年为 68.2%）。非金属矿产开采业的资本存量 1890 年后持续稳定增长，但增幅远小于石油天然气开采业。金属、无烟煤、烟煤开采业的资本存量在 1919 年之前均保持持续增长态势，1919～1940 年出现负增长。金属和烟煤开采业的资本存量在 1940 年之后出现小幅回升，无烟煤开采业的资本存量在 1940～1953 年仍继续负增长。

2. 制造业内部

制造业各行业中，金属及金属制品业（主要包括冶金、机械设备、交通设备等）、炼油业、化工业投资增长最快、增幅最大。食品饮料业投资也保持了长期平稳较快增长。

1953 年金属及金属制品业资本存量是其 1880 年的 36 倍（增长 35 倍），其中，钢铁与有色金属增长了 22 倍多。机械制造业增长了 32 倍多，交通设备制造业则增长了数百倍。化工业资本存量从 1880 年到 1919 年增长了 12 倍多，到 1953 年又增长了 349.6%。炼油业资本存量从 1880 年到 1919 年增长了 36 倍多，到 1953 年又增长了近 8 倍。

木材加工业、橡胶制品业、造纸业的资本存量也长期保持平稳增长势头。出版印刷业资本存量在 1937 年前一直稳定增长，1937 年后增长停滞。皮革制品业在 1919 年之前增长平稳，此后则长期缓慢增长甚至负增长。纺织业和木材加工业在 1919 年前一直增长较快，此后经历了增速下滑，1937 年开始平稳上升（见表 6-3）。

表 6-3　美国制造业各行业资本存量的变动（1929 年不变价格）

单位：百万美元

行业	1880 年	1890 年	1919 年	1937 年	1948 年	1953 年
食品饮料业	907.2	3736.7	7643.2	9173.0	10478.4	12978.1
纺织业	933.9	3134.0	6725.9	5657.3	6925.5	7824.3

续表

行业	1880 年	1890 年	1919 年	1937 年	1948 年	1953 年
皮革制品业	324.2	894.3	1409.0	815.4	823.3	811.4
橡胶制品业	10.0	74.0	702.3	816.8	1426.4	1652.9
木材加工业	839.8	2850.3	3143.6	2541.9	2912.7	3244.4
造纸业	90	454.2	1526.3	2064.2	2463.9	3061.5
出版印刷业	144	801.0	1561.0	2497.8	2570.3	2611.7
化工业	205.9	870.5	2766.4	3977.9	6518.9	9672.6
炼油业	37.0	195.5	1383.2	6519.0	11153.5	12328.0
石头、黏土及玻璃制品业	156.0	743.9	1679.2	1978.8	2134.5	2631.7
金属及金属制品业	1017.4	4496.1	16567.1	18026.1	28292.9	36793.6
其中钢铁	472.8	1577.4	6740.7	6696.3	9683.1	13891.1
有色金属	115.2	648.8	1806.7	2350.8	2500.4	
机械制造业（除交通设备外）	415.3	1923.3	5583.8	5264.9	10305.9	13798.8
交通设备制造业	16.8	336.8	2468.0	3654.3	5650.9	9315.5
总计	4851	18545.6	45991.8	55268.4	78155.6	99014.4

从 1953 年各行业资本存量占制造业总资本存量的比重看，制造业资本存量比重最大的几个行业依次是钢铁和有色金属（14%）、机械制造业（13.9%）、食品饮料业（13.1%）、炼油业（12.5%）、化工业（9.8%）、交通设备制造业（9.4%）、纺织业（7.9%）。

（五）住宅投资

20 世纪 20 年代及战后经济恢复时期（1946～1955 年），美国住宅投资高速增长，新建城镇住宅投资总额比 1921～1930 年增长了 339%。但 20 世纪 30 年代大萧条时期及第二次世界大战时期，住宅投资大幅回落，1931～1940 年新建城镇住宅投资总额仅为前一个十年的 30% 多。与同期资本形成总额相比，经济繁荣期及经济萧条期住宅投资的涨跌幅均要明显超过全部投资的涨跌幅。

同期，住宅建设与投资发生了一些显著变化，如单位住宅的建设成本明显下降，从 1889～1908 年的 5679 美元（1929 年不变价格）下降

到 1946～1955 年的 3894 美元；固定资产折旧率显著提高，从 1889～
1909 年的 37% 上升到 1941～1955 年的 44%；居民住房条件大幅改善，
自有住宅比例从 1900 年 37% 提高到 1950 年的 53%；一家一户住宅比
例从 20 世纪 30 年代之前的不足 66% 上升到 1946 年的 87%。

二　美国 20 世纪 50 年代以来投资与供给结构变化

（一）私营部门资本存量结构变动

1. 主要行业部门资本存量与投资的变动

这一时期私营部门的资本扩张是经济增长的主要源泉。1950～2010
年私营部门资本存量增长了 4.94 倍。1950～1980 年私营部门资本存量
增长了 187.2%，而同期政府部门固定资本存量增长了 174.6%。
1970～1995 年政府资本支出占全部资本形成的比重从 26.0% 逐步下降
到 17.4%。

从各行业固定资本存量所占比重的变化看，不同时期都有上升、持
平、下降三类产业。20 世纪 50 年代以来，农业部门资本存量比重不断
下降（见表 6-4），采掘业资本存量比重变化不大，50 年代公用事业投
资高增长，70 年代中后期至 80 年代中期出现过主要由石油和天然气投
资拉动的投资高增长；同期制造业投资一直平稳增长，结构不断升级，
其中技术密集型制造业投资连续数十年高速增长，制造业的设备投资、
技术增进型投资增长更快。增量投资的变动带动各行业固定资本存量比
重发生变动。

公用事业资产使用周期较长，长期来看资本存量的增速会逐步趋
缓。随着收入水平的不断提高，医疗卫生投资以及与居民消费相关产业
的投资持续增长，如批发零售业投资自 20 世纪 60 年代以来一直增长较
快。进入后工业化时期后，信息产业的投资也保持持续高增长，其中广
播电信业投资在 20 世纪 50～60 年代和 80 年代均出现了较高的投资
增长。

表 6 - 4 1950 ~ 1990 年美国私营部门各行业固定资本存量比重

单位：%

行业	1950 年	1955 年	1960 年	1965 年	1970 年	1975 年	1980 年	1985 年	1990 年
农林牧渔业	4.3	3.9	3.5	3.4	3.2	3.1	3.1	2.6	2.1
采掘业	3.3	3.6	3.7	3.6	3.3	3.4	4.2	4.4	3.4
其中石油和天然气	2.5	2.8	2.9	2.8	2.5	2.5	3.1	3.3	2.5
公用事业	5.1	6.0	6.8	6.3	6.5	7.1	6.5	6.2	6.1
制造业	9.6	10.0	10.7	10.9	12.0	11.8	11.5	11.6	11.3
批发零售业	3.1	2.8	2.8	3.1	3.5	3.6	3.7	4.3	4.5
其中零售业	2.5	2.3	2.2	2.3	2.5	2.5	2.4	2.6	2.8
交通与仓储业	12.9	11.6	10.4	8.4	7.2	6.7	5.8	5.3	4.4
信息产业	3.2	3.3	3.9	4.4	4.9	4.6	4.5	4.8	5.1
其中广播电信业	2.0	2.2	2.7	3.1	3.5	3.5	3.5	3.7	3.8
房地产业	50.0	50.0	48.9	49.3	47.6	47.4	48.9	47.7	48.5
教育	0.8	0.8	0.9	1.0	1.0	1.0	0.8	0.8	0.8
医疗卫生	1.0	1.1	1.4	1.8	2.3	2.6	2.5	2.9	3.1
文化娱乐	0.8	0.8	0.8	0.8	0.8	0.7	0.6	0.6	0.6
住宿餐饮	1.6	1.4	1.4	1.6	1.7	1.7	1.5	1.6	1.6

2. 制造业内部各行业资本存量及投资变动

制造业投资 1950 ~ 1960 年稳步较快增长，之后进入平稳增长阶段，但投资结构更优化、质量更高。

制造业中投资增长较快的行业集中在技术密集型制造业。1950 年以来投资增长较快的制造业主要是计算机与电子、化学制品、其他交通设备、机械、塑料及橡胶制品、汽车整车及零部件、机电设备（按固定资本存量增速的高低排名）。在此期间计算机与电子产业一直高增长，1960 年比 1950 年固定资本增长了 96.3%，1970 年比 1960 年增长了 143.7%，1980 年比 1970 年增长了 73.4%，1990 年比 1980 年增长了 59.9%，2000 年比 1990 年增长了 86.0%。进入 21 世纪后投资增速开始趋缓，2010 年比 2000 年增长了 8.9%。机械产业 1950 ~ 2000 年固定资本存量增长了约 9 倍，增长比较稳定。

固定资本存量增速与平均增速大体相当的行业有金属制品、家具业、印刷业等。1950～2009年，私营部门固定资本存量增长了491.9%，其中制造业固定资本存量增长了533.1%，金属制品、造纸业、家具业固定资本存量分别增长了519.3%、493.9%、411.8%。

增速明显低于平均增速的行业有纺织机械、金属初级制品、非金属矿物制品、木材加工制品、食品烟酒、服装及皮革制品、造纸业、石油及煤炭制品。其中，纺织机械负增长4%，金属初级制品仅增长117.1%，石油及煤炭制品和造纸业增速相对较高，分别增长了344.5%、287.1%，其余几个行业增速约在200%左右。

制造业投资中的设备及知识产权投入的比重不断增大。1950～2009年，私营部门设备存量增长了9.83倍，远高于固定资本存量增速；制造业中高增长行业有计算机与电子产业的设备存量增长了17.55倍，其他交通设备产业的设备存量增长了13.78倍，机械行业设备存量增长了8.57倍，塑料及橡胶制品设备存量增长了7.27倍，化学制品设备存量增长了6.90倍，汽车整车及零部件设备存量增长了6.71倍。1950～2009年，私营部门知识产权产品的存量增长了26.8倍，制造业知识产权产品的存量增长了39.27倍，其中计算机与电子产业知识产权产品的存量增长高达198.2倍。

（二）政府投资的结构变动

1. 政府投资的规模及结构

州及地方政府投资占较大比重。1985年州及地方政府投资约为1.9万亿美元，资本存量为联邦政府的两倍，整个政府部门的资本存量是私营部门资本存量（不包括住宅）的55%。投资集中在教育、公路和其他公共设施领域，其他公共设施主要是各类公共建筑。这三类投资在第二次世界大战后经历了相似的增长趋势：20世纪60年代达到高峰，后逐步回落，80年代初至谷底。

政府社会类投资比重随经济发展不断上升。2005年，经济类投资只占政府投资（不包括国防）的 38.3%。社会类投资占比超过 60%，仅教育投资就占了全部政府投资（不包括国防）的 27.8%，住宅与社区改善占 8.3%，卫生占了 5.9%。2005～2009 年美国政府投资的规模与结构见表 6-5。

表 6-5　2005～2009 年美国政府投资的规模与结构

单位：亿美元（现价）

行业	2005 年	2006 年	2007 年	2008 年	2009 年
总计	2998.00	3200.15	3419.97	3653.71	3698.51
一般公共服务	304.34	300.44	330.44	362.63	375.40
国防	123.21	114.70	114.24	128.74	129.60
公共秩序与安全	145.22	154.62	174.78	192.56	197.14
经济事务	1100.47	1170.09	1241.08	1316.66	1354.94
住宅与社区改善	239.38	282.79	295.71	301.37	294.54
卫生	168.45	165.95	187.13	202.97	213.39
娱乐、文化与宗教	83.00	75.54	89.00	92.99	88.65
教育	800.11	886.37	951.49	1023.09	1013.41
社会保护	33.82	49.63	36.09	32.69	31.45

注：以上数据为全部政府的年度资本形成总额。
资料来源：OECD 官网。

2. 政府基础设施投资存在一定周期性，公路投资比重较大

1956～1965 年政府基础设施投资明显增长，1965～1984 年保持稳定，1984～1993 年又明显增长，1993 年比 1956 年增长了约 1 倍。

政府各类交通投资（除水运外）都呈现明显的周期性，且交通行业内部各行业的周期性并不相同。公路投资占政府基础设施总投资的比重 1956 年高达 67.3%，在多数年份也都在 50% 以上，周期性也最明显。1956～1965 年政府公路投资持续增长，1965～1969 年保持稳定，之后有所下降，直到 1984 年后又开始明显增长，并在 1991～1993 年达到高点。

1956～1962 年公共交通投资增长平稳。1962～1969 年，公共交通投资除个别年份外持续增长，1969 年比 1962 年增长了约 400%。1970 ～ 1979 年呈波动向上增长趋势。1980 年到 20 世纪 90 年代初，再次进入高增长期。1956 ～ 1973 年，航空投资从 7.62 亿美元增长到 44.29 亿美元，为交通领域增长最快的行业。1974 ～ 1984 年约十年间平稳增长，大部分年份不足 30 亿美元。1984 ～ 1993 年，再次进入高增长期，从 31.16 亿美元增长到 87.61 亿美元，成为政府交通投资中增长最快的行业。铁路投资在政府交通投资中，重要性最低，这主要与铁路交通在交通体系中的作用较低有关。除 1976 ～ 1980 年铁路投资数量较大、增长较快外，大多数年份或没有投资或投资数量很小。水运投资在各类交通投资中周期性最不明显，除 20 世纪 50 年代的几年外，各年份投资都保持在 10 ～ 20 亿美元（见表 6 - 6）。

表 6 - 6　美国各级政府的基础设施投资（资本支出）

单位：百万美元（1997 年价）

年份	总投资	公路	公共交通	铁路	航空	水运	水资源	供水	污水处理
1956	40658	27360	641	0	762	808	3440	4186	3463
1957	42126	28367	653	0	1054	747	3727	4072	3506
1958	46939	31429	731	0	1679	952	4455	4152	3541
1959	53101	36034	553	0	1841	1008	5059	4764	3842
1960	52091	34816	516	0	1977	1002	4938	4629	4212
1961	55472	35720	662	0	1620	1323	5703	5461	4004
1962	57915	38157	491	0	1701	1171	6005	4978	4831
1963	61350	40246	867	0	1803	1226	6787	4842	5452
1964	63482	42059	818	0	2516	1156	6963	5000	5775
1965	65841	43313	1256	0	3294	1129	6690	5909	5748
1966	66782	43216	1083	0	3377	1352	7410	6073	6028
1967	68061	45612	1562	0	4017	1389	7555	5087	5154
1968	67876	45181	2057	0	4429	1803	6800	5093	5139
1969	68320	45321	2461	0	3073	1754	5558	5394	5315
1970	65363	43930	1491	0	2714	1412	4698	4894	5644
1971	67260	44394	1663	0	3377	1398	5276	4650	6503

续表

年份	总投资	公路	公共交通	铁路	航空	水运	水资源	供水	污水处理
1972	68134	43216	1730	0	4017	1375	5357	4745	7694
1973	64130	37670	3013	0	4429	1474	4889	4700	7953
1974	60638	35600	2699	143	3073	1485	4864	5080	7695
1975	59394	33298	2920	505	2714	1316	4855	5124	8663
1976	60743	33538	3146	1356	2441	1128	4653	5188	9293
1977	58207	28949	3674	2152	1985	1119	5160	4717	10450
1978	57893	29578	3165	1842	2327	1146	4744	4946	10146
1979	64920	32954	3377	2323	2631	1512	4855	5701	11528
1980	67537	34153	3714	2247	3060	1753	5098	6111	6680
1981	60599	30158	4307	729	2792	1755	4416	5931	6905
1982	54619	26725	4674	776	2553	1514	4364	5424	7317
1983	55215	27240	5252	617	2704	1710	4139	5317	7904
1984	58766	30226	5507	620	3116	1583	4387	5159	8168
1985	64952	34628	5384	474	3454	1721	4584	6190	8518
1986	69565	37097	5328	187	4242	1859	4437	7309	9106
1987	72575	38182	5368	197	4748	1689	4584	7902	9904
1988	75884	40496	5208	− 1	5194	1728	4941	7778	10541
1989	77236	40951	5803	− 8	5231	1612	5245	8051	10342
1990	79807	41470	6594	− 58	5911	1616	5572	8441	10259
1991	81064	43131	6697	268	6664	1607	3173	8853	10671
1992	82340	43408	6666	417	8002	1384	3067	8552	10845
1993	81660	43135	6516	291	8761	1648	2635	7567	7833

资料来源：美国国家统计局。

水资源投资在较长时期呈现较大波动，20 世纪 50 年代至 90 年代初期呈现"增长 - 长期平稳 - 有所下降"的波动特征。供水和污水处理长期增长平稳，高增长期分别出现在 70 年代和 80 年代中后期至 90 年代初。

三　日本 20 世纪初至 20 世纪 70 年代投资与供给结构变化

本节主要考察日本从 20 世纪初到 20 世纪 70 年代初约 70 年的投资

变动情况，探讨其长期变动特征，这段时期日本的投资变动呈现以下特点。

（一）投资是扩大供给能力的主要动力

从1952年到1954年左右，日本经济逐步恢复正常发展。第二次世界大战后，日本投资第一高增长期为1956～1966年，增长速度超过战前1901～1917年、1931～1937年两个投资高增长期。1956～1962年私营部门投资年均增速为12.1%～26.4%。总体而言，日本经济发展历程中的几个经济高速增长期，都具有投资推动的特征，并伴随私营部门投资的快速强劲增长。

（二）民营部门投资增长更快

长期看，日本私营部门明显快于公共部门的投资增长。只有在产出增长低于潜在增速时，才出现相反的情况。经济上升期公共投资与私营投资的差距缩小，经济下行期差距则加大。换言之，经济繁荣期私营投资增长更强劲，高于政府投资增速，经济下行期的情况则正好相反，公共投资增速更快。结果是经济下行期时总体投资率相对稳定。

投资高速增长时，资本产出率有所下降。日本的资本产出率经历了从20世纪初到20世纪30年代中期的逐步上升，之后直到20世纪60年代初则呈逐步下降趋势。

（三）投资结构伴随工业结构的升级而变化

投资结构优化体现在非农部门的资本密集度不断上升。不同时期投资增长的主要领域不同，这也反映了不同时期经济增长所面临的短板领域不同。

第一个投资高增长期（1901～1917年）私营部门的基础设施投资增长较快。1901年私营部门非农投资仅2亿日元左右，至2017年上升到6亿日元，其中的3.5亿日元为基建投资。私营部门的基础设施投资从 1907 年的 5700 万日元（1934～1936 年不变价，下同）上升到 1917 年的 4.02 亿日元，占私营部门总投资（不包括农业）的比重从 1907 年的 28.4% 上升到 1917 年的 64.9%。

第二个投资高增长期（1931～1937 年）制造业投资增长较快，基础设施投资次之。私营部门总投资从 20 世纪 30 年代初的 6 亿日元上升到 30 年代末的 18 亿日元，增长了 12 亿日元，其中制造业投资从 2 亿日元增长到 8 亿日元，基础设施投资从 2.5 亿日元增长到 7 亿日元。

第三次投资高增长期各部门的投资均出现不同程度的高速增长。1956～1962 年，这七年间投资增长了 2 倍，制造业与服务业投资也增长了 2 倍，建筑业投资增长了 4 倍，基础设施投资增长了 1 倍。制造业投资比重占全部私营投资的 1 半以上，贡献了 60% 的投资增长。服务业投资首次成为仅次于制造业的投资快速增长领域，贡献了 25% 的投资增长，比基础设施投资增长贡献率高 14 个百分点。

在两个投资下行期，1917～1931 年私营部门投资增速在十年左右时间内基本不变，其中基础设施投资增速出现下降；GNP 增速从 1912～1917 年的 4.56% 下降到 1917～1931 年的 2.75%。1962～1966 年私营部门投资仍保持增长态势，但各行业的投资增速均有不同程度的趋缓；但 GNP 增速达到 11.91%，甚至高于 1956～1962 年 10.72% 的 GNP 增速。私营部门投资增速变化与 GNP 增速变化不尽一致，既有政府投资的影响，也有劳动、技术进步的影响。

（四）不同时期投资增长的主要产业不同

投资高增长主要来自利润预期驱动的私人投资高增长，投资高增长时期往往是技术进步较快时期，投资与引进的国外技术和管理经验一起，推动经济和收入快速增长，进而为后续投资增长创造了市场条件。

每个投资与经济高速增长期都对应不同的主导产业。1901～1917 年，食品纺织占了制造业产出的一半。20 世纪 30 年代，化工、金属、机械的产出超过了 60%。20 世纪 50～60 年代电子与汽车工业成为增长较快的主导产业。日本投资的产业结构见表6-7。

表6-7 日本投资的产业结构

单位：十亿日元（现价）

年份	农业 （包括渔业、 林业）	采掘业和 制造业	基础设施	建筑业	服务业	总计
1951	96	434	254	7	375	970
1952	130	299	333	10	389	1115
1953	162	375	427	13	512	1445
1954	199	324	381	17	534	1391
1955	189	362	420	11	523	1488
1956	215	664	594	45	658	2093
1957	234	846	750	47	758	2596
1958	223	714	751	64	801	2550
1959	281	1067	825	96	1003	3211
1960	299	1746	987	156	1245	4342
1961	391	2323	1252	256	1666	5802
1962	385	1955	1397	295	1971	6227
1963	450	2188	1552	316	2313	6946
1964	471	2458	1627	329	2904	7936
1965	543	2052	1948	368	2958	7894
1966	634	2454	2232	510	3527	9613
1967	909	3751	2406	713	4024	11874
1968	1066	4734	2826	784	4789	14344
1969	1262	6042	3410	931	6183	17669
1970	1380	6778	3889	1150	7255	20515

注：日本投资的主要行业划分为农业、制造业（包括采掘业）、建筑业、基础设施（包括交通、通信、公用事业等）、服务业。

四 美日投资结构与供给结构变化的启示

通过分析美国、日本较长时期的投资总量与结构变动，我们可以得出以下几个方面的结论与启示。

（一）投资增长与供给总量及结构变动之间呈现明显相关性

美日两国经验显示：投资是提高总供给能力的重要手段，投资结构变动对塑造供给结构起着关键作用。从总量上看，1946～1955年，美国年均资本形成总额是1869～1888年的8倍，而同期GNP增长了9倍以上。从结构上看，投资结构与产业结构变动之间关系密切。投资对各行业资本存量结构产生直接影响，而各部门资本存量与其产出能力的变动呈现明显正相关性。从1890年到1948年的数据看，美国农业部门资本存量占比从22.5%下降到了17.8%，而其产出额占比则从24.7%下降到10%；采掘业资本存量占比从4.0%上升到5.1%，其产出额占比从3.1%上升到了3.2%；制造业资本存量占比从19.6%上升到33.5%，其产出额从占比则从63.6%上升到71.3%。再从1950年到1990年的相关数据看，美国农业部门固定资本存量占全部私营部门固定资本存量（不包括房地产业）的比重从8.6%下降到了4.1%，其产出额占比则从5.8%下降到2.0%；石油和天然气固定资本存量占比从5.0%下降到4.9%，其产出额占比从0.9%下降到0.8%；而公用事业固定资本存量占比从10.2%上升到11.8%，其产出额占比从1.4%上升到2.0%。

（二）投资结构优化是不断适应经济发展与技术进步的动态过程

从美日两国的经验看，投资结构优化是供给结构优化的一个主要推动力，而其"被推动力"更多是由经济发展中的长期宏观变量（如经济发展水平、人口结构变化、工业化与城镇化进程、新一轮技术的产生等）所决定的。因此，只要经济不断在发展，优化就是一个不断的"现在进行时"的过程。即使一个时期形成了当期的最优比例，一旦缺乏变化弹性，在后一个时期，可能就会成为要被"优化"的比例关系。因此，以投资结构优化来保证供给结构优化，需要投资（资本形成）不断跟随、适应宏观变量的变化，调整产业投入结构、要素投入结构，顺时应势，有升有降，保证资本带动其他要素的进入或退出，交易成本最小化；保证供给变动，是基于需求而有效的，因为市场需求、要素条件及生产函数都伴随经济发展与技术进步的动态过程而在不断变化。

（三）伴随产业高端化，投资通过与其他要素结合的变化释放新的增长空间

如前已述，20 世纪 50 年代以来美国制造业中投资增长较快的行业集中在技术密集型制造业，主要是计算机与电子、化学制品、其他交通设备、机械、塑料及橡胶制品、汽车整车及零部件、机电设备。在投资增长带动下，这些行业的产出也相应出现高增长。特别是 20 世纪 50 年代以来美国固定资产投资中的知识产权投入占比不断"不成比例"地上升，显示出作为占据全球产业链高端的经济体，资本作为生产要素越来越内含技术、人力资本等高级要素；而这些要素与土地、资源、一般劳动力等要素的区别在于，后者受到边际投入效益递减的制约；而前者（无形要素及创新型要素）不受其制约，具有广阔增长空间，使得一些高技术产业出现了持续的超常规的增长，而这在中低端要素密集的产业，是无法想象的。因此，从中长期发展看，投资结构优化，也意味着投资带动或结合其他要素的方式要与产业向高端化升级的方向相一致，由此突破"要素投入边际效益递减"规律对投资－供给增长空间的制约。

（四）需求结构变动是投资结构适应供给结构不断调整变化的主要推动力

伴随经济发展，国民收入提高，服务消费相对产品消费比重会不断上升，由此拉动服务业（特别是信息、文化、医疗等新兴服务业）的发展。1960 年后，服务业增加值占美国 GDP 的比重超过 50%，服务业逐渐成为推动美国经济的主要动力，其中的信息产业、医疗保健、艺术娱乐产业更是不断发展，而这些领域的投资也相应地呈现出较快增长的态势。以信息产业和医疗卫生为例，这一时期美国信息产业固定资本存量不断增长，占比从 1950 年的 3.2% 上升到 1990 年的 5.1%，其投资

高增长期主要出现在 20 世纪 50 年代中后期至 70 年代初期这一段时期。医疗卫生固定资本存量占比从 1950 年的 1.0% 上升到 1990 年的 3.1%，其投资高增长期主要出现在 20 世纪 70 年代初期至 80 年代中期这一段时期。相应地，医疗卫生（包括养老护理）的产出份额从 1970 年的 1.2% 上升到了 1985 年的 2.0%。政府医疗卫生资本支出占全部政府资本支出的比例也从 1970 年的 2% 上升到 1980 年的 3.1%。主要原因是从 20 世纪 70 年代开始，美国人口结构进入老龄化阶段，老龄化人口占比持续上升，明显带动了医疗服务业需求的增长。

（五）公共投资应伴随发展阶段的变化调整结构

从国际经验看，早期政府财政支出中用于经济建设的比例较高，随着发展阶段的变化（人均收入达到 1 万美元以上），这一比例会相对下降，而医疗卫生等社会类支出比例则相应上升。1965 年之后，美国政府的医疗经费支出持续增长，1970 年达到 GDP 的 2%，1980 年达到 3%，1991 年达到 4%，1995 年达到 5%，2007 年达到 6%，2009 年达到 7%。参照国际经验，伴随我国人均国民收入水平迈向高收入阶段的进程，未来政府支出的增量也应更多地投向教育、医疗、社会保障、环境保护等社会发展和民生改善型领域。

从美日的经验看，不同时期政府在公共基础设施领域的投资重点并不相同。原因是不同发展阶段制约发展的短板不同，政府投资的重点应针对不同时期的短板领域而有所差别。例如，1956 ~ 1973 年，航空投资是美国政府交通投资的重点领域，而 20 世纪 80 年代公交投资成为交通投资重点领域。

第七章　全球主要经济体资本结构对供给结构的影响

内容提要： 从长期发展趋势看，各经济体的产业结构合成指数呈抛物线形上升趋势，反映出一、二产业向第三产业逐步转化或不断跃迁的特征，就业结构走势也有此特征。从国际比较看，我国供给结构现状不尽合理，目前与发达国家之间的产业结构合成指数还有较大差距，具体表现为我国第一产业的增加值和就业占比偏高、第三产业的增加值和就业占比明显偏低。跨国实证分析证实了一国某行业的资本结构变化对相应的产出结构变化具有显著的同向影响，即某行业的资本存量占比上升会明显导致该行业增加值占比上升。考察不同技术水平的行业发现，资本要素在制造业内部的高技术水平细分行业以及服务业内部的低技术水平细分行业具有较强的影响。劳均资本对增加值率的影响机制表明，某行业劳均资本存量的增加有助于提高该行业的增加值率，考虑不同国家类型与不同技术水平时这一结论也成立。

一　供给结构变化的规律性特征

从经济体发展阶段的长期趋势看，供给结构变化的规律性特征主要表现在产业结构和就业结构两个方面。值得说明的是，为保证国家间的可比性（一定的人口规模可以保证一国产业结构实现梯次演进的全过程），笔者剔除了人口低于 1000 万的经济体，合计得到 87 个经济体，其长期趋势则显得更为突出。同时，以人均国民总收入（GNI）（按购买力平价调整，以 2010 年不变价美元计）作为衡量各经济体不同发展阶段的标准。

（一）产业结构合成指数呈抛物线形上升趋势

本章通过构造产业结构合成指数来综合判断一国产业结构的总体发展水平。[①] 从经济发展长期趋势看，各经济体的产业结构合成指数呈不断上升的走势，早期上升速度较快，中后期则略微有所放缓。这总体反映出各经济体的一、二产业向第三产业逐步转化或者处于不断跃迁的过程。如图 7-1 所示，在经济发展阶段的早期（人均 GNI 在 5000 美元以下），第一产业向二、三产业加速转化发展，故这一时期的产业结构合成指数上升速度较快。在进入经济发展阶段的中期（人均 GNI 为 5000 ~ 15000 美元），第一产业仍在向二、三产业转化发展，但此时第二产业也开始逐步转向第三产业。在人均 GNI 为 15000 美元之后的经济发展阶段，第一产业占比趋于稳定，二、三产业占比则此消彼长，第二产业不断向

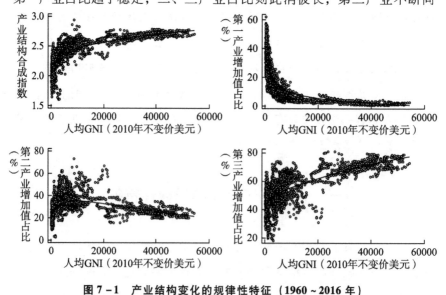

图 7-1　产业结构变化的规律性特征（1960 ~ 2016 年）

① 产业结构合成指数由三次产业结构加权而成，其权数分别为 100%、200% 和 300%。

第三产业转化，故产业结构合成指数上升走势有所放缓。总结三次产业占比，可以发现，第一产业占比逐步收敛于 5% 左右，第二产业占比稳定在 20% ~ 30%，第三产业占比不断上升，发达经济体该占比在 70% 以上。

（二）就业结构比产业结构的转化程度与变动幅度更剧烈

如图 7 - 2 所示，第一产业就业占比从最初 80% 的高水平大幅降至 5% 以下，并趋于收敛；第二产业就业占比达到 25% ~ 30% 的拐点后，其走势不同于产业结构，会持续一段较长的稳定期，而后才有所下降，不过总体仍维持在 20% 左右；第三产业就业占比则不断上升，从早期 20% 的低水平不断上升至 80% 左右的高水平，G7 国家的第三产业就业占比都处在 70% ~ 80% 的水平。从中可以看出，随着经济的不断发展，第三产业始终是承载大多数就业人口的巨大"蓄水池"，并且该重要性将日益凸显。此外，第二产业在经济发展的中后期仍在吸纳劳动力、培养具有较高技能的劳动力队伍等方面扮演着十分重要的角色。

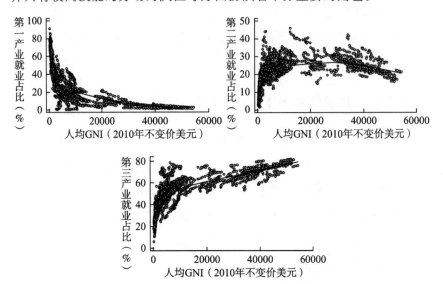

图 7 - 2　就业结构变化的规律性特征（1960 ~ 2016 年）

资料来源：世界银行数据库。

二　我国供给结构存在的主要问题

2016 年，我国人均 GNI 为 8250 美元（以现价美元计），在 179 个公布该指标的经济体中居第 68 位，略高于我国所处的上中等收入经济体平均水平（8176 美元），但低于全球平均水平（10308 美元），只有高收入经济体平均水平（41150 美元）的五分之一。不过，当前我国正面临着供给结构严重错配的问题，特别是低水平供给与无效供给过剩、高水平供给与有效供给不足的现象并存。从国际比较看，我国的供给结构确实表现为以下四个维度的不合理性，亟待全方位的优化。

（一）现阶段我国的供给结构水平在全球排名靠后

2015 年，我国产业结构合成指数为 2.414，在 175 个可计算该指数的经济体中列第 114 位，低于全球平均水平（2.652）。与同期的人均 GNI 排名相比，低了近 50 位。尽管 2016 年我国产业结构合成指数提高了 0.017，达到 2.431 的水平，但仍低于中等收入经济体（2.486）、上中等收入经济体（2.520），只略高于亚太经济体（不含高收入经济体）。

（二）相比发达经济体，我国的供给结构存在较大不足

2016 年，我国产业结构合成指数与发达经济体的差距主要在 0.25 ～ 0.35（见表 7 - 1）。如果按照每年提高 0.01 的速度追赶，在发达经济体保持现有产业结构不变的情况下，尚需 30 年左右的时间才能赶上。分三次产业占比看，我国第一产业的增加值和就业占比明显过高，尤其是就业占比（27.8%）远高于 OECD 国家的平均水平（4.8%）；相反，第三产业的增加值和就业占比则都偏低，相差超过 20 个百分点；第二产业的增加值占比高于各发达经济体，超出幅度主要在 10 ～ 20 个百分点。

表 7-1　我国与 G7 国家产业结构特征的比较

经济体	年份	增加值占比（%）			就业占比（%）			产业结构合成指数
		第一产业	第二产业	第三产业	第一产业	第二产业	第三产业	
中国	2016	8.6	39.8	51.6	27.8	23.9	48.3	2.431
英国	2016	0.6	20.2	79.2	1.2	18.6	80.2	2.786
美国	2015	1.1	20.0	78.9	1.5	17.5	81.0	2.779
法国	2016	1.6	19.2	78.8	2.7	20.6	76.7	2.772
意大利	2016	2.1	23.9	74.0	3.6	27.1	69.3	2.719
日本	2015	1.1	28.9	70.0	3.8	26.8	69.4	2.690
德国	2016	0.6	30.5	68.9	1.4	27.7	70.9	2.683
加拿大	2013	1.8	28.8	69.3	2.1	20.1	77.7	2.675
OECD 国家	2015	1.5	24.3	74.2	4.8	22.6	72.6	2.727

注：美国、日本、加拿大和 OECD 国家暂缺 2016 年的最新数据。
资料来源：世界银行数据库。

（三）相比历史上与我国当前人均 GDP 水平相近时期的国家，我国供给结构排名靠后

这里考察与我国 2016 年人均 GDP 水平相近的经济体。[①] 在 1960～2016 年，先后有 15 个经济体曾与我国 2016 年人均 GDP 水平相近。在这些历史上相同发展阶段的经济体中，我国产业结构合成指数排在第 11 位，高于当时的韩国、智利、马来西亚、土耳其和巴西等国（见表 7-2）。分产业看，一方面，我国三次产业的增加值占比要优于历史上处在相同发展阶段的韩国、智利等国水平；另一方面，我国第三产业的增加值和就业占比则又明显偏低。

① 由于按购买力平价调整的人均 GNI 数据缺失情况严重，并且人均 GDP 与人均 GNI 相差不大，故这里使用人均 GDP 数据，同样按购买力平价调整，以 2010 年不变价美元计。人均 GDP 水平相近的选择标准是在高于或低于我国 2016 年人均 GDP 水平 5% 的区间内。

表7-2 历史上部分经济体在与我国当前人均收入水平相近时期的
产业结构特征比较

经济体	年份	增加值占比（%）			就业占比（%）			产业结构合成指数
		第一产业	第二产业	第三产业	第一产业	第二产业	第三产业	
中国	2016	8.6	39.8	51.6	27.8	23.9	48.3	2.431
巴西	1983	10.9	44.0	45.1				2.342
韩国	1987	10.3	39.3	50.4				2.401
墨西哥	1989	7.8	29.4	62.9				2.551
智利	1992	10.3	39.3	50.4	17.5	25.7	56.8	2.401
土耳其	1994	16.0	33.2	50.7	42.7	22.1	35.2	2.347
波兰	1996	5.1	35.0	59.8	22.1	31.7	46.2	2.547
阿根廷	2002	10.8	32.4	56.8	1.0	20.3	78.7	2.460
马来西亚	2002	9.0	45.1	45.9	14.9	32.0	53.1	2.369
俄罗斯	2002	6.3	32.8	60.9	11.3	29.5	59.2	2.546
哈萨克斯坦	2005	6.8	40.1	53.1	32.4	17.9	49.6	2.463
罗马尼亚	2005	9.5	36.0	54.5	32.3	30.5	37.3	2.450
南非	2009	3.0	30.4	66.6	5.3	25.5	69.2	2.636
哥伦比亚	2013	6.1	37.1	56.8	14.6	16.8	68.6	2.507
多米尼加	2016	6.1	26.1	67.9	13.4	16.8	69.8	2.618
伊朗	2016	10.0	35.0	55.0	17.4	32.5	50.1	2.451

资料来源：世界银行数据库。

（四）我国现阶段的供给结构水平与拟合值存在一定差距

通过比较我国现阶段的供给结构水平与根据全球大样本数据拟合曲线计算出的我国目前人均 GNI 水平下的拟合值后发现，两者存在一定差距（见表7-3）。具体而言，第一产业的就业占比偏高，超过拟合值 6.93 个百分点；第二产业的增加值占比高于拟合值 2.49 个百分点；第三产业的增加值和就业占比都明显低于拟合值，分别有 2.28 个百分点、6.16 个百分点的差距。

表 7 - 3　2016 年我国供给结构水平与全球大样本拟合值的比较

指标	增加值占比（%）			就业占比（%）			产业结构合成指数
	第一产业	第二产业	第三产业	第一产业	第二产业	第三产业	
现实值	8.56	39.81	51.63	27.80	23.90	48.30	2.431
拟合值	8.94	37.32	53.91	20.87	24.68	54.46	2.453
两者差距	-0.38	2.49	-2.28	6.93	-0.78	-6.16	-0.022

注：两者差距为现实值减去拟合值。

资料来源：世界银行数据库和笔者计算得到。

三　投资对优化供给结构的作用

从投入产出的角度看，产出结构的变动必然由要素投入变动所致。在经济发展的不同阶段，劳动、资本、技术等多种要素组合的配置结构会发生变化，但不管如何变化，通过有效投资所积累的资本要素在其中都发挥着关键性作用。一方面，投资是连接需求和供给的重要手段，并在长短期内具有对经济增长的双重效应（如我国在深入推进供给侧结构性改革的过程中，运用投资政策既能实现短期稳增长，又可以落实长期调结构的双重目标）；另一方面，狭义的技术进步属于体现型技术进步的范畴，而资本体现型技术进步是其中最主要的一种表现形式。[1]

（一）研究样本

本章的研究样本基于 2000～2014 年全球 42 个经济体 56 个行业的世界投入产出数据库。总体上，这 42 个经济体基本反映了全球总体发展状况，其对全球经济具有十分重要的影响力。以 2014 年为例，以上

---

[1]　技术进步可以分为"不体现型技术进步"（Disembodied Technical Change）和"体现型技术进步"（Embodied Technical Change）两大类。其中，体现型技术进步就是指许多新技术必须要与投入要素（尤其是物质资本和人力资本）紧密结合起来才能促进经济增长。

这些经济体的 GDP 之和约占全球 GDP 的 85%，其人口之和占全球总人口的比重超过 62%。其中，按不同发展阶段，42 个经济体可分为两组，一组是 30 个 OECD 成员[①]，另一组是 12 个非 OECD 国家[②]。此外，56 个行业涵盖经济体三次产业下的所有二分位细分行业。值得说明的是，按不同技术水平，将制造业和服务业分别划分为高技术水平的制造业、低技术水平的制造业、高技术水平的服务业、低技术水平的服务业四类（苏杭等，2017；胡昭玲等，2017）。

（二）资本结构变化对产出结构变化具有显著的同向影响

1. 典型化事实

对于一国总产出而言，通过有效投资所积累的资本要素始终发挥着关键性作用。随着科技不断进步和发展，以资本体现型为主的技术进步有赖于对具有先进技术的机器设备方面的投资，这不仅能实现资本深化，而且能大幅提高技术水平。跨国实证研究证实，设备投资占 GDP 的比重每提高 1 个百分点，劳均 GDP 增长将相应提高 0.393 个百分点（黄先海和刘毅群，2006）。对比 2000～2014 年全球 42 个经济体的行业数据可见，不管是制造业还是服务业的资本存量占比均与各自行业的增加值占比呈正相关的关系，即随着行业资本存量占比的上升，该行业的增加值占比也将不同程度地提升。

2. 模型设定

针对上述规律性特征，为更深入考察资本结构变化对产出结构变化的影响效应，这里提出检验假设命题"一国某行业的资本结构变化对相应的产出结构变化是否具有显著的同向影响"，即一国某行业的资本存量占比上升是否将明显带来该行业增加值占比上升。基于以上假设命

---

① 包括澳大利亚、奥地利、比利时、加拿大、瑞士、捷克、德国、丹麦、西班牙、爱沙尼亚、芬兰、法国、英国、希腊、匈牙利、爱尔兰、意大利、日本、韩国、卢森堡、墨西哥、荷兰、挪威、波兰、葡萄牙、斯洛伐克、斯洛文尼亚、瑞典、土耳其、美国。

② 包括中国、巴西、俄罗斯、印度、克罗地亚、塞浦路斯、马耳他、印度尼西亚、保加利亚、拉脱维亚、立陶宛、罗马尼亚。

题，首先将模型形式设定为

$$vaperc_{c,i,t} = \alpha + \beta \times kperc_{c,i,t} + \gamma \times empperc_{c,i,t} + X_{c,i,t} + \delta_c + \theta_i + \mu_t + \varepsilon_{c,i,t}$$

其中，被解释变量是一国某行业增加值占比（$vaperc$），核心解释变量是该行业资本存量占比（$kperc$），以及相应的就业人数占比（$empperc$），X是一组控制变量，以控制其他经济因素对行业增加值占比变化的影响效果；δ_c、θ_i、μ_t分别表示国家、行业和时间的特定效应；ε表示残差项，下标 c、i、t 分别表示国家、行业与年份。

其次，在估计方法上，利用固定效应模型进行估计。[1] 由于研究样本是具有国家、行业、时间三个维度的跨国面板数据，采取分组降维的方法将国家与行业归并，从而可应用面板估计方法进行估计，并同时控制异方差、截面相关等不利影响。

最后，本章研究预期，一国某行业的资本结构变化对相应的产出结构变化具有显著的同向影响，即一国某行业的资本存量占比上升将明显带来该行业增加值占比上升（系数 β 显著为正），反之亦反。

3. 实证结果

按照行业分类（制造业与服务业）以及不同国家类型（OECD 国家与非 OECD 国家）的顺序进行逐一估计。其一，第（1）列和第（4）列的基准模型全样本结果（见表 7-4）显示，不论是在制造业还是在服务业，资本结构变化对产出结构变化都有显著正向影响，并且估计系数均通过 1% 的显著性水平，符合预期。其二，第（2）、（3）列的分国家类型基准模型结果显示，在制造业领域，OECD 与非 OECD 两类国家的资本结构变化对产出结构变化都有显著正向影响，估计系数均通过 1% 的显著性水平。其中，OECD 国家的影响系数（0.281）大于非 OECD 国家的影响系数（0.178），表明相比非 OECD 国家，OECD 国家的资本结构变化对产出结构变化的影响更重要。对于服务业的分国家类型而言，第（5）、（6）列的基准模型结果也得出相同的结论，两类国

---

① 针对所采用的估计方法，Wald 检验和 Hausman 检验的结果支持采用固定效应模型。

家的资本结构变化对产出结构变化都有显著正向影响。不过，在服务业
领域，非 OECD 国家的影响系数（0.309）则大于 OECD 国家的影响系
数（0.184），说明非 OECD 国家的资本结构变化对产出结构变化的影
响更重要。其三，关于估计结果定量上的经济含义，以第（1）列和第
（4）列为例，制造业和服务业的资本存量占比每上升 1 个百分点将分
别带来该行业增加值占比上升 0.286 个百分点、0.152 个百分点。因此，
可以证实假设命题，通过有效投资所积累的资本要素确实能对优化供给
结构发挥关键性作用，即某一行业资本存量占比上升将明显带来该行业
增加值占比上升。此外，劳动要素结构的变化也会显著影响产出结构变
化（该部分内容的具体分析见下文的比较）。

表 7 - 4　各经济体资本结构变化对产出结构变化的影响分析（基准模型）

变量	(1)	(2)	(3)	(4)	(5)	(6)
	制造业			服务业		
	全样本	OECD 国家	非 OECD 国家	全样本	OECD 国家	非 OECD 国家
制造业资本存量占比	0.286 *** (0.011)	0.281 *** (0.014)	0.178 *** (0.026)			
制造业就业人数占比	0.390 *** (0.009)	0.406 *** (0.015)	0.429 *** (0.012)			
服务业资本存量占比				0.152 *** (0.007)	0.184 *** (0.008)	0.309 *** (0.014)
服务业就业人数占比				0.437 *** (0.005)	0.577 *** (0.006)	0.215 *** (0.009)
人均 GDP	0.004 *** (0.001)	0.012 *** (0.002)	0.007 *** (0.002)	0.049 *** (0.001)	0.081 *** (0.002)	0.060 *** (0.002)
时间趋势项	0.001 *** (0.000)	0.001 *** (0.000)	0.001 *** (0.000)	0.002 *** (0.000)	0.001 *** (0.000)	0.005 *** (0.000)
常数项	0.132 *** (0.011)	- 0.033 (0.021)	0.161 *** (0.017)	0.748 *** (0.011)	0.975 *** (0.018)	0.783 *** (0.017)
样本量	11728	8423	3305	17524	12514	5010
R^2	0.579	0.589	0.577	0.650	0.736	0.627

　　注：括号内是标准误差；***、**、*分别表示在 1%、5% 和 10% 的显著性水平上显
著，下同。

4. 不同技术水平的行业影响

从制造业和服务业的不同技术水平出发，旨在揭示出不同国家类型所具有不同影响效应的深层次原因，以下进一步考察资本结构变化对产出结构变化的影响（见表7-5）。

表7-5 各经济体资本结构变化对产出结构变化的影响分析（分不同技术水平）

变量	(1)	(2)	变量	(3)	(4)
	制造业			服务业	
	高技术水平	低技术水平		高技术水平	低技术水平
高技术制造业资本存量占比	0.641 *** (0.022)		高技术服务业资本存量占比	0.251 *** (0.013)	
高技术制造业就业人数占比	0.465 *** (0.023)		高技术服务业就业人数占比	0.734 *** (0.015)	
低技术制造业资本存量占比		0.192 *** (0.013)	低技术服务业资本存量占比		0.307 *** (0.010)
低技术制造业就业人数占比		0.369 *** (0.009)	低技术服务业就业人数占比		0.101 *** (0.015)
人均 GDP	0.003 ** (0.001)	0.011 *** (0.001)	人均 GDP	0.003 ** (0.001)	0.008 *** (0.002)
时间趋势项	控制	控制	时间趋势项	控制	控制
常数项	-0.003 (0.011)	0.166 *** (0.008)	常数项	0.030 ** (0.012)	0.194 *** (0.015)
样本量	4355	7373	样本量	7219	4825
R^2	0.387	0.704	R^2	0.487	0.246

一是在同一技术水平的行业内，高技术水平的制造业细分行业的资本结构变化对产出结构变化的影响效应强于劳动结构变化的影响效应，但低技术水平的制造业细分行业则相反，劳动结构变化的影响效应要更强。对于服务业而言，低技术水平的服务业细分行业的资本结构变化对产出结构变化的影响效应要强于劳动结构变化的影响效应，但高技术水平的情形下劳动结构变化的影响效应更强。

二是在不同技术水平的行业间，在制造业内部，高技术水平的细分行业的资本结构变化对产出结构变化的影响效应强于低技术水平的影响效应。在服务业内部，高技术水平的细分行业的资本结构变化对产出结构变化的影响效应则弱于低技术水平的影响效应。对于劳动结构而言，不管是制造业内部还是服务业内部，高技术水平的细分行业都强于低技术水平的影响效应。

由此可见，资本要素在制造业内部的高技术水平细分行业以及服务业内部的低技术水平细分行业有较强的影响效应，而劳动要素则在制造业内部的低技术水平细分行业以及服务业内部的高技术水平细分行业有较强的影响效应。这对投资优化供给结构发挥关键性作用具有重要的现实指导意义。

（三）劳均资本对增加值率的影响机制

一国劳动生产率的增长由该国劳均资本存量和全要素生产率（Total Factor Productivity，TFP）两者的增长共同决定。结合资本结构与产出结构的变化关系来看，某行业劳均资本存量的增加势必有助于提高该行业的增加值率。为此，这一影响机制恰恰能很好地解释资本要素为何能对优化供给结构发挥关键性作用。

1. 模型设定

如前所述，这里将劳均资本对增加值率的影响机制设定为以下形式：

$$vago_{c,i,t} = \alpha + \beta \times rperk_{c,i,t} + \gamma \times hc_{c,i,t} + X_{c,i,t} + \delta_c + \theta_i + \mu_t + \varepsilon_{c,i,t}$$

其中，被解释变量是一国某行业增加值率（$vago$），核心解释变量是该行业实际的劳均资本存量（$rperk$），以及相应的人力资本水平（hc），X是一组控制变量，以控制国家层面的其他经济因素（包括经济发展水平、技术研发水平、政府干预等）对行业增加值率变化的影响效果。[①]

---

① 对于多重共线性问题，经检验，解释变量和控制变量的方差膨胀因子（Variance Inflation Factor，VIF）均较小，其平均 VIF 只有 1.44，远小于 10，故不存在多重共线性。

δ_c、θ_i、μ_t 分别表示国家、行业和时间的特定效应；ε 表示残差项，下标 c、i、t 分别表示国家、行业与年份。另外，为保证有更好的经济含义，以上变量的数据均为取对数后的数值。

本章研究预期，一国在某行业通过不断投资形成劳均资本存量将有助于提高该行业的增加值率，即一国某行业的劳均资本存量增加将明显带来该行业增加值率的提升（系数 β 显著为正），反之亦反。对于其他变量，一是行业层面的人力资本积累将有助于提高该行业的增加值率；二是国家层面的经济发展和技术研发水平不断提升，不仅有利于行业增加值率始终保持在较高水平，还将促使原有产业向产业链高端延伸以提高行业的增加值率；三是国家层面的政府干预程度降低，尤其是在竞争性行业和领域，真正实现市场在资源配置中的决定性作用，价格也才能反映行业真实的供求关系，以便于微观企业进行科学决策，促进行业增加值率的有效提升。

2. 实证结果

按照全样本以及不同国家类型（OECD 国家与非 OECD 国家）的顺序进行估计。其一，劳均资本存量对行业增加值率有显著正向影响，并且估计系数均通过 1% 的显著性水平（见表 7-6）。其中，按混合回归和固定效应的估计方法，OECD 与非 OECD 两类国家的实证结果都符合预期。其二，分国家类型看，非 OECD 国家的影响系数（0.045）大于 OECD 国家的影响系数（0.020），说明在非 OECD 国家内，其劳均资本存量对行业增加值率的影响更重要。这意味着为了今后提高行业增加值率，现阶段增加劳均资本存量是必要的。因此，通过有效投资所积累的资本要素确实能对优化供给结构发挥关键性作用。其三，从其他变量的结果来看，人力资本对行业增加值率也十分显著，且 OECD 国家的影响系数（0.097）大于非 OECD 国家的影响系数（0.073），说明在 OECD 国家内，其人力资本对增加值率的影响反而会更重要，这也反映出在不同经济发展阶段下，要素结构变化对增加值率影响的侧重点会发生变化。其四，对于控制变量，一方面是提升经济发展和技术研发水平，促使一国原有产业向产业链高端延伸，进而有利于提高该国的行业增加值率；另一方面是降低政府干预程度，发挥市场在资源配置中的决定性作用，有效促进行业增加值率的提升。可见，以上结果证实，一国通过不断投资形成劳均资本存量将有助于提高该国的行业增加值率，并且人力资本、经济发展和技术研发水平起正向作用，而政府干预程度表现出负面影响。

表7-6 各经济体劳均资本对行业增加值率的影响分析（基准模型）

变量	（1）	（2）	（3）	（4）
	混合回归	固定效应	OECD 国家	非 OECD 国家
实际劳均资本存量	0.010 ***	0.007 **	0.020 ***	0.045 ***
	(0.001)	(0.003)	(0.003)	(0.005)
人力资本水平	0.003	0.087 ***	0.097 ***	0.073 ***
	(0.002)	(0.002)	(0.002)	(0.003)
人均 GDP	0.031 ***	0.063 ***	0.120 ***	0.003
	(0.004)	(0.007)	(0.010)	(0.011)
技术研发水平	0.021 ***	0.039 ***	0.035 ***	0.052 ***
	(0.005)	(0.005)	(0.006)	(0.010)
政府干预度	- 0.125 ***	- 0.095 ***	- 0.125 ***	- 0.030
	(0.015)	(0.012)	(0.015)	(0.024)
常数项	- 0.753 ***	0.108	0.675 ***	- 0.580 ***
	(0.048)	(0.083)	(0.115)	(0.138)
样本量	29415	29415	21685	7730
R^2	0.006	0.111	0.128	0.102

3. 不同行业与技术水平的影响

从制造业和服务业来看，不管是 OECD 国家还是非 OECD 国家，增加劳均资本存量对行业增加值率都有显著的正向影响，并且估计系数均通过了1%的显著性水平（见表7-7）。具体地，在制造业领域，OECD 国家的劳均资本存量对增加值率的影响效力（0.048）略强于非 OECD 国家（0.047）；但在服务业领域，非 OECD 国家的影响效果会更强。这一结论正好解释了前面所总结的"OECD 国家在制造业领域的资本结构变化对产出结构变化的影响更重要、非 OECD 国家在服务业领域的资本结构变化对产出结构变化的影响更重要"。

表 7 - 7　各经济体劳均资本对行业增加值率的影响分析（分行业）

变量	(1)	(2)	(3)	(4)
	制造业		服务业	
	OECD 国家	非 OECD 国家	OECD 国家	非 OECD 国家
实际劳均资本存量	0.048 ***	0.047 ***	0.020 ***	0.037 ***
	(0.007)	(0.010)	(0.004)	(0.006)
人力资本水平	0.121 ***	0.109 ***	0.079 ***	0.058 ***
	(0.004)	(0.006)	(0.003)	(0.004)
人均 GDP	0.255 ***	0.117 ***	0.023 *	0.063 ***
	(0.020)	(0.022)	(0.013)	(0.014)
技术研发水平	0.099 ***	0.033 *	0.002	0.081 ***
	(0.011)	(0.019)	(0.007)	(0.013)
政府干预度	- 0.102 ***	0.076 *	- 0.090 ***	- 0.061 **
	(0.028)	(0.044)	(0.019)	(0.030)
常数项	1.573 ***	- 0.087	- 0.249 *	- 0.867 ***
	(0.216)	(0.253)	(0.147)	(0.177)
样本量	7821	2810	10728	3798
R^2	0.184	0.146	0.097	0.095

在不同技术水平下，同一行业内部也具有不同的表现特征（见表 7 - 8）。在制造业内，具备高技术水平的细分行业的劳均资本存量对增加值率的影响效果强于低技术水平的情形；相反地，低技术水平的服务业细分行业的劳均资本存量对增加值率的影响效果则强于高技术水平的情形。这一结论也恰好符合前面所揭示的现象，即资本要素在制造业内部的高技术水平细分行业以及服务业内部的低技术水平细分行业有较强的影响效应。此外，对于劳动要素而言，在高技术水平的细分行业，人力资本对行业增加值率的提升作用都明显强于低技术水平的情形。同样，该结论与前面的论述相吻合。

表 7-8　各经济体劳均资本对行业增加值率的影响分析（分不同技术水平）

变量	(1)	(2)	(3)	(4)
	制造业		服务业	
	高技术水平	低技术水平	高技术水平	低技术水平
实际劳均资本存量	0.022 ***	0.020 **	0.040 ***	0.068 ***
	(0.007)	(0.009)	(0.007)	(0.003)
人力资本水平	0.126 ***	0.094 ***	0.097 ***	0.019 ***
	(0.004)	(0.006)	(0.004)	(0.005)
人均 GDP	0.206 ***	0.142 ***	0.012	0.003
	(0.017)	(0.023)	(0.018)	(0.015)
技术研发水平	0.058 ***	0.040 **	0.051 ***	0.011
	(0.012)	(0.016)	(0.013)	(0.011)
政府干预度	-0.094 ***	0.030	-0.115 ***	-0.002
	(0.029)	(0.039)	(0.032)	(0.027)
常数项	1.076 ***	0.306	-0.300	-0.790 ***
	(0.191)	(0.266)	(0.214)	(0.189)
样本量	6648	3983	4388	6135
R^2	0.200	0.098	0.151	0.079

综上所述，通过对增加劳均资本存量来提升行业增加值率这一影响机制的研究，证实了资本结构变化对产出结构变化具有显著的同向影响，即某一行业资本存量占比上升将明显带来该行业增加值占比上升。这也就进一步佐证了"有效投资所积累的资本要素对优化供给结构发挥关键性作用"。

四　跨国实证分析的研究结论

在经济体调整优化供给结构的过程中，通过有效投资所积累的资本要素发挥着关键性作用。

一是从经济发展长期趋势看，各经济体的供给结构变化具有较强的规律性。一方面是一、二产业向第三产业逐步转化或者处于不断跃迁的过程中，产业结构合成指数呈抛物线形上升趋势，即早期上升速度较快、中后期则略微有所放缓。另一方面是就业结构变化走势类似于产业结构变化，但相关产业的转化程度与变动幅度会更剧烈，其中第三产业的重要性将日益凸显，成为承载大多数就业人口的"蓄水池"，第二产业在经济发展的中后期仍将在吸纳劳动力、培养具有较高技能的劳动力队伍等方面扮演着十分重要的角色。

二是从国际比较看，我国供给结构的现状存在一定不合理性，亟待多个方面的优化。首先，现阶段我国的供给结构水平在全球排名靠后，并且与同期的人均 GNI 排名不相符。其次，不论是与发达经济体比，还是与同期发展水平相近的国家比，抑或是与历史上同我国当前人均 GDP 水平相近时期的国家比，我国的供给结构都仍需优化。最后，在全球大样本拟合的基础上，我国现阶段的供给结构水平与拟合值存在一定差距。

三是从跨国实证分析结果看，某行业的资本结构变化对相应的产出结构变化具有显著的同向影响，即某行业的资本存量占比上升将明显带来该行业增加值占比上升。这一结论不论是在制造业还是在服务业，以及 OECD 与非 OECD 两类国家均适用。特别是涉及不同技术水平的行业影响，资本要素在制造业内部的高技术水平细分行业以及服务业内部的低技术水平细分行业具有较强的影响效应。

四是从劳均资本对增加值率的影响机制看，某行业劳均资本存量的增加有助于提高该行业的增加值率，并且提升经济发展和技术研发水平、降低政府干预程度，也能有效促进行业增加值率的提升。其中，在不同国家类型与不同技术水平的条件下，以上结论具有不同的表现特征。分不同国家类型，在制造业领域，OECD 国家的劳均资本存量对增加值率的影响效力略强于非 OECD 国家；但在服务业领域，非 OECD 国家的影响效果会更强。分不同技术水平，在制造业内，具备高技术水平的细分行业的劳均资本存量对增加值率的影响效果强于低技术水平的情形；在服务业内，低技术水平的细分行业的劳均资本存量对增加值率的影响效果则强于高技术水平的情形。

第八章 案例研究：武汉投资优化供给结构的实践

内容提要： 社会资本配置市场化是发挥投资优化供给结构关键性作用的基本条件，我国改革开放以来的发展实践验证了这一判断。武汉供给结构存在的突出问题主要是优质生产要素供给受限、龙头企业不多、产业结构层次不高、优质民生服务供给不足、供给主体结构欠合理等。投资优化供给结构需要从扩大高效优质供给、减少低效劣质供给入手，增强关键核心技术领域的创新能力，激发企业家追求卓越的精神，引导社会资本增加优质民生服务供给，建立优质生态产品市场化供给机制，以一定的投资增速促进存量供给结构优化。

一 武汉市供给结构的主要特征

武汉创新要素禀赋丰裕，技术要素供给充足，工业基础雄厚，高技术产业增长势头良好，低效劣质供给淘汰力度加大，供给结构不断优化，供给质量在可对标城市中位居前列。

（一）创新要素禀赋丰裕

武汉高校数量稳居全国前三。武汉素以高校林立著称，是全国三大智力密集区之一。2017 年，武汉共有高校 84 所，在纳入比较的 20 个城

市①中排名第一，仅次于北京（92 所，见表 8 - 1），科研院所有 121
家，拥有两院院士约 70 名、国家"千人计划"专家约 350 名。2017 年
以来，引进诺贝尔奖科学家 6 人、国家"千人计划"专家 68 人、海内外
高层次人才 392 人。1997 年，武汉有高校 33 所，全国排名第三。20 年来
增加高校 51 所，增加数量排名第三，仅次于广州（56 所）和济南（53
所）。2018 年，武汉大学、华中科技大学进入一流大学建设高校 A 类行列
（全国 42 所），中国地质大学（武汉）、武汉理工大学、华中农业大学、
华中师范大学、中南财经政法大学等 5 所高校进入一流学科建设高校
（全国 95 所），拥有世界一流学科建设高校数量 7 所、世界一流学科建设
数量 29 个，均排在全国城市第四位。高校院所集聚有利于推动城市科技
创新能力不断提升，积累建设国家中心城市所必需的科技创新优势。

表 8 - 1　1997 年和 2017 年 20 个城市高校数量及全国排名

单位：所

城市	2017 年		1997 年		增加数量
	高校数量	排名	高校数量	排名	
北京	92	1	65	1	27
武汉	**84**	**2**	**33**	**3**	**51**
广州	82	3	26	7	56
济南	71	4	18	14	53
重庆	65	5	22	9	43
上海	64	6	39	2	25
西安	63	7	29	5	34
成都	56	8	20	11	36
天津	55	9	20	11	35
哈尔滨	51	10	23	8	28
沈阳	47	11	22	9	25
南京	44	12	30	4	14

①　除武汉外，还包括北京、天津、上海、重庆、广州、深圳、南京、沈阳、西安、成
都、济南、杭州、哈尔滨、长春、大连、青岛、厦门、宁波和苏州。

续表

城市	2017 年		1997 年		增加数量
	高校数量	排名	高校数量	排名	
长春	40	13	27	6	13
杭州	39	14	20	11	19
大连	30	15	13	15	17
苏州	26	16	7	16	19
青岛	23	17	4	17	19
厦门	16	18	3	18	13
宁波	16	18	3	18	13
深圳	12	20	2	20	10

资料来源：CEIC 数据库。

在校大学生人数一度领先，累计培养大学生数全国第一。密集的高校和科研院所为武汉市提供了充足的人才储备。2017 年，武汉高等学校在校本科及大专生（在校大学生）94.8 万人，在校研究生 12.72 万人，合计 107.52 万人。单看在校大学生数，武汉 2017 年排名第二，次于广州（106.7 万人），比第三名成都多 13 万人，武汉在校大学生数在 20 城中的份额达 9.3%，明显高于其经济体量份额。2003~2012 年，武汉在校大学生数一度排名第一，到 2013 年才被快速提升的广州超过，2013~2017 年广州排名第一。1996~2017 年这 22 年，武汉累计培养大学生（含在校生）1320.2 万人，居 20 城首位，在 20 城中份额超 10%。武汉所培养和正在培养的规模庞大、素质较高的高校学生，为武汉发展提供坚实的人力资源支撑（见表 8-2）。

表 8-2 1996~2017 年 20 个城市累计培养大学生数（含在校生）

单位：万人

排名	城市	累计培养大学生数	排名	城市	累计培养大学生数
1	**武汉**	**1320.2**	4	西安	1035.8
2	广州	1218.3	5	北京	972.9
3	南京	1106.9	6	成都	917.6

续表

排名	城市	累计培养大学生数	排名	城市	累计培养大学生数
7	济南	895.0	14	长春	575.2
8	重庆	849.1	15	青岛	410.6
9	上海	826.7	16	大连	383.8
10	哈尔滨	693.9	17	苏州	261.2
11	天津	654.2	18	宁波	202.4
12	杭州	640.4	19	厦门	180.0
13	沈阳	581.7	20	深圳	101.8

资料来源：CEIC 数据库。

　　近年来，武汉 R&D 经费支出稳步增长。来自企业的 R&D 经费支出占支出总额的 70%，企业已成为技术创新和产业创新的主要力量。专利申请和授权量也一直保持较快增长，2017 年武汉发明专利授权量为 8444 件，同比增长 29.6%，发明专利申请 23243 件，同比增长 12.6%。技术市场交易快速增长，2016 年武汉输出技术和吸纳技术排名均列副省级省会城市第二位（见表 8 – 3），居中部地区第一位。据武汉市科技局提供的数据，2017 年武汉共登记技术合同 14535 项，吸纳技术成交额在全国 15 个副省级城市中位列第一、输出技术成交额位列第二。

表 8 – 3　2016 年部分副省级省会城市技术合同成交情况

地区	输出技术			吸纳技术		
	合同数（项）	成交额（亿元）	排名	合同数（项）	成交额（亿元）	排名
西安	19421	732.81	1	11198	238.60	3
武汉	**16505**	**544.70**	**2**	**9813**	**469.29**	**2**
广州	5885	263.76	3	6815	168.00	5
成都	10177	261.83	4	7274	202.06	4
南京	22827	215.73	5	13388	544.67	1
沈阳	5177	187.29	6	3026	52.77	10
长春	5265	108.20	7	3509	70.67	8
哈尔滨	1608	107.58	8	2591	132.45	6

续表

地区	输出技术			吸纳技术		
	合同数（项）	成交额（亿元）	排名	合同数（项）	成交额（亿元）	排名
杭州	7886	87.99	9	6839	87.15	7
济南	4866	44.79	10	4437	65.01	9

资料来源：《2017年全国技术市场统计年度报告》。

（二）工业基础雄厚

武汉是传统工业重镇、我国重要的工业基地。近年来，武汉深入实施"工业强市"战略，工业企业总体上位于价值链中附加值较高的位置，工业增加值率（工业增加值与工业总产值的比值）多年保持高位，2008～2016年处于26.3%～33%的区间，在15个城市中排3～8名。2016年，工业增加值率为32%，在20个城市中排名第四。

武汉规上工业企业税费前利润率较高。2016年，规上工业企业税费前利润率为13.4%，在14城中排名第二，高于杭州、北京、广州、深圳等，排位比2013年上升两位；2013年税费前利润率为11.8%，在19城中排名第四（见表8-4）。这表明武汉工业企业具有较强的市场竞争力。2017年，武汉税收收入占比为84%，在有数据的16个城市中，仅次于上海、苏州和北京，比排位第五的南京高出近2个百分点。武汉税收收入占比的排名由2005年的倒数第二位提升至第四位，在16城中提升最为明显。

表8-4 2016年和2013年部分城市规上工业企业税费前利润率

单位：%

2016年			2013年		
城市	税费前利润率	排名	城市	税费前利润率	排名
长春	13.9	1	长春	14.2	1
武汉	**13.4**	**2**	天津	13.8	2
杭州	13.4	2	广州	12.1	3
宁波	13.1	4	**武汉**	**11.8**	**4**

2016 年			2013 年		
城市	税费前利润率	排名	城市	税费前利润率	排名
北京	12.8	5	杭州	11.7	5
济南	12.7	6	南京	11.4	6
天津	12.5	7	北京	11.4	6
广州	12.1	8	大连	11.3	8
重庆	11.8	9	哈尔滨	11.3	8
大连	11.5	10	青岛	11.2	10
青岛	10.0	11	重庆	11.1	11
深圳	9.9	12	宁波	10.4	12
沈阳	9.9	12	深圳	9.6	13
厦门	9.0	14	济南	9.4	14
			沈阳	9.0	15
			厦门	8.2	16
			苏州	6.3	17
			上海	5.3	18
			西安	4.5	19

注：税费前利润率 = 规上工业企业利税总额/规上工业企业主营业务收入×100%。由于数据缺失，各年比较的城市范围略有不同。

资料来源：CEIC 数据库。

（三）高技术产业增长势头良好

"十二五"以来，武汉高新技术产业一直保持较快增长，2011～2017 年，武汉高新技术产业产值平均增速达到 20%。2017 年高新技术产业产值达到 9480 亿元，同比增长 12.2%（见图 8－1）；高新技术产业增加值占 GDP 比重达 20.5%，占规上工业增加值比重达 70.8%。以新产业、新业态、新商业模式为代表的"三新"经济蓬勃发展，2017 年实现"三新"经济增加值 3652.45 亿元，占 GDP 比重为 27.2%，比 2016 年提高 0.4 个百分点。近年来武汉主要推动了存储器、航天、网络安全人才与创新、新能源和智能网联汽车等国家级产业基地的建设，并在现代服务业方面取得了显著成效。

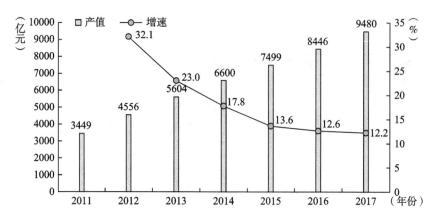

图 8-1　2011~2017年武汉高新技术产业产值及增速

资料来源：武汉市统计局。

2011~2017年，武汉高新技术企业数呈现高速增长，至2017年，已拥有2827家高新技术企业，同比增长29.9%（见图8-2）。2017年，武汉引进百度创新中心、航天科工火箭项目等一批重大产业项目，新引进30亿元以上现代服务业项目37个，2018年上半年，新引进30亿元以上现代服务业项目47个，小米科技、科大讯飞等25家民营科技型、互联网企业相继在武汉设立第二总部。本土培育的高新技术企业也呈现良好的增长势头，典型的如武汉斗鱼网络科技有限公司，目前该企业估值已超过250亿元，成为武汉第一家独角兽级互联网创业公司。

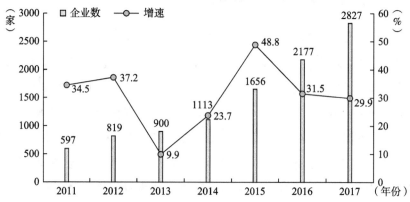

图 8-2　2011~2017年武汉高新技术企业数及增速

资料来源：武汉市统计局。

对比中西部地区其他区域性大城市，2017 年武汉高新技术产业产值略高于成都市，显著高于西安、郑州，在中西部地区城市中对高新技术企业的吸引力位居前列。2017 年，武汉高新技术企业工业总产值为3282 亿元，在 16 城中排第 10 位，相比中西部和东北地区的城市具有一定优势。从高新技术企业工业总产值占 GDP 的比重来看，武汉为24.5%，排在 16 城中的第 12 位。但总体来说，同领先城市相比存在一定差距（见表 8－5）。

表 8－5　2017 年 16 城高新技术企业工业总产值及其占 GDP 比重

序号	城市	高新技术企业工业总产值（亿元）	GDP（亿元）	占比（%）
1	深圳	18014	22438.4	80.3
2	上海	12552	30133.9	41.7
3	重庆	7765	19500.3	39.8
4	北京	7168	28014.9	25.6
5	广州	5820	21503.2	27.1
6	宁波	4518	9846.9	45.9
7	天津	4074	18595.4	21.9
8	南京	3314	11715.1	28.3
9	青岛	3299	11037.3	29.9
10	**武汉**	**3282**	**13410.3**	**24.5**
11	西安	3209	7469.8	43.0
12	成都	2448	13889.4	17.6
13	厦门	2062	4351.2	47.4
14	沈阳	1507	5865.0	25.7
15	大连	1466	7363.9	19.9
16	哈尔滨	1083	6355.0	17.0

资料来源：Wind 数据库。

武汉高技术产业增长较快，其政策原因是武汉市政府高度重视高技术产业发展，财政在科学技术方面的支出力度较大。2017 年，武汉财政科学技术支出占比为 6.5%，比 2016 年提高 0.8 个百分点。[1] 2011 年

---

① 武汉市统计局。

以来武汉财政科学技术支出占比在 20 个城市中的排位不断提升，2016 年排第四位，仅次于深圳、苏州、广州，高于北京、上海。[①]

（四）低效劣质供给淘汰力度加大

武汉低效劣质供给淘汰力度在不断加大。去落后产能方面，2017 年完成三环线内 127 家化工企业关停、搬迁、改造，清理整顿环保违法违规建设项目 555 个，提前完成钢铁行业去产能任务。[②] 其中一个比较典型的案例是关闭华中地区最大的玻璃生产厂商——长利玻璃，推动其厂址向洪湖新滩新区搬迁，与此同时，引导长利玻璃将高污染、高耗能的生产线升级为高制造工艺、高附加值的生产线。

生态环保方面，近年来城乡生态环境质量明显改善。与 2013 年相比，2017 年武汉空气质量综合指数在全国 74 个重点城市的排名提升了 10 位，空气质量优良天数增加 95 天，重度及以上污染天数减少 56 天，$PM_{2.5}$ 和 PM_{10} 年均浓度分别下降 44.7% 和 31.5%，河流综合污染指数由 2013 年的 0.56 下降至 2017 年的 0.52，湖泊综合污染指数由 2013 年的 1.58 下降至 2017 年的 1.32，东湖水质达到近 10 年来最好水平。[③] 武汉还出台了全国首部基本生态控制线管理条例，基本生态控制线范围达到市域面积的 75%。近年来，武汉"单位 GDP 用水量"、"单位 GDP 建设用地面积"和"化学需氧量"呈持续走低趋势。

（五）供给质量在对标城市中位居前列

在优势要素、优质企业、高技术产业的推动下，武汉供给结构趋于优化，不断优化的结构推动供给总量不断提高，经济体量排名不断提前，供给总量在中部地区的引领地位正在显现。

---

① CEIC 数据库。
② 武汉市经济和信息化局。
③ 武汉市生态环境局。

武汉经济增速在 20 个城市中的排名由 1999 年的第 17 位，提高到 2017 年的第 5 位，同时，GDP 在 20 个城市中的份额由 1991 年的 3.6% 提高到 2017 年的 4.9%。2017 年武汉的 GDP 增速为 8%，仅次于重庆的 9.3%、深圳的 8.8%、成都和南京的 8.1%，排在第 5 位。

武汉经济增长势头迅猛的主要原因是第三产业增速较快，2017 年第四季度以来，武汉第三产业增速在国家中心城市的排名由之前的第 6、7 位大幅提高到第 2、3 位，推动总体经济增速排名前进到第 1、2 位（2018 年第二、第三季度）。同期，武汉第二产业增速排名由 4 进 3（见表 8 - 6），也起到一定支持作用。

表 8 - 6　武汉三次产业增速在国家中心城市中的排名

时间	2018Q3	2018Q2	2018Q1	2017Q4	2017Q3	2017Q2	2017Q1	2016Q4
经济增速	1	2	4	4	4	6	7	6
其中：第一产业	4	4	5	4	4	5	5	4
第二产业	3	3	3	4	4	4	7	8
第三产业	2	3	3	2	6	7	7	4

注：Q 表示季度。

资料来源：Wind 数据库。

二　武汉供给结构的主要问题及投资结构的原因

作为我国中部和长江中游地区唯一人口超千万、GDP 超万亿元的城市，武汉区位优势突出，科教人才资源丰富，文化底蕴深厚，具备建设国家中心城市的资源承载条件与经济社会发展基础。目前武汉供给结构仍存在一些长期性不充分、不平衡问题，武汉仍需进一步提升辐射带动功能、创新发展能力和开放竞争水平。

（一）供给结构存在的主要问题

1. 要素供给不足

武汉是"5 + 1 + 2 + 1"四批国家中心城市中的第三批城市。从

2017 年 9 个国家中心城市的主要经济指标绝对值看，武汉的经济规模
相对较小，优势主要表现在人均 GDP 排名第 4，在 GDP 总量（排名第
7）、一般公共预算（排名第 6）、固定资产投资（排名第 5）、社会消费
品零售总额（排名第 6）、人口（排名第 7）等领域排序较为靠后（见
表 8 - 7）。

表 8 - 7　2017 年国家中心城市主要经济指标

城市	GDP 总量（亿元）		人均 GDP（元）		一般公共预算（亿元）		固定资产投资（亿元）		社会消费品零售总额（亿元）		人口（万人）		城市群
	金额	排名	金额	排名	金额	排名	金额	排名	金额	排名	人数	排名	
上海	30633	1	12663	3	6642	1	7241	8	11746	1	2418	2	长三角
北京	28015	2	12899	2	5431	2	8307	4	11575	2	2171	3	京津冀
广州	21503	3	15068	1	1537	5	5920	9	9403	3	1450	6	珠三角
重庆	19500	4	6369	9	2252	4	17441	1	8068	4	3075	1	成渝
天津	18549	5	11894	4	2310	3	11275	2	5730	7	1557	5	京津冀
成都	13889	6	8691	7	1276	7	9404	3	6404	5	1605	4	成渝
武汉	**13410**	**7**	**12383**	**4**	**1403**	**6**	**7817**	**5**	**6196**	**6**	**1089**	**7**	**长江中游**
郑州	9130	8	9314	6	1057	8	7573	6	4057	9	988	8	中原
西安	7472	9	7837	8	655	9	7463	7	4330	8	962	9	关中平原

资料来源：CEIC 数据库。

　　从要素、企业、行业领域、体制等方面看，武汉供给结构存在的突
出问题是主要生产要素供给不足，新动能支撑力度有待增强，优质民生
服务供给不足，民营经济活力受限，从而制约武汉建设国家中心城市进
程。引致这些供给问题的投资方面的原因主要是社会资本的市场化配置
机制和相关制度政策体系不健全。

　　人力资源本地转化率不高。尽管 2017 年武汉高校数量、在校大学
生数分别是深圳的 7 倍和 10 倍，但武汉的研发能力明显弱于深圳，究
其原因，主要是高端人力资源潜能未能充分利用和释放，大量人力资源

未能有效转化为生产力。

武汉大学生本地就业率不足五成。过去一段时间，留汉工作的本地培育的大学生比例较低。武汉市人力资源和社会保障局发布的武汉地区高校毕业生就业报告显示，从 2007 年开始，毕业生留汉就业比例逐年下降，2007 年为 55.3%，2008 年为 52.19%，2010 年为 50.7%，2011年为 47.04%。武汉地区"211 院校"毕业生留汉就业比例也呈下降趋势，2010 年"211 院校"留汉就业比例为 38.4%，2011 年下降为26.45%。最著名的武汉大学和华中科技大学的 2017 年毕业生就业质量报告显示，两校学生留汉就业比例仅有 20% 左右。

武汉人力资本未能充分利用的主要原因是人均收入水平偏低，难以吸引和留住人才。2002 ~ 2014 年，武汉城镇人均可支配收入与经济增长基本同步，现价增速均在 9% 以上，但绝对值在 20 个城市中始终排在 14 名之外，在 15 个副省级城市中一直排在第 9 位左右，仍处中等偏下水平，"十三五"期间提升了两位，2017 年为 43405 元，排名第 12，与上海（62595 元）、北京（62406 元）、苏州（58806 元）差距明显。根据中国薪酬网公布的 2018 年全国各大城市应届毕业生月平均薪资排行榜，北京以 7114 元排第一，上海以 6662 元排第二，深圳以 6231 元排第三，武汉为 5244 元，仅排第 11 位。综合实力排名靠前的武汉大学和华中科技大学应届毕业生的薪资排名较靠后，分别为第 90 位、第 64 位。

劳动力供需存在较大缺口。武汉全部从业人员数占常住人口比重较低，2017 年，从业人员年末人数为 564.1 万人，占常住人口比重（简称就业比重）为 51.8%，排在 16 城包括 9 个国家中心城市的末位（见表 8 - 8）。湖北务工人员外流严重，本地制造业用工需求难以得到满足。每年 6 ~ 10 月为电子行业生产高峰期，联想武汉基地每年短期内都急需增加三五千人的用工量。2017 年，富士康用工缺口近 2.5 万人次。伴随着代招工费用逐年上涨，企业成本也随之增加。

表 8 - 8　2017 年 16 城全部从业人员数及其占常住人口比重

城市	从业人员年末人数（万人）	常住人口（万人）	就业比重（％）	就业比重排名
深圳	943.3	1252.8	75.3	1
杭州	681.1	946.8	71.9	2
宁波	532	800.5	66.5	3
青岛	603.9	929.1	65.0	4
苏州	691.6	1068.4	64.7	5
西安	596.2	961.7	62.0	6
郑州	612.9	988.1	62.0	6
济南	452.6	732.1	61.8	8
广州	862.3	1449.8	59.5	9
天津	894.8	1556.9	57.5	10
北京	1246.8	2170.7	57.4	11
上海	1372.7	2418.3	56.8	12
重庆	1714.6	3075.2	55.8	13
成都	892.7	1604.5	55.6	14
南京	457.6	833.5	54.9	15
武汉	**564.1**	**1089.3**	**51.8**	**16**

资料来源：各城市统计年鉴、Wind 数据库。

在国家中心城市中，武汉市常住人口数量排位相对靠后，常年居第 7 位，2009～2017 年的人口累计增幅排名靠后。2009～2017 年、2012～2017 年、2017 年武汉常住人口分别累计增长 21.44％、7.64％、1.18％，在国家中心城市中分别排在第 7 位、第 6 位、第 4 位。2009～2017 年郑州、天津、广州都实现了 30％ 以上的累计人口增长，明显高于武汉。

产业发展和生态建设空间受限。建设用地较少成为发展的重要制约。东西湖区核心园区 4.9 平方千米内已布满项目，原规划的拓展区被新规划的两条铁路挤占。开发区（汉南区）受土地规模、土地指标落实和规划调整程序缓慢等影响，工业用地总量偏少，土地供给不足，致使一些重大项目难以落地。

相比其他城市，武汉的产业发展和生态建设空间受限程度较高。原因如下：一是人均行政区域面积较少。2016 年常住人口人均拥有788.95 平方米行政区域土地，在 17 城中排第 11 位，排前三的重庆、杭州、沈阳的该指标分别为 2703.1 平方米、1806.3 平方米、1550.9 平方米。二是城镇分布于滨水平原地区，湖泊较多，水域总面积约占全市土地面积的 1/4，城市土地分布较散，随着城市用地的扩展，自然地形对土地利用空间布局的约束较为明显。三是建设用地占比较高。2016 年，武汉城市居住用地面积占建设面积比重为 30.67%，在 18 城中排名第 4（见表 8-9），居住面积占比高会在一定程度上挤用工商业用地，间接制约产业发展。四是《武汉市土地利用总体规划（2006~2020 年）》设定了较严格的土地集约利用要求，规定在 2010 年和 2020 年，全市人均城乡建设用地分别由 2005 年的 124 平方米降低至 120 平方米和 115 平方米，全市人均城镇工矿用地分别控制在 95 平方米和 92 平方米以内。

表 8-9　各城市的城市建设用地和城市居住用地面积占市区
面积比重（市辖区，2016 年）

城市	城市建设用地面积占市区面积比重（%）	排名	城市居住用地面积占建设面积比重（%）	排名
深圳	46.12	1	22.69	18
武汉	**30.21**	**2**	**30.67**	**4**
上海	30.17	3	28.54	9
成都	20.97	4	33.33	1
厦门	20.66	5	26.50	13
大连	15.00	6	28.83	7
青岛	14.97	7	30.02	5
西安	13.25	8	24.37	17
南京	11.69	9	27.79	10
杭州	10.38	10	27.47	11
苏州	9.80	11	28.73	8
北京	9.77	12	26.26	14
济南	9.26	13	25.59	15
宁波	9.14	14	25.22	16

续表

城市	城市建设用地面积占 市区面积比重（%）	排名	城市居住用地面积占 建设面积比重（%）	排名
天津	8.07	15	26.92	12
长春	7.27	16	29.92	6
哈尔滨	4.23	17	30.86	3
重庆	2.73	18	31.44	2

资料来源：《中国城市统计年鉴（2017）》。

创新驱动力度仍需加强。2013～2017年，武汉"全社会R&D经费支出占GDP比重"由2.74%提高到3.2%，累计提高0.46个百分点。但与北京（5.96%）、深圳（4.1%）、上海（3.82%）等发达城市相比差距明显。2017年，武汉技术市场成交额居15个副省级城市首位，但这些成交成果大多输出外地，对武汉高技术产业发展的助推作用有限。2016年武汉高技术产业增加值占规上工业增加值的比重为16.1%，同期苏州达38.5%、深圳达66.2%、杭州达22.9%。这反映出武汉经济发展中以投资等要素驱动为主的局面仍未发生根本性改变。

科技成果向现实生产力转化率不高。研究成果与使用需求匹配度不高，科教资源未转化为适合企业需求的技术要素。由于科技成果供给端与需求端信息不对称、科技成果交易成本高等原因，尽管科研成果总量大，但应用型成果比例较小，可直接转化的成果更少，众多大学科研成果"锁在深闺"，有效创新不多，很多研究专利沉积浪费。2011年和2012年，武汉地区分别发表论文62832篇和60995篇，但科技成果登记仅262项和379项，发明专利授权量仅2585项和3233项。2017年以前只有约20%的科研成果在武汉或湖北落地。例如，20世纪90年代，武汉率先研制成功一种先进胃药冲剂，但由于本地某制药厂在购买该专利技术时犹豫，最终被珠海丽珠集团获得，命名为"丽珠得乐"，成为丽珠集团拳头产品。又如，21世纪初，武汉纺织大学率先研发出革命性突破的"高效短流程嵌入式复合纺纱技术"，最终却被山东如意科技集团引进，研发出名为"如意纺"的能够大幅降低生产成本的纺纱技术。

2. 龙头企业和驰名品牌不多

500 强企业数量较少且排名靠后。2018 中国企业 500 强榜单中，武汉仅有 6 家企业上榜。其中，排名最靠前的是东风汽车，排第 15 位，其次是九州通医药集团股份有限公司，排第 228 位，最后一名武汉商联（集团）股份有限公司排第 429 位。

民营企业领头羊较少。2018 全国民营企业 500 强榜单中，武汉上榜企业一共 10 家，排名相对靠后。其中，前 70 名中只有 1 家"汉字号"企业九州通，在全国排第 68 位；居榜单前 100 名的只有 2 家，101～300 名 4 家，301～500 名 4 家，最后一家企业宝业湖北建工集团有限公司排在第 493 位。

上市公司数量少、规模小。2018 年 10 月上旬数据显示，武汉有 55 家 A 股上市公司，数量占比为 1.55%，略低于 2017 年武汉 GDP 占比（1.62%），市值合计 4578 亿元，市值占比 0.89%，这一比例明显低于武汉 GDP 占比。截至 2019 年 1 月 25 日，武汉共有 57 家 A 股上市公司，在全国城市中排第 10 位、在国家中心城市中排第 5 位，不及北京的 1/5，约为深圳、上海的 1/5。武汉 A 股上市公司总市值为 4947.8 亿元，在全国城市中排第 13 位、在国家中心城市中排第 5 位，市值排名落后于企业数排名，市值约为北京的 1/30，约为深圳、上海的 1/10。

科技领域独角兽企业不多。"十三五"以来，武汉高新技术企业数量增长较快，但与国内发达城市相比，总量和增幅仍有明显差距，科技型企业实力有待增强。科技型中小企业总体规模偏小，缺乏一批行业龙头领军企业，具有全国乃至全球影响力的产业集群不多。在科技部 2017 年中国独角兽企业榜单的 164 家企业中，武汉有 5 家独角兽企业，但实际上仅斗鱼排在第 65 位，其余 4 家企业和全国其他企业并列排在第 107 位（该榜单最低排名为第 107 位）。

市属企业综合实力不强。武汉市属国企具有较强的竞争力，是城市建设发展的主体。在全国副省级城市国资委监管企业的主要指标排名中，武汉市国资委出资企业总资产排名第 6、净资产排名第 5、营业收入排名第6、利润总额排名第9，但市属国企只有2家进入中国企业500强，而上海有14家、广州有4家、深圳有3家。从企业盈利能力看，武汉市国资委出资企业净利润72.26亿元，净资产收益率仅为2.41%，相比同期央企净资产收益率平均为5.55%、地方国企净资产收益率平均为3.1%，武汉市市属企业运营效益明显偏低。在828家市国资委出资企业及其权属企业中，一级企业仅有19家，亏损企业有442家，占比53.4%。

企业盈利能力有所下降。2017年，武汉"四上"企业总资产贡献率6.7%，低于2013~2015年水平。2013~2017年武汉"规上工业企业主营业务利润率"累计提高1.6个百分点，为5.9%，同期上海达8.5%，杭州达7.6%，深圳达7.0%。

3. 高新技术领域供给较少，重工业、高污染领域供给较多

高新技术产业占比相对较低。尽管武汉高新技术企业数量较多，2017年，光谷高新技术企业总数达1851家，居全国高新区第4位，但相对于工业总产值而言，高新技术企业工业总产值比重不高。2016年该比重为32.18%，排在16城中的第7位，与排名前三的深圳（58.9%）、西安（53.1%）、上海（44.4%）存在较大差距。

服务业占比偏低，经济结构有待进一步优化。2016年，武汉三次产业占比分别为3.3%、43.9%、52.8%，服务业占比在20城中排在第15位，产业结构层次较低，而服务业占比较高的城市如北京、上海、广州分别为80.2%、69.8%、69.4%。综合服务功能相对较弱，根据《国家中心城市建设报告（2018）》，综合考虑人均GDP、GDP增速、第三产业增加值比重、常住人口等经济活力指标，上市公司数量、金融机构本外币存款余额、保险深度、证券市场交易额、电商发展指数、国家级经济技术开发区数量等生产服务指标，三甲医院数量、人均财政预算收入、城市体育活力总分值、城市轨道交通运营里程等公共服务指标，2016年武汉的综合服务功能分值为5.677，排在第5位，领先城市是上海（11.594）、北京（10.073）、广州（7.567）、天津（6.813）等。

在国家中心城市中，2017 年武汉市第三产业占比为 53.2%，排第 6 位，与排名前列的北京（80.6%）、广州（70.9%）、上海（69.2%）还存在 15～30 个百分点的差距。第二产业与第三产业之间的比值越大，说明第二产业发展越少受到服务业的支撑。武汉第二产业与第三产业比值偏大，排在国家中心城市第 3 位，这一产业结构制约着武汉工业转型升级、制造业高质量发展、科技创新资源的转化以及人力资本潜力释放。

金融等高端服务业发展较慢。相对于经济发展水平，武汉现代服务业、生产性服务业占比偏低，突出表现为金融业发展相对滞后。"十二五"时期，武汉金融业发展在全国排第 10 位左右，金融机构体系中大部分是分支机构，全国性、区域性总部机构较少，总部占全部机构总数仅有 10% 左右，缺乏全国性金融市场。在 2016 年 21 世纪经济研究院等机构联合发布的《2016 年城市金融竞争力指数报告》中，武汉以 0.345 的总指数排第 11 位，北京、上海、深圳、广州、南京分列前 5 位。武汉银行业贷款供给相对较低，2003～2017 年，贷款与 GDP 比值从 152% 上升到 179%，但在 20 个城市排名中，由 2003 年的第 8 位下降到 2017 年的第 12 位，与一线城市差距拉大。目前，武汉只有长江证券一家金融类 A 股上市公司，并且金融业务领域较窄、规模较小，其市值仅占武汉上市公司市值的 6%，远低于全国金融类上市公司的市值占比（25.9%）。由于多层次金融供给较少，中小企业融资难融资贵问题较突出。

在国家中心城市中，武汉金融业增加值规模及占比都偏低。2017 年武汉金融业增加值为 1097.58 亿元，在国家中心城市中排名第 7，约为上海的 1/5、北京的 1/4。2017 年武汉金融业增加值占比为 8.2%，排末位，不到上海、北京的一半（见表 8 - 10）。在"国家中心城市指数"报告中，武汉在国家金融中心城市前 20 城中排第 9 位，属于潜在的国家重要金融中心，排名低于国家金融中心上海，国家重要金融中心北京、深圳、广州、杭州、天津、南京，以及同类别的成都。

表 8 – 10　2017 年国家中心城市金融业增加值规模及占比

城市	金融业增加值（亿元）	金融业增加值占比（%）	占比排名
上海	5330.54	17.4	1
北京	4634.5	16.5	2
成都	1604.3	11.6	3
西安	817.88	10.9	4
郑州	986.10	10.8	5
天津	1951.75	10.5	6
重庆	1813.73	9.3	7
广州	1998.76	9.3	7
武汉	**1097.58**	**8.2**	**9**

资料来源：各城市国民经济和社会发展统计公报。

　　承接举办国际会议能力偏弱，高端餐饮服务等行业供给能力不足。根据《2017 年中国会议统计分析报告》，在国际会议方面，北京以举办 45 个国际会议排名第一，上海举办了 28 个国际会议排名第二，广州和南京各举办了 19 个国际会议并列第三，重庆、西安、大连紧随其后，武汉排在第 7 名开外。这与武汉高校密集、国家级科研机构众多的特征不协调，作为中部六省唯一的副省级市、特大城市，武汉尚未得到国际会议组织者青睐而成为一个具备全球影响力的国际会议目的地之一。在高端餐饮服务业领域，2016 年武汉人均星级饭店数仅为 7.2 家/百万人，在 14 个城市中排第 12 位，不到第一名北京（24.1 家/百万人）的 1/3。2017 年武汉人均星级饭店数下降为 6.5 家/百万人，在 9 城中排名最后。

　　传统工业重化工比重较大。武汉的第二产业占比相对较高，2016 年，武汉第二产业占比为 43.9%，在 20 城中排第 5 位。武汉是国家老工业基地，2016 年轻、重工业产值结构比例为 22.8∶77.2，以重化工为主的产业结构和以煤炭为主的能源结构尚未得到根本改变。钢铁、电力、石化、建材、造纸五大重点行业能耗高，能源利用率较低，导致多年来武汉万元 GDP 能耗比全国平均水平高一成左右。对传统工业的依赖度较高，容易受汽车、钢铁、水泥、电解铝等产业产能过剩的影响，当宏观经济下行、市场需求下降时，传统优势工业就会出现较大幅度下降。

生态环保能力仍存在明显短板。环保基础设施建设短板较多，污水收集能力以及一般工业固体废物、建筑垃圾、危险废物的集中处置能力有待加强。武汉空气质量综合指数在全国 74 个重点城市中的排名处于中下游位置，江河湖泊水体质量有待提升，尤其是黑臭水体问题较为严重。

基础设施供给能力相对不足。市区人均道路面积排名靠后，"十五"时期一度排在 20 个城市末位，2008 年排位提高到第 10 位，"十二五"时期提升速度缓慢，2014 年为 17.25 平方米，提高到第 8 位。但与其他城市差距明显，2014 年，深圳、苏州、济南分别为 35 平方米、24.5 平方米、22.1 平方米。

4. 优质民生服务供给不足

教育需求增长快于教育资源供给，城乡区域校际教育供给差距较大。建设速度跟不上人口增长造成学位不充分，2011 年以来全市在园幼儿从 16.57 万人增加到 30.21 万人，小学、初中在校生近几年以每年 4 万人的速度递增。预计到 2020 年，在园幼儿还将增加 10 万人、义务教育在校生规模将增加 30% 以上。与之相对的是，中小学建设用地批复难、手续难、建设资金不足，配建推进缓慢，加上部分规划空白或教学资源不足区域造成的学校不足，越来越多的局部地区出现就近入学矛盾。住宅区配套幼儿园移交难，65% 以上学前教育学位由民办园提供，公办园"一位难求"。

小学人均师生比偏低。2016 年，小学师生比为 1∶18.22，在 19 城中排在第 14 位（见表 8-11），与师生比最高的上海市相比仍有差距，在对标城市中处于中低水平，说明武汉教师供给未能及时匹配小学生数的增加，目前的基础教育供给仍有提高空间。小学生人数增加，与当地高技能年轻劳动力增加密切相关，若小学生无法顺利接受相应的教育，可能会对吸引高素质人力资本产生不利影响。教育发展不均衡带来优质教育资源不足，小学、初中大班额的比例分别达到 12.3% 和 10.5%[①]，反映出义务教育城乡、区域、学校之间发展仍然存在不小差距，教育现代化、国际化程度有待进一步提高，义务教育择校矛盾有待进一步缓解。

表 8-11　2016 年各城市小学师生比及排名

城市	小学生数（万人）	小学教师数（万人）	小学师生比	排名
上海	78.97	5.34	1：14.79	1
长春	40.00	2.66	1：15.04	2
哈尔滨	41.98	2.78	1：15.10	3
天津	63.12	4.15	1：15.21	4
青岛	54.72	3.55	1：15.41	5
南京	37.54	2.36	1：15.91	6
济南	43.23	2.70	1：16.01	7
沈阳	37.41	2.29	1：16.34	8
大连	30.91	1.87	1：16.53	9
杭州	54.30	3.25	1：16.71	10
北京	86.84	5.18	1：16.76	11
重庆	209.82	12.31	1：17.04	12
宁波	47.70	2.62	1：18.21	13
武汉	**50.30**	**2.76**	**1：18.22**	**14**
厦门	29.61	1.54	1：19.23	15
成都	82.09	4.26	1：19.27	16
西安	59.79	3.09	1：19.35	17
苏州	69.37	3.58	1：19.38	18
深圳	91.10	4.70	1：19.38	19

资料来源：CEIC 数据库。

医疗资源布局存在短板。医疗卫生资源总量与城市经济社会发展大

---

① 武汉市教育局。

体匹配，但在资源布局中存在明显的短板。市、区疾病预防控制中心离国家相关建设标准有较大差距，妇幼保健机构服务能力不强。中心城区二环线以内医疗资源密集，新城区、功能区及居住新城的医疗资源相对稀少，儿童、妇产、精神、老年、康复、中医等专科建设缺口较大。社会办医院质量有待进一步提升，一方面，社会办医院数量少，仅占全部医院的 34.1%，床位数量仅占 13.9%，执业（注册）医师数仅占 15.7%，注册护士数仅占 13.7%。[①] 每千人拥有执业医师数在 2012～2017 年保持在 3.1～3.3 人/千人，与 2017 年杭州（4.41 人/千人）、成都（3.61 人/千人）、南京（3.37 人/千人）等对标城市相比仍有一定差距。另一方面，社会、公立医院水平差距较大。社会办医疗机构同质化发展、低水平竞争现象仍然突出，能够提供康复、护理等紧缺服务的社会办医疗机构较少。在"国家中心城市指数"中，武汉在国家医疗中心城市前 15 城中排第 8 位，属于潜在的国家重要医疗中心，排名低于国家医疗中心北京，国家重要医疗中心上海、成都、广州、西安、天津，以及同类别的南京。

人文服务功能相对不足。在国家中心城市中，综合考虑世界遗产数量、历史文化名城等城市名片指标，以及公共图书馆、博物馆、文化馆数量等文化氛围指标，2016 年武汉的人文凝聚功能分值为 2.007，排在第 7 位，与领先的北京（3.995）、重庆（3.615）、上海（2.767）、西安（2.409）等存在较大差距。

公共交通服务供给相对不足。人均公共汽车数量较少，2015 年，市区每万人拥有公共汽车 16.1 辆，在 20 个城市中排第 10 位，前 3 位分别是深圳（89.3 辆）、北京（24.6 辆）、厦门（22.2 辆）。"九五"以来，武汉始终排在第 8 名之外。

5. 民企活力有待进一步释放

民营经济发展欠充分。"十二五"期间，武汉民营经济占 GDP 比重

---

① 武汉市卫生健康委员会。

从 2011 年的 38.78% 提升为 2015 年的 42.4%，2016 年为 42.53%，离全国 60% 左右的平均水平还有较大距离。在武汉市工商联公布的 2018 武汉百强民营企业中，2017 年营业收入超过 50 亿元的仅有 27 家，其中，仅有 16 家企业在 100 亿元以上，3 家企业在 500 亿元以上。武汉百强民营企业户均营业收入 70.4 亿元，与 2017 年我国民营企业 500 强户均营业收入 387.2 亿元的规模有较大差距；营业收入最高的九州通医药集团股份有限公司 2017 年营收 739.4 亿元，与千亿元企业的目标也存在较大差距；民营制造业企业中营业收入最高的人福医药集团股份有限公司，2017 年营收只有 154.5 亿元。此外，民营企业外向度不高，拓展海外市场能力有限，百强民企中有海外业务和海外收入的仅占 22%，远低于全国 500 强民营企业 62.8% 的海外投资比例。

受历史因素影响，武汉国有经济一直占据重要位置。2012 年，国有经济占规上工业总产值的比重达到 30.9%；近年来随着股份制改革的推进，国有经济比重逐渐下降，至 2016 年降为 16%。[①] 虽然占比下降，但国有经济仍发挥举足轻重的作用：2018 年武汉企业百强排行榜中，国有企业占 78 席。市国资委出资企业总资产中，城建投融资类资产占比 77.82%，几乎所有企业都开展房地产开发业务，国资委出资的 4 家上市公司都以零售商业作为主业，竞争性领域国企同业、同质化竞争突出。

6. 网络枢纽功能偏弱

在国家中心城市中，综合考虑电信业务总量、中国"互联网 +"指数、邮政业务量等信息枢纽指标，以及客运周转量、货物周转量、机场年旅客吞吐量、机场年货物吞吐量、机场国际航点数量、高铁车次数量等交通枢纽指标，2016 年武汉的网络枢纽功能分值为 1.9，排在第 6 位，前 3 位分别是上海（7.4）、北京（6.8）、广州（5.6）。[②] 武汉机场旅客吞吐量在国家中心城市中常年排在第 7 位，2017 年被郑州超越后，

---

① 武汉市统计局。
② 《国家中心城市建设报告（2018）》。

武汉排第 9 位。2017 年武汉机场旅客吞吐量为 2312.9 万人次（见表 8 - 12），约为北京的 1/4，上海的 1/5，广州的 1/3，成都、西安的 1/2，略高于末位的天津。武汉机场货邮吞吐量在国家中心城市中常年排在第 9 位，2017 年为 18.5 万吨，不及上海的 1/20，约为北京、广州的 1/10，成都的 1/4，郑州的 1/3。

表 8 - 12 2017 年国家中心城市机场旅客吞吐量和货邮吞吐量

机场	旅客吞吐量			货邮吞吐量		
	绝对额（万人次）	同比增速（%）	排名	绝对额（万吨）	同比增速（%）	排名
北京首都	9578.6	1.57	1	203.0	4.4	2
上海浦东	7000.1	6.10	2	382.4	11.2	1
广州	6580.7	10.20	3	178.0	7.8	3
成都	4980.2	8.20	4	64.3	5.1	4
上海虹桥	4188.4	3.50	5	40.7	-5.0	6
西安	4185.7	13.10	6	26.0	11.2	9
重庆	3871.5	7.90	7	36.6	1.4	7
郑州	2429.9	17.00	8	50.3	10.1	5
武汉	**2312.9**	**11.40**	**9**	**18.5**	**5.5**	**10**
天津	2100.5	24.50	10	26.8	13.2	8
北京南苑	595.4	6.60	11	—	—	—

资料来源：CEIC 数据库。

7. 辐射带动功能有待提升

武汉区域中心地位不够突出，辐射带动功能偏弱，支撑长江经济带发展的作用仍需提升。国家中心城市是一个区域的龙头和核心，承担着支撑引领和辐射带动区域协调发展、提升区域发展能级的国家使命和功能。同北京、天津、上海、广州的辐射能力相比，武汉在中部地区的中心位置尚未凸显，对"中三角"地区的辐射带动作用也比较有限，即使在交通、市场、科技等优势领域，武汉对长江中游地区的辐射带动作用也不足，对河南、山西等黄河流域地区的影响力度则更弱。由于缺乏公认的中心城市，中部地区、长江中游地区联合发展态势还不明显，各省份之间对区域内资源、市场以及国家重大项目、功能布局、资金政策等争夺激烈，竞争远大于合作，分工协作机制尚不成熟，离最终形成像长三角、珠三角、环渤海等一样的经济整体还有很大的差距。武汉在自主创新示范区建设和"两型"社会建设方面取得一定成绩，但是改革力度总体上不够，创新突破成果的成效还未显著表现，可供周边城市复制推广的经验不够多，未能充分显现对全国尤其是中部地区和长江中游地区的引领示范效应。

长江中游城市经济发展水平提升速度较慢、整体实力明显偏弱，影响武汉建设国家中心城市进程。武汉所处的长江中游城市群与发达城市群相比，综合实力较弱，2017 年，长江中游区域 GDP 占全国比重为13.74%（见表 8 – 13），与长三角区域（19.86%）、环渤海区域（20.85%）、泛珠三角城市群（31.36%）相比存在较大差距，"中三角"中湖北、湖南、江西三省的人均 GDP 明显低于"京津冀"、"珠三角"和"长三角"区域内省市的水平。加快自身发展并带动周边地区乃至整个区域共同发展，仍是武汉建成国家中心城市面对的最关键的问题。

表 8 – 13　九大区域 GDP 占全国比重（2010 ~ 2017 年）

单位：%

区域	2010 年	2011 年	2012 年	2013 年	2014 年	2015 年	2016 年	2017 年
长三角	19.75	19.3	18.89	18.81	18.83	19.11	19.59	19.86
环渤海	23.19	22.95	22.93	22.88	22.58	22.28	21.27	20.85
泛珠三角	29.03	29.15	29.28	29.53	29.87	30.31	30.97	31.36
京津冀	10.01	9.99	9.95	9.88	9.71	9.6	9.69	9.51
北部沿海	18.97	18.69	18.62	18.59	18.4	18.31	18.41	18.09
东部沿海	19.75	19.3	18.89	18.81	18.83	19.11	19.59	19.86
南部沿海	14.37	14.06	13.81	13.8	13.94	14.18	14.58	14.91
黄河中游	12.38	12.47	12.5	12.29	12.15	11.85	11.67	11.58
长江中游	12.31	12.72	12.93	13.09	13.29	13.45	13.73	13.74

资料来源：Wind 数据库。

8. 对外开放仍需提速

武汉拥有良好区位条件和交通枢纽优势，但城市开放水平和层次不高，开放交流功能有待进一步提升。在国家中心城市中，综合考虑外贸依存度、世界 500 强企业落户数量、实际利用外资投资额、综合保税区个数等国际商贸指标，以及国际友好城市个数、国际会议和国际展览数量、使领馆数量、国际留学生和外籍职员数量、入境旅游人数（过夜）等对外交流指标，2016 年武汉的开放交流功能分值为 2.33，排在第 4 位，与之后三位的成都（2.28）、重庆（2.26）、天津（2.19）相差无几，与前 3 位的上海（6.4）、北京（4.5）、广州（3.2）差距明显。2017 年，武汉进出口总额为 286.0 亿美元（见表 8 - 14），排末位，外贸依存度为 14.4%，低于 2013～2015 年水平，反映出外贸对武汉经济增长拉力减弱。

表 8 - 14　国家中心城市对外开放指标（2017 年）

城市	进出口总额（经营地）		实际使用外资		使领馆数量	入境旅游人数
	绝对额（亿美元）	同比（%）	绝对额（亿美元）	同比（%）	绝对额（个）	绝对额（万人次）
北京	3240.2	14.8	243.3	86.7	218	392.6
天津	1129.2	10.0	106.1	5.0		345.1
上海	4762.0	9.8	170.1	-8.1	73	873.0
重庆	666.0	6.1	22.2	-20.4	10	358.4
郑州	596.4	8.4	40.5	0.4		50.3
武汉	**286.0**	**20.3**	**96.5**	**41.2**	**3**	**250.0**
广州	1432.5	10.8	62.9	10.3	46	897.1
成都	583.2	42.2	100.4	16.5	11	301.3
西安	377.0	36.8	53.1	17.8	2	392.6

资料来源：CEIC 数据库、各城市统计公报。

在"国家中心城市指数"报告中，武汉在国家对外交往中心城市前 13 城中排第 9 位，被划入潜在的国家重要对外交往中心，排名低于国家对外交往中心北京，国家重要对外交往中心上海、广州、西安、深圳、天津、成都、杭州。武汉在国家贸易中心城市前 16 城中排第 9 位，被划入潜在的国家重要贸易中心，排名低于国家贸易中心上海，国家重要贸易中心北京、天津，以及同类别的深圳、大连、重庆、广州、郑州。

在国家中心城市中，武汉进出口金额偏低，经济活动与国际市场的关联性较弱。2017 年，武汉进出口总额仅 286.0 亿美元，排在 9 个国家中心城市的末位。实际使用外资 96.5 亿美元，排在第 5 位，规模同比增加 41.2%，说明 2016 年排位相对靠后，近年来武汉累计使用的外资相对较少。使领馆数量是反映国际交往程度的重要指标，武汉有 3 家使领馆，相比于北京、上海、广州、成都存在明显差距。2017 年，武汉接待入境旅游人数 250.0 万人次，排在第 8 位，与上海、广州等地相比仍有较大距离，也落后于中西部的西安、成都等地。

9. 未能动态调整供给结构使供给总量增长相对滞后

在全国快速工业化城镇化过程中，武汉因未能及时动态地优化结构，未能充分抓住宏观政策调整所带来的补短板机会，在全国的经济地位明显下降。1996 年，武汉经济增速为 16%，居 20 个城市的第 7 位。在 1997~1998 年亚洲金融危机期间，武汉经济增速下滑，而其他城市则利用国家应对危机、扩大基础设施投资的机会快速发展，武汉的排名跌到 1999 年的第 17 名。受 2008 年金融危机的影响，武汉经济增速明显放缓，在 2014 年 GDP 破万亿元之后，经济增速从 2014 年的 9.7% 回落至 2016 年的 7.8%，排名出现下降。2017 年，武汉市 GDP 仅为上海的 44.5%、北京的 47.9%、广州的 62.4%，综合实力不强，经济规模相对较小。

（二）引致供给结构问题的投资方面原因

1. 关键核心技术领域研发投入强度不高

2017 年，武汉全社会研发（R&D）投入强度为 3.2%，在全国排名较为靠前，但高技术和关键核心领域的研发投入仍显不足。2016 年，武汉高新技术企业研发投入强度为 3.0%，在 16 城中排 11 位，而西安研发投入强度为 5.9%，成都为 3.5%（见表 8－15）。究其原因，一是研发激励机制不完善。部分企业注重短期收益，对投资规模大、投资周期长、技术风险高的高技术行业的研发投入不足。科技人员以获得本部门认可为首要目标，并不关心成果是否能真正得到转化，这使得科研人员的研究方向选择与实际需要存在偏离。二是研究领域重复交叉。由于项目来源渠道未有效整合，存在同一研究领域重复申报问题，科研院所之间的学科专业设置和研究领域有一定交叉。大型科学仪器闲置浪费较多，共享率偏低。

表 8－15　武汉高新技术企业研发投入强度及 2016 年排名

单位：%

城市	2007年	2008年	2009年	2010年	2011年	2012年	2014年	2015年	2016年	2016年排名
西安	3.0	2.9	1.4	1.5	1.7	2.0	3.3	4.2	5.9	1
厦门	0.5	0.7	1.7	2.0	2.0	2.6	2.2	3.6	4.5	2
哈尔滨	1.2	2.8	2.4	3.8	1.9	2.7	3.7	4.5	4.1	3
天津	2.3	3.2	1.4	1.6	2.3	3.6	3.6	3.7	4.1	3
广州	4.5	4.2	3.1	3.2	3.8	3.6	2.8	3.6	4.0	5
深圳	0.9	2.1	1.2	0.5	3.1	3.1	3.1	3.4	3.9	6
大连	1.2	1.0	2.7	3.6	3.5	3.2	2.6	2.6	3.6	7
成都	3.4	3.5	4.1	2.5	4.2	5.0	2.5	3.5	3.5	8
上海	2.3	2.7	2.4	3.0	1.9	2.7	3.1	3.6	3.3	9
沈阳	1.9	4.3	2.2	1.2	2.6	1.6	2.7	3.4	3.3	9
宁波	1.7	2.2	2.6	1.8	2.3	2.8	1.0	3.0	3.0	11
武汉	**2.7**	**3.0**	**2.4**	**2.6**	**3.6**	**4.0**	**3.3**	**3.2**	**3.0**	**11**
南京	1.3	1.5	3.0	3.5	1.8	3.8	2.9	2.6	2.9	13
青岛	1.7	1.9	2.2	1.7	3.5	2.9	3.2	2.3	2.6	14
北京	3.4	3.1	2.7	2.3	2.5	2.9	2.5	2.9	2.4	15
重庆	2.2	2.7	2.2	0.3	2.3	2.8	1.5	1.8	2.1	16

注：高新技术企业研发投入强度＝高新技术企业 R&D 经费内部支出/高新技术企业总收入。

资料来源：CEIC 数据库。

2. 龙头企业吸引产业链投资的效果欠佳

龙头企业不多，技术要素吸附能力较低。缺少龙头企业导致对区域内中小企业的辐射带动力不够，对区外资本吸引力不强，难以构建比较完整的产业链，无法充分利用当地较充裕的人力资本，降低了对周边资本、技术要素、外部人才的吸引力。

优质科技平台较少，带动效果有限。一是以企业为主导的优质科技中介平台缺乏。武汉现有各类科技中介机构近 2000 家，以各级技术市场管理部门、高校院所的技术转移中心等机构为主。这些技术中介机构业务水平不高，服务内容趋同，未能有效匹配技术供方和需方。二是促进技术转化的重大科技基础设施偏少。已获国家发改委批准立项的 2 个国家重大科技基础设施中，目前仅有"脉冲强磁场实验装置"项目已建成，"精密重力测量研究设施"项目尚在建设中，未达到创建综合性国家科学中心的基本条件。①

利用外资相对较少，外商直接投资（Foreign Direct Investment，FDI）技术溢出效应较低。外资企业较少，1996 年实际使用 FDI 41.8 亿元，占 GDP 的比重为 5.3%，在 20 个城市中排第 12 位，1996～2016 年始终排在第 6 名之外，2012 年，FDI 占 GDP 比重下降到第 15 名。使用外资不多，不仅不利于投资较快增长，还可能会失去吸纳先进技术、国际人才、管理经验等技术要素的机会。近年来，武汉 FDI 增长较快。在 9 个国家中心城市中，2016 年、2017 年武汉 FDI 占 GDP 比重分别为 3.81% 和 4.8%，排名相对靠前，分别排在第 4 位、第 3 位。从 FDI 绝对值来看，武汉 FDI 排名居中，2016 年、2017 年武汉 FDI 分别为 453.8 亿元、651.8 亿元（见图 8-3），在国家中心城市中规模均排在第 5 位。

3. 民生服务投资资金供需矛盾较大

教育经费投入不足，资金供需矛盾较大。全市教育经费保障程度与教育现代化、国际化、信息化要求还存在距离。2006～2016 年，人均

---

① 已建成国家重大科技基础设施不少于 3 个。

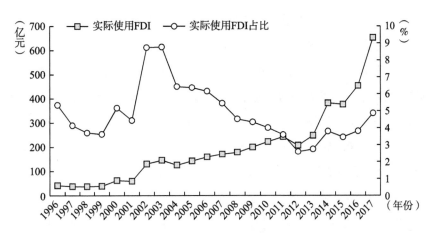

图 8-3 武汉实际使用 FDI 及其占 GDP 比重

资料来源：CEIC 数据库。

财政教育支出（财政教育支出与常住人口之比）从 351.7 元提升到 2146.3 元，但在 17 城中的排名始终较靠后，2011 年曾排倒数第二，2016 年排在第 12 位，与北京（4083.8 元）、深圳（3482.6 元）、上海（3475.5 元）等城市差距较大。2016 年 5 月 1 日起，武汉将企业地方教育附加征收率由 2% 降低到 1.5% 后，每年政策性减征约 10 亿元。与此同时，教育经费刚性支出持续扩大，2017 年全市教育部门事业支出 298.18 亿元，其中近 2/3 用于人员支出。新改扩建 171 所公益普惠性幼儿园和 241 所中小学校，完成 750 余所义务教育学校现代化建设和 370 余所农村义务教育学校"全面改薄"任务，全市预算总投资超过 300 亿元（仅中小学校配建就需 284 亿元），重大项目资金压力很大。

卫生机构投入相对不足，医疗卫生基建投资资金压力较大。医疗卫生机构特别是公共卫生机构投入不足，医疗卫生基建投资缺口较大。随着医改的深入，公立医院逐步取消药品加成并深化控费工作，对医疗卫生收入影响较大，单纯依靠医院投资进行基本建设难度日益增大。按照国家发改委《全民健康保障工程建设规划》要求，武汉卫健委委属单位仅有四个项目纳入"十三五"项目库，申报中央预算内投资 1.9 亿元，截至 2018 年 7 月，仅市急救中心、疾控中心异地迁建项目 1500 万元到位，其他项目由于前期手续问题均尚未申报成功。

4. 对高端优质资本的吸引力不强

民间投资活力不足，近年来民间投资占比持续下降。"十二五"前期是武汉民间投资增长最为强劲的时期，2011～2013 年，民间投资增长率一直保持在 30% 左右。但近年来，民间投资后劲不足，2016 年民间投资下降 10.3%（见图 8-4），高于全社会固定资产投资降幅，2017年民间投资虽略有回升，但仍低于 2014 年、2015 年水平。

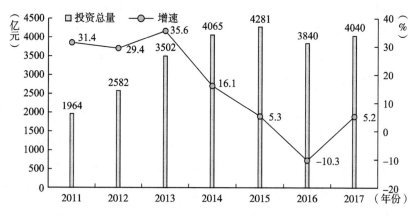

图 8-4　2011～2017 年武汉民间投资总量及增速

资料来源：武汉市统计局。

随着增速下滑，近年来民间投资占总投资的比重也持续下降。民间投资占比峰值出现在 2013 年，达到 58.3%；2017 年仅为 51.3%，下降了 7 个百分点，与 2012 年同期持平。而 2017 年全国民间投资平均占比为 60.4%，高出武汉 9.1 个百分点。民间投资活力不足已成为制约武汉投资增长的明显短板。

营商环境不佳是抑制高端优质资本进入的重要原因。对社会资本进入部分行业领域仍存在一些管控，低效投资项目挤占稀缺生产要素，高端优质资本进入受限。粤港澳大湾区研究院发布的《2017 年中国城市营商环境报告》显示，武汉项目开工时间较长、开工费用较高、缔约成本较高，城市软环境指数排名与西宁、昆明、太原、南宁、长沙、合肥、银川、兰州、贵阳等中西部城市同居倒数十名队列。2017 年各城市软环境指数见表8-16。

表8-16　2017年各城市软环境指数

城市	开办企业耗时（天）	开办企业成本占人均收入比重（%）	最少支付资本占人均收入比重（%）	执行合同耗时（天）	执行合同的成本占标的额比重（%）	财产登记程序耗时（天）	财产登记成本占财产价值比重（%）
南京	31	5.9	200	112	13.6	7	4.6
广州	28	6.3	200	120	9.7	8	3.7
深圳	32	5.6	200	206	9.4	6	3.7
济南	33	6	200	210	22	8	4.1
厦门	39	16.5	402.1	231	11.7	7	4
西安	43	15.2	304.8	235	21.7	8	5.1
青岛	37	7.8	200	255	27.6	7	4.3
沈阳	41	6	200	260	24.8	12	3.1
银川	55	12	335.8	270	28.8	10	4.4
武汉	36	13.6	300.8	277	33.1	9	6.2
杭州	31	5.7	200	285	11.2	8	3.7
郑州	41	11.7	267	285	31.5	11	5.1
重庆	39	9.5	273.3	285.5	14.8	7	7
宁波	33	5.2	200	288	10.1	6	3.6
哈尔滨	42	11.9	207.9	290	31.5	8	6.1
上海	35	4.8	200	292	9	4	3.6
成都	35	19.1	354.4	295	35.5	11	3.9
合肥	42	19.4	349	300	41.8	10	5.6
太原	55	9.3	243.5	300	26.4	10	5.4
天津	41	3.7	200	300	11.3	5	4.4
海口	38	12.1	273.2	310	14.5	10	4.8
呼和浩特	48	7.9	200	330	23.7	11	4.6
北京	37	3.2	200	340	9.6	10	3.1
福州	40	6.7	200	342	13.7	7	4.1
昆明	42	13.9	383	365	36.4	9	5.4

续表

城市	开办企业耗时（天）	开办企业成本占人均收入比重（%）	最少支付资本占人均收入比重（%）	执行合同耗时（天）	执行合同的成本占标的额比重（%）	财产登记程序耗时（天）	财产登记成本占财产价值比重（%）
南昌	40	14.6	317.8	365	16.5	10	6.1
长沙	42	14.6	289.4	382	26.7	10	6.9
乌鲁木齐	44	9	230.2	392	20.5	11	4.2
贵阳	50	26.6	605.2	397	23	9	12.6
南宁	46	16.5	342.4	397	17.1	12	6.8
石家庄	42	9.8	202.5	397	12.2	10	5.2
大连	39	7.8	212.4	400	21.6	10	3.7
兰州	47	14.1	408.7	440	29.9	10	7.8
西宁	51	12	298.7	458	24.8	8	5.3
长春	37	9.5	224.8	540	18.4	8	4.2

资料来源：港澳大湾区研究院：《2017年中国城市营商环境报告》。

5. 优化投资结构受制于投资总量增速

1997年后投资总量增速相对较慢制约结构升级。回顾武汉投资增速历史发现，亚洲金融危机时，投资增速快速下滑，由1997年的44.7%下降至1998年的3%，此后增速维持低位，这使得在1998~2003年武汉的投资增速排名趋势性下降，由1997年20个城市的第7位降低至2003年的第18位（见图8-5）。在应对亚洲金融危机时，许多地区抓住政策机会补短板，在扩大投资规模的同时以增量调结构、改造提升传统产业，不断优化投资与供给结构，而武汉在这一时期投资增长较慢，结构转型缓慢。投资规模事关发展后劲，缺乏必要的投资总量增长，必然增加结构调整的困难和代价。

固定资产投资率偏低，在后发城市中排末位。在国家中心城市中，武汉投资规模一度上升乏力、投资率偏低。2017年，武汉的固定资产投资超过7800亿元，但与排名前列的重庆、天津差距较大，仅为重庆的45.1%、天津的69.8%。2010~2017年，武汉的固定资产投资率

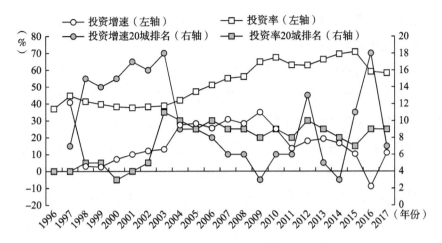

图 8 - 5　武汉投资增速和投资率及其排名

资料来源：Wind 数据库。

（固定资产投资与 GDP 之比）徘徊在 58% ~ 71% 的区间，在国家中心城市中排在第 4 ~ 6 位，2017 年固定资产投资率为 58.3%，排第 6 位，明显低于西安、重庆、郑州等城市，也低于全国水平。北上广等城市经济规模较大、人均资本存量较高，因此固定资产投资率偏低是正常现象，武汉作为后发城市，固定资产投资率在北上广以外的后发城市中排末位。投资效益降低制约投资率提升，2017 年武汉市投资效果系数为19.0%，与上海（36.8%）、广州（32.0%）、深圳（57.2%）、杭州（25.7%）、宁波（26.1%）存在较大差距，投资效益下降对促进投资产生较大负面影响，其中民间投资对此冲击反应最为敏锐，2012 ~ 2017年民间投资占比不断回落，从 2012 年的 58.3% 下降至 2017 年的 51.7%，未来武汉通过发挥社会资本作用提振投资率面临一定困难，更多地需要依靠政府引导。

服务业投资占比偏低。2017 年武汉第三产业投资 5263 亿元，排第8 位，仅高于广州。武汉三次产业投资结构为 0.6∶32.1∶67.3，第三产业投资占比排第 6 位，与北京（88.9%）、广州（87.1%）、上海（85.7%）差距明显。上海、西安、郑州等城市虽然总投资规模低于武汉，但由于投资重点布局第三产业，所以其第三产业投资额大于武汉。

服务业投资占比偏低制约武汉产业结构升级，是武汉建设国家中心城市的突出投资短板和缺口。

省会投资集中度下降到较低水平，不利于通过吸引优质资金、技术等要素优化结构。省会投资集中度用武汉投资占湖北投资的比例来表示，省会投资集中度代表了省会城市与省内其他地区的比例和结构，下降则表明武汉投资增速相对省内其他地区较慢，这一较慢的总量增长既对自身的结构调整形成制约，也会影响武汉对其他地区资金、技术要素特别是高质量投资的吸引力，进而影响武汉的投资结构优化升级。20世纪末和21世纪初，武汉投资集中度一度在九省[1]排名第一，最高达到39.9%（见表8–17）。2007年，该值上升至40.0%后，逐年（除2017年外）下降，对周围资金的吸引和辐射作用减弱。2017年该值已下降为24.2%，排名第五，低于哈尔滨（47.8%）、长春（39.1%）、西安（31.3%）、成都（29.5%）等，仅略高于长沙（23.7%）、南昌（23.2%）、合肥（21.7%）等城市。[2]

表 8 – 17　武汉投资集中度及在九省排名

年份	武汉投资集中度（%）	在九省排名
1996	31.0	1
1997	39.9	1
1998	36.3	1
1999	34.8	1
2000	34.5	1
2001	34.2	1
2002	35.5	1
2003	35.6	4
2004	36.3	5
2005	39.4	3

---

① 九省包含黑龙江、吉林、陕西、四川、湖北、湖南、江西、安徽和山西。
② CEIC 数据库。

续表

年份	武汉投资集中度（%）	在九省排名
2006	39.6	3
2007	40.0	3
2008	39.4	3
2009	38.1	2
2010	36.6	3
2011	34.0	4
2012	32.3	4
2013	31.1	5
2014	30.6	4
2015	29.1	3
2016	23.5	7
2017	24.2	5

资料来源：CEIC 数据库。

三 武汉投资结构优化供给结构的对策措施

与国家中心城市的功能定位和使命要求相比，目前武汉经济规模相对较小，综合实力不够强大，区域中心的地位并不突出，对中部和长江中游地区的辐射带动能力有限、作用不明显。保持经济快速增长，加快做大经济总量，增强综合实力，提升区域发展的辐射带动能力，是当前武汉建设国家中心城市、更好承担国家使命的关键所在。

（一）以投资较快增长稳步扩大经济规模，提升国家中心城市的区域引领、辐射带动能力

资本积累的不断形成是经济增长最重要的决定因素，而投资是推动资本积累形成的唯一决定因素。必须坚持实施以投资拉动经济增长、增强发展后劲的总体战略，以持续较快投资增长不断聚集高端要素，不断厚植发展基础，增强综合实力和服务带动能力，加快将武汉建设成为支

撑长江经济带发展的"脊梁"、带动中部地区甚至全国新一轮发展的强大引擎。

1. 从扩大有效供给、优化供给结构、提高供给质量角度扩大投资

根据未来消费结构变动趋势、未来产业发展趋势、城市发展定位等，从持续适应市场需求、动态优化供给结构、有效推动新旧动能转换出发，选准未来产业发展方向，确定新的投资增长点。以信息技术、生命健康、智能制造为立足之基，以国家存储器、航天、网络安全人才与创新、新能源和智能网联汽车"四大国家产业基地"为重要依托，围绕电子信息、先进制造、新材料、新能源与高效节能、生物医药与医疗器械、环境保护等产业加大投资力度，通过谋划和引进产业链上下游项目，开展产业链引资、产业链合作，培育一批在国内外具有影响力和核心竞争力的千亿元级、万亿元级战略性新兴产业集群，抢占国际产业高端的先进制造业高地。紧紧抓住新一代信息技术与制造业深度融合机遇，开展"'老树发新芽'+高科技+信息化"式的升级改造，围绕汽车、钢铁、石化等传统支柱产业，培育和引进产业链中高端环节核心企业、关键项目，应用新工艺、新装备、新材料改造提升传统产业，促进优势产业向中高端升级，形成增量、存量"双轮"推进供给结构优化的新格局，实现从"老工业"到"新工业"的华丽转身，重塑武汉制造业竞争新优势。

2. 从补短板、强化基础设施支撑能力和公共服务供给能力上扩大投资

根据未来新型城市化、产城融合发展、城乡统筹、区域统筹、城乡居民日益增长的美好生活需求等，继续加大基础设施和公共服务设施投资，消除基础设施和民生领域的短板与不足，加快解决区域间、城乡间、经济与社会间等方面存在的不平衡、不充分的问题。充分发挥武汉区位与腹地航运优势，进一步加大基础设施尤其是交通基础设施和商贸物流基础设施的投资建设力度，将武汉"三镇"连成一体，推动武汉"1+8"城市圈建设，长江中游地区交通、物流一体化建设等，将武汉打造成为服务中部、辐射全国、面向国际的国家商贸物流中心，进一步增强武汉的交换功能、国际国内资源集聚与配置功能。加强生态环境设施投资建设，将"千湖之城"建成"生态之都"和全球性宜居之城，拓展城市和产业发展空间，吸引全球高端人才聚集。

3. 在投资主体上更多依靠非国有资本扩大投资

从沿海发达城市看，民企、外资是经济发展最活跃的主体，是扩大投资、创新发展的主要力量。目前武汉经济发展"国强民弱"较明显，民营经济不发达、利用外资所占比重低，尤其民营经济占比不高、民企实力不强、龙头民企不多、产业层次较低、结构不合理等问题比较突出。2016年，武汉民营经济仅占全市GDP的42.5%，不仅远低于杭州、深圳等城市水平，也低于全省55.1%、全国60%的平均水平；全市高科技民营企业1900家，远低于深圳的8000多家；2018中国民营企业500强中武汉仅8家，与杭州50家的差距巨大。应将大力发展非国有经济尤其是民营经济作为复兴大武汉、建设国家中心城市的战略选择，进一步提高对内对外开放水平，降低市场准入门槛，围绕汽车与装备制造、新材料、电子信息等产业领域，加大招商引资力度，引进一批国内外知名大企业、大项目，完善提升现有产业链，构建支撑未来发展的新兴产业链，让非国有资本成为武汉扩大投资、创新发展的主力军。

4. 持续改善营商环境，广纳国内外优质生产要素

切实转变政府职能，以责任替代权力，用服务替代管理，建立真正的服务型政府，真心实意为企业服务，帮助企业解决遇到的困难和政策难题，做到管住政府"有形之手"、发挥市场"无形之手"，对于市场能解决的问题，政府之手决不伸出；当企业遇到问题和障碍时，政府立即伸出援助之手。

全面实行"一门进驻""一窗受理""一网通办"，用好大数据等信息化手段，推行全程网上办理，全程不见面办事，做到"信息多跑路、企业少跑腿"。以标准规范代替事前审批，公布办事标准、优化办事流程、明确办事责任、提高办事效率，强化事中事后监管约束。

进一步深化投资体制改革，对市属管理权限内企业投资项目，一律将核准改为备案管理；对备案项目，加快推行企业投资项目承诺制，实行无审批管理。在"多规合一"基础上，加快推行产业园区行政服务"极简审批"，以规划代立项、以园区区域评估评审取代单个项目评估评审，进一步减少审批事项、缩短审批时间。

厘清政府与企业投资边界，让不同投资主体按各自资本特征和功能定位回归本位，政府的归政府、市场的归市场，加快清理处置"僵尸企业"，促进低效劣质国企退出竞争性领域，营造公平竞争的市场环境，减少制度性阻碍造成的资源低效配置，为民企投资拓展发展空间。

加快出台有利于企业成长的财政、金融、人才、土地、产权保护等支持政策，进一步减税降费，切实降低企业成本，确保企业投资获得正常合理回报，吸引高效优质要素不断向武汉聚集。

（二）增强科技创新能力，建设中部地区国家创新支撑极

武汉地处我国经济腹地，又是我国最重要的老工业基地，拥有雄厚的工业基础和科教资源优势，做大做强武汉工业，将武汉建成国家先进制造业中心，并以此带动武汉现代服务业发展，不仅能够为武汉长期经济发展提供强大动力，也有助于加快推进我国由制造业大国迈向制造业强国。创新是制造业高质量发展的关键和主引擎。必须持续加强研发，打造具有全球影响力和强大创新力的国家创新型城市，以技术创新引领产业高质量发展，形成具有强大辐射带动力的国家先进制造业高地，建设中部地区国家创新支撑极。

1. 持续加大全社会研发投入

目前武汉全社会研发投入规模及占地区 GDP 比重在全国大城市中排位较靠前，但与北京、上海、深圳等城市相比，研发投入的规模差距较明显。2010 年与 2016 年比较，全社会研发投入武汉与北京的差距由 679.5 亿元扩大到 1115.6 亿元，与上海的差距由 339.4 亿元扩大到 680.3 亿元，与深圳的差距由 191 亿元扩大到 474 亿元。2017 年，武汉财政科技投入规模也仅为深圳的 65.7%、上海的 24.7%。这与武汉作为传统工业大市和科教资源大市的地位不相称。正是科研投入的这种差

异，导致改革开放以来武汉与这些城市的发展差距越来越大。

新一轮科技革命和产业变革正在孕育兴起，新工业革命正处于快速发展期。在钢铁产能过剩、汽车产业增长已进入拐点期的情况下，面对武汉传统产业腿长、新兴产业腿短的局面，建设国家中心城市，全面复兴大武汉，必须抓住新一轮产业革命机遇，深度参与、在某些领域引领新工业革命，依靠创新加快培育壮大新兴产业，加快推进新旧动能转换和产业转型升级。应充分利用好武汉科技资源优势，对标北京、上海、深圳等科技创新强市，以高于地方财政一般预算支出增速 5 个百分点以上的增速持续加大地方财政科技支出力度，引导带动企业增加研发投入，推动武汉全社会研发投入规模不断扩大，投入强度达到北上深等城市水平，进入国内创新第一梯队和国际创新城市之列。

2. 创新财政金融引导方式

加大对企业创新的财政支持力度，对企业牵头承担的国家、省、市重大科技项目，按企业自筹经费的20%～50%给予补贴。扩大产业引导基金的财政资金投入规模，带动金融、企业等多元化资金充实引导基金，发挥好财政资金的杠杆放大效应。加强科技创新企业与创投、银行、保险等金融机构的横向跨界合作，鼓励金融机构设立科技开发贷款（研发贷），提高对高新技术企业技术研发、科技成果转化和高新技术产业化等科技创新项目的银行贷款补贴补助比例和贷款担保风险补贴标准，对企业尤其是中小企业购买科技保险给予补贴，着力引导创投、银行、保险等金融资源向创新创业领域配置，提高金融行业对企业创新活动的支持力度，推动企业加大研发投入。

3. 建立更加完整高效的技术创新支撑体系

大力支持企业组建研发机构，完善以企业为主体、市场为导向、产学研结合的技术创新体系。对企业新组建研发机构给予财税、人才引进等政策支持。充分发挥武汉科研机构、高校众多的科技资源优势，鼓励支持在汉企业、园区与高校、科研院所开展合作，共同建设一批企业技术中心、工程（技术）研究中心、重点（工程）实验室、高校学生科技创业实习基地；依托重点企业，吸纳产业链上下游企业，联合高校、科研院所，在技术标准、关键技术、专利保护、成果孵化转化等方面建立产业联盟、技术创新联盟、知识产权联盟，开展产学研用深度合作。与此同时，更要学习和借鉴深圳"4个90%"①创新体系的做法，打造创新新引擎，建立以企业为主导、以市场需求为导向的创新主体和创新格局，把科技创新的主战场前移到企业生产第一线，补齐创新主体短板、科技成果转化短板，提高技术创新的针对性、有效性和科技成果转化效率，真正让创新成为武汉结构优化升级、经济高质量发展的强大驱动力。

完善技术创新相关政策、法律与公共服务体系。全面落实高新技术企业所得税减免、企业研究开发费加计扣除等科技创新税收优惠政策，扩大政策适用范围，将企业技改投入、科技成果转化的费用支出、失败研发活动研发费用、福利费、补充养老费和医疗费等与研发创新相关的各类费用纳入加计扣除范围，扩大固定资产加速折旧实施范围，进一步激发各类创新主体的积极性和创造性。落实"装备首台套、新材料首批次、软件首版次"以及创新产品产业化支持政策。强化知识产权保护，加大对侵权违法行为的惩治力度，不断改善创新环境。推进政府由主导创新向服务创新转变，减少政府对创新创业活动的不当干预，通过税收、采购、"后补助"、"后奖励"等方式支持企业自主研发，让市场真正成为配置创新资源的决定性力量。加快公共创新平台建设，推进财政投入建设的重大科技基础设施和大型科研仪器向社会开放，鼓励和推动社会科技资源开放共享，促进各创新主体优势互补、协同创新。

建立更加有利于提高研发积极性的激励机制。加大对职务科技成果转化的支持力度，对于不涉及国防、国家安全、国家利益、重大社会公共利益的高校院所职务科技成果，由所在单位自主处置，净收益由参与研发的科技人员及团队拥有，给予暂不缴纳个人所得税优惠。支持企业

---

① "4个90%"即90%的投入来自企业、90%的科技人员来自企业、90%的研发机构设在企业、90%的专利来自企业的研发和转化。

完善职务发明奖励和报酬制度，有效激发科研人员的创新积极性、发挥更大创新潜能。完善对应用型研究成果转化绩效的考核评价，将研究成果转化绩效与职称评定、新项目申请和资助金额挂钩，提高科技资源配置效率。

加大人才兴汉战略实施力度，进一步扩大人才队伍。支持在汉单位建立更加有利于本土研发人才成长的培育、激励机制。营造全社会尊重知识的创新氛围，坚持构建以实体经济为主的产业发展体系，建立更加平等获得、更加实惠优质的子女教育、医疗等民生供给体系，全面实行民营企业与国有企事业单位人才在职称评定、评选表彰、子女入学、社会保障等方面毫无差别的公平待遇，让各类人才安心、安身、安业，构建起创新氛围引才、产业发展留才、事业预期保才的高端人才持续聚集长效机制。重点围绕武汉未来新兴产业发展需要，实施引才计划，在光电子信息、新材料、现代装备制造、生物医药等重点领域集聚一批高层次人才，为创新型城市建设奠定人力基础。

4. 重点攻克制造业关键核心技术

按照高质量发展要求，以复兴大武汉、建设国家中心城市为目标，遵循全局性、战略性、前瞻性和可持续性原则，根据市场需求变化，瞄准国际产业发展趋势，以制造业强市作为复兴大武汉的战略选择，以高端化、智能化、绿色化为发展方向，重点聚焦信息技术、生命健康和智能制造，重点围绕重大装备制造、新材料、新能源、汽车、航空航天、工业机器人、存储芯片、液晶显示、生物医药、医疗器械等产业，加大关键核心技术研发投入，加快研究创新突破，掌握关键核心技术，抢占战略性新兴产业和未来产业核心关键技术制高点，把武汉建设成为引领我国制造业高质量发展的国际先进制造中心、中部与长江中游地区国家创新支撑极。

（三）激发企业家精神，鼓励企业百年经营与传承

企业是经济运行的微观细胞，企业家是参与经济活动的重要主体、

创新活动的引领者和主要参与者，对资源要素高效配置、企业创新发展和核心竞争力提升发挥着关键作用。复兴大武汉，把武汉建设成为国家中心城市、中部崛起的战略支撑点、长江经济带的枢纽、国家经济可持续发展的重要一极，最终都需要落实到企业和企业家上。这需要激发和保护企业家精神，培育一批行业领先的独角兽企业和具备全球竞争力与知名度的品牌，打造一批百年老店巨舰。

1. 营造公平公正的市场环境

完善市场公平竞争机制，全面清理废除武汉市制定的不利于市场公平竞争的各种规定、政策、办法等。全面落实市场准入负面清单，确保不同市场主体依法平等进入负面清单以外的行业、领域和业务，任何部门和单位不得设置不利于公平竞争的各种门槛和限制。建立优胜劣汰机制，让劣质企业在市场竞争中被淘汰，为优质企业腾出市场空间，增加优质供给，提高资源配置效率。健全各类市场主体土地供应、金融服务、财税支持、政府采购、招投标、人才待遇、社会保障等各类资源平等获得的公平机制，确保市场公正公平。加快推进市属国有企业改革，继续清理重组低效国企和"僵尸"企业，让市属国企退出一般竞争性领域，将国有资本配置到市场无法有效配置资源的领域。

2. 切实保护企业家合法权益

依法保护企业家财产权，促进增强企业家人身、财产安全感和干事创业信心，让企业家专心创业、放心投资、安心经营。在全市开展一次"涉产权冤错案件甄别纠正"大行动，对所有涉产权冤错案件依法进行甄别纠正。在全市开展规范文明公正司法大检查，强化公正执行、善意执行、文明执行理念，依法审慎适用强制措施，对企业涉经济犯罪案件不该封的账号、财产一律不能封，不该采取强制措施的一律不采取，最大限度减少司法活动对涉案企业正常生产经营活动的不利影响。坚决防止将经济纠纷当作犯罪处理，坚决防止将民事责任变为刑事责任。对因政府规划调整、政策变化而造成的企业合法权益受损，必须依法依规进行合理补偿。

保护企业家自主经营权，任何部门和机构不得干预。对涉企收费事项实行清单制度，对涉企收费、摊派事项和各类达标评比活动进行全面清理，并在各类媒体上进行公示，接受社会各界监督，对违反政策进行乱收费的行为进行严肃查处。严格控制和减少各种行政执法检查，任何政府执法部门不得随意进入企业检查，确保企业正常生产经营活动不受影响。

3. 倡导"百年老店"精神

健全企业家参与涉企政策制定机制，政府重大经济决策主动征求企业家意见，对政策执行过程中存在的问题及时予以纠偏。强化政府服务意识，加大对企业家的帮扶力度，定期组织企业家座谈和走访，及时帮助解决企业和企业家遇到的困难和问题，对出现经营困难的企业在维护市场公平竞争的前提下积极予以帮助。树立对企业家的正向激励导向，加强对勇于创新、诚信守法、社会责任感强的优秀企业和优秀企业家的宣传报道，营造鼓励创新、宽容失败、尊重企业家的文化和社会氛围。保护老字号品牌，弘扬老字号文化，鼓励企业家立志于百年老店经营与传承，在专长领域精耕细作。总结企业历经岁月洗礼、基业长青的经验，引导企业在优势领域以追求卓越的精神谋求永续发展。

（四）释放社会资本活力，扩大优质民生服务供给

切实解决民营企业投融资渠道不畅、运营成本高等问题，改善市场预期，释放民间资本活力。建立健全政银企社合作对接机制，搭建信息共享、资金对接平台，协调各金融机构加大对在汉企业的支持力度。协调企业与银行加强沟通，减少银行对企业停贷、压贷、抽贷、断贷。设立中小企业融资担保基金和信贷风险补偿基金，为中小企业开展银行信贷融资提供担保，对银行的中小企业贷款损失给予适当补偿，提高金融机构对本地中小企业扩大信贷投放的积极性，切实解决民营企业融资难、融资贵问题。全面放开市场准入，除法律禁入、极少数需国有资本控制的领域外，所有行业领域全面对民间资本开放。对医疗、教育、社

会养老、市政设施等有一定现金流、收益能够覆盖成本的民生服务领域项目，优先让民间资本进行投资建设和运营管理，让市场机制在民生服务领域充分发挥作用。对收益难以弥补成本的上述民生服务领域项目，在扩大政府财政资金投入的同时，通过采取使用者付费、使用者付费与政府补贴相结合、政府付费购买服务等方式，建立合理的投资回报机制，规范有序推进 PPP 模式，广泛吸引社会资本参与投资，不断扩大优质民生产品和服务的供给。

（五）健全环保市场化机制，增加优质生态产品供给

生态环保仍是武汉的短板，需持续增加投入。针对生态环保投入缺乏合理的回报机制、社会资本积极性不高的情况，需要构建生态环保市场化投资机制。

1. 深化资源环境价格改革

武汉长期以基础重化工业为主导，钢铁、化工、建材等高耗能产业比重较大，工业生产、城市生活产生大量废弃物，环境污染隐患大，污染治理投资需求大、任务艰巨，必须深化资源环境价格改革，构建充分体现资源稀缺程度、生态价值和环境损害成本的资源环境价格机制，将生态环境成本纳入经济运行成本，推动企业环境成本内部化，促进企业减少污染排放、主动治污，提高生态环境设施投资回报率，吸引更多社会资本参与生态环境保护与治理。一是制定资源阶梯性价格。根据武汉产业转型升级战略，水、电、气等资源实施行业差别化、阶梯式资源价格标准。二是坚持"谁污染，谁付费"原则，提高污染排放收费标准，并由市物价、环保等部门根据行业污染物特点，对钢铁、纺织印染、化学工业等企业实行行业差别收费政策，及早出台相关标准。三是根据城镇居民收入水平、污水垃圾成本，建立合理的城镇污水与垃圾处理、工业污水与垃圾处理、建筑垃圾处理收费标准，并根据发展需要和物价水平进行动态调整，确保收费能够覆盖污染物处理成本和合理利润。

2. 完善排污权有偿使用和交易机制

推进排污权有偿使用和交易，根据绿色发展、清洁城市建设需要，严格控制全市污染物排放总量，根据产业结构优化要求对总量指标进行合理分配。制定主要污染物排放指标初始价格，严格落实建设项目"新增年度排放许可量，必须通过排污权交易市场有偿获得"的规定，全面推行排污权有偿使用。进一步完善武汉排污权交易市场，扩大交易规模，提高二级市场交易活跃度，逐步形成管理规范、交易顺畅的排污权交易市场，通过市场价格导向，不断提高环境资源配置效率。

3. 推行市场化的第三方治理

严格坚持"谁污染，谁付费"原则，严格落实排污者担负污染治理主体责任。以环境污染治理"市场化、专业化、产业化"为导向，以工业园区等工业集聚区为突破口，引入排污者通过缴纳或按合同约定支付费用、委托环境服务公司（第三方治理企业）进行污染治理的新模式，引导社会资本积极参与，让"专业的人做专业的事"，不断提升治理效率和专业化水平。对钢铁、建材、化工等行业以节能减排工程为重点，采取委托治理、托管运营、环境绩效合同管理等方式引进第三方治理企业；对污染物排放量大、易于集中治理的工业园区，以污水处理、烟气治理、固体废物利用和危险废物处置为重点，采取打捆方式引进第三方治理企业，进行整体式设计、模块化建设、一体化运营。对城镇污水处理、垃圾资源化处置、城镇黑臭水体综合整治等环境公共服务领域，规范有序推进 PPP 模式，通过向使用者付费、可行性缺口补助、政府付费等方式建立合理回报机制，以托管运营、委托经营等方式，大力引入社会资本参与环境公用设施建设、运营和管理，高效提供优质生态产品与服务。鼓励企业为流域、城镇、园区、大型企业等提供定制化的综合性整体解决方案。鼓励排污企业与专业化环境服务公司合作成立股份制环保公司，鼓励大中型排污企业采取租赁、承包、转让等形式将污染治理设施从企业内部分离出来成为独立经营的经济实体，作为第三方治理企业进入环保领域。

（六）深度融入国家战略，在落实国家战略中复兴大武汉

1. 以世界级城市引领长江中游发展

依托武汉贯通东西、承接南北、拥有巨大辐射范围的中部地区市场、中部地区唯一千万级人口特大城市的优势，利用好长江经济带发展、中部崛起等重大国家战略的国家政策支持，充分发挥科技创新资源优势和现有工业基础优势，广纳高层次创新人才，不断加大研发投入，加强创新基础平台和创新能力建设，加快培育和壮大引领未来发展的新兴产业，改造提升传统支柱产业，将武汉建设成为中部地区国家级产业创新高地，拥有一批具有核心竞争优势的百亿元级、千亿元级、万亿元级产业集群的国家中心城市和世界级城市，以创新实力和高端产业集群增强区域核心引领和战略支撑能力，辐射带动中部地区、长江中游城市群加快发展，推动长江中游城市群成为继珠三角、长三角、京津冀之后的中国经济下一个增长极。

2. 以品牌引领复兴大武汉

品牌是企业乃至国家竞争力的综合体现，实施品牌引领是国家重大战略，是我国从制造大国走向制造强国、由"中国制造"向"中国创造"转变的重要举措。复兴大武汉，重点在实体产业，关键在产品品质。依托武汉科技资源优势，以先进制造业产品品牌建设为重点，围绕新兴产业和传统支柱产业，培育一批全国乃至世界知名的"武汉造"品牌。制定品牌发展战略，建立健全财税金融扶持政策和品牌激励与服务政策，强化品牌保护监管政策，构建武汉品牌建设的政策与服务支撑体系。进一步鼓励支持企业增加研发投入，加大新产品、新技术开发力度，增强品牌建设自主创新能力，提高品牌培育能力，尽快做专、做强产品，形成产品核心竞争力。大力促进企业树立品牌意识，引导企业以名牌战略促进企业发展壮大，以知名品牌建设百年老店。鼓励企业制定高于国家标准或行业标准的企业标准，支持具有核心竞争力的专利技术向标准转化，增强企业市场竞争力。大力弘扬工匠精神，鼓励支持企业加强技能

人才队伍建设，造就一大批技艺精湛、技术高超的技能人才。大力实施知识产权战略，引导和支持在汉企业积极参与信息技术、生命健康、智能制造等行业标准、国家标准和国际标准的制定与修订。加大对企业品牌的保护支持力度，建立重点商标品牌保护名录，建立品牌保护联合执法常态化机制，加大对质量违法和假冒品牌行为的打击和惩处力度，指导帮助品牌企业域内外打假维权，净化市场环境，形成全社会尊重知识、重视品牌、维护品牌的文化和社会氛围，激励企业和企业家争创品牌。

3. 以开放推动创新升级

依托区位交通优势，加快以武汉新港、机场为重点的铁路、公路、水运、航空等对外交通大通道建设，形成"一带一路"、长江经济带、中部崛起在汉交通贯通融合的综合运输网络体系，建设现代化国际性综合交通中心，进一步提高运输效率、降低物流成本。依托武汉地处中部经济腹地的优势，充分利用中欧班列（武汉），加快仓储设施、物流大数据服务平台以及国际分拨、中转、销售、结算等贸易服务平台建设，加强中部地区、长江经济带中游及周边地区与共建"一带一路"国家和地区货源组织，大力发展跨国物流业，扩大与共建"一带一路"国家和地区经贸交流合作，为中部地区企业提供更加快捷的跨国物流服务。依托武汉经济地理中心、良好生态环境、雄厚科教资源和产业基础优势，大力发展国际会展服务业，强化武汉与国际国内科研单位、学术机构、企业的经济、文化交往，培育接轨国际的城市环境，进一步提升武汉的国际影响力和知名度。对标国际最优营商环境，强化政府服务意识，以湖北自贸区武汉片区、光谷等各产业基地为依托，积极承接东部地区和国际产业转移，优选产业项目，大力吸引世界 500 强企业、中国500 强企业和中国民营 500 强企业来汉投资，设立研发机构、成立总部基地。加强对共建"一带一路"国家和地区投资环境的了解和信息收集、整理，为在汉企业跨国投资提供信息服务，组织和支持在汉企业"走出去"、参与国家重大国际产能合作项目。通过对内对外开放，汇集天下优质创新要素，不断推动产业转型升级。

跋 投资、供给与政府干预

内容提要：投资活动与生产过程、生产结构紧密相连，且对技术进步有重要的促进作用，当前的投资结构决定了未来的供给结构。政府通过保护产权、直接投资、购买等行为干预投资活动，从而对市场上的供给结构产生影响。对于政府应在干预过程中扮演怎样的角色，以及投资结构变动对供给结构与长期经济增长的影响，芝加哥学派、奥地利学派、供给学派等西方经济学流派存在分歧。近年来，由于供给侧结构性改革成为热点，国内学者也对此进行了广泛的研究。通过理论比较，我们发现，要发挥投资对优化供给结构的关键性作用，根本措施是改革体制机制，促进生产要素在市场主导下流向有现实需求或潜在需求的领域，也就是流向供给短板领域和创新领域。

一 投资的概念及其对经济的作用

（一）对投资的理解

在一些通行的经济学教材中，投资被定义为对用于未来生产更多物品和服务的物品的购买，是资本设备、存货和建筑物购买的总和（曼昆，2015）。在国民经济核算时，投资特指一年内一国的建筑物、设备、软件产品及库存等资本存量的增加部分（萨缪尔森和诺德豪斯，2017）。实物资本由有形资产构成，它们有可能提高像劳动力一类生产要素生产商品和服务的能力。在现代经济中，资本积累过程需要储蓄行为和投资行为（柯武刚等，2018）。根据哈罗德－多马理论，资本积累具有潜在的不稳定性（Harrod，1939）。哈罗德在动态周期理论中指出，并非所有的投资都是由产出增长率（加速数）来决定的，投资的某些部分可能取决于对"经济活动未来长期增长"的判断、使生产成本和消费者口味发生彻底变化的新发明以及收入水平等。

奥地利学派经济学家倾向从要素形成的角度去理解投资。哈耶克将资本品视为"贮存的劳动和贮存的土地的结合"（福斯，2013），罗斯巴德（2015）将"消费的节制"称为储蓄，而把"劳动和土地转移到资本财货的形成的这一过程"称为投资。投资的过程则被理解为投资者通过限制自己的消费等方式积累（货币）资本，通过一系列自愿订立的合同购买资本货物的所有权，并向劳动者在将资本货物向最终消费品转化过程中付出的劳务支付费用（罗斯巴德，2018）。罗斯巴德认为，投资活动[1]提高了人们所能获得的效用，因为它们可以在每个单位时间内生产出更多的同一财货，可以让行动人消费到那些在较短期的生产过程中根本无法得到的财货。除此之外，投资活动使现代经济中复杂的整个垂直交换网络成为可能，从而使劳动者大为获益，因为投资者积累了购买资本货物所必需的货币，在产品出售前预支劳动报酬，并对它们进行"再生产"。[2]

（二）作为投资者的企业家

在市场经济中，投资的主体是企业家。根据柯武刚等制度经济学家的定义，企业家是对机会高度敏感并准备好利用机会的人，企业家总在寻找新的有用知识，并准备在有望获取物质收益时，冒险使用未经验证的生产要素组合（柯武刚等，2018）。这一定义传承自奥地利学

---

[1] 原文表述为"使用资本品进行生产"。

[2] 穆瑞·N.罗斯巴德认为，投资者通过即时支付劳动者工资以及缓解劳动者等待支付工资的负担，获得了"时间优先"的折扣。他在著作中为投资者的额外收益辩护，强调"具有远见的人，由于能够更好地在不确定条件下预测未来，因而也就获取了'纯利润'形式的嘉奖"。

派。在奥地利学派的论述中，企业家的概念与不确定性紧紧相连。米塞斯（2013）这样描述企业家面临的不确定性："对只按科技原理建造的机器，我们能实实在在地预知其工作效果，但借助机器生产产品以满足消费者是一种目的广泛的计划，而制造机器仅仅是其中的一部分。这一计划是否最为合适，取决于未来条件的发展状况，即有那么一天，计划实行的确定性已不再能够预测。因此，关于机器制造的技术性结果的确定性程度，无论如何都无法消除固着于整体行动之上的不确定性。因而对于未来的需要和价值，人对情势变化的反应，未来的科技知识以及未来的意识形态和政策，除了以程度高低的可能性表示外，都是无法预测的。每一新行动都指向一种未知的未来，在这个意义上，任何行动都是一种风险性投机。"米塞斯（2015）认为，有些人在市场经济中，善于比普通人更加准确地预测他人的未来反应，市场经济中，"大众将资本货物的控制权委托给这样一些人，这些人知道如何运用资本货物来最好地满足大众的需要"，较成功的企业家则是"正确预测到其行动所发生的环境中的变化，并相应进行投资的人"（罗斯巴德，2015）。

奥地利学派认为，企业只有在预计到购买资本品会给它带来利润，也即会带来大于投资成本的收入时，才会进行投资；利润预期和对企业的信心对于投资的决定非常重要；投资首先是对未来的一种赌博，意味着企业需要权衡确定的现期成本和不确定的未来收益（萨缪尔森和诺德豪斯，2017）。正如罗斯巴德（2015）所说，"每个企业家都是因为他预期能够获取利润而投资于一个生产过程，换句话说，他相信，与要素的未来租金相比，要素的价格被市场低估、资本化不足"。

正是预期的不确定性，使得投资对商业周期反应敏感。凯恩斯（2012）在探讨市场经济不稳定的根源时曾强调，"即使排除了投机所导致的不稳定，这里的不稳定性也有由人类本性所带来的，也即，我们大部分的积极活动都源于自发的乐观情绪，而并非是数学上的预期，不论是道德的、享乐主义的，还是经济的。我们想做正事的决定

（整个进程和后果往往需要酝酿很多时日），大部分也许只能体现着某种动物精神"①。

米塞斯、哈耶克和熊彼特等奥地利学派经济学家都非常重视企业家精神对投资和经济增长的意义，并对此进行了大量研究（Hayek，1937，1978；Mises，1949；Schumpeter，1947）。奥地利学派经济学家认为，知识、技术和经济的演化是由敢于冒险的知识发现者推动的，前提是他们有足够的激励去保持敏感和从事创新，并且面临不间断的竞争挑战。不过，罗斯巴德（2015）指出，企业家在创新方面的功能可能被夸大了："在已故的熊彼特教授的刺激之下，人们一直认为，企业家精神的实质是创新，创制新方法、开发新产品的勇敢的创新者打破平和的、不变的商业常规。当然，不可否认发现和创制获取一种产品更有生产力的方法或是开发有价值的新产品是有其重要性的。不过，在分析上，这个过程的重要性有被夸大之嫌。这是因为，创新只是企业家进行的活动之一。正如我们上面所知，大部分企业家并非创新者，而是处于在可用技术机会的一个大框架内进行资本投资的过程当中。产品的供应受制于资本财货而非可用技术知识的供给。"罗斯巴德认为，企业家的创新行为本质上是对不确定性做出的预期，是为了更好地满足市场需求以获取超额利润的手段："企业家活动源自不确定性的存在。企业家是市场偏差的调整者，使消费者的欲求得到更好满足。当他创新的时候，他也是一位调整者，因为此时他正在调整的市场偏差是以一种新方法或者产品的可能展现出来的。换言之，如果普遍的（自然）利息回报率是5%，而一位商人预估他如果创制一个新的过程或者技术可以赚得10%的回报，那么，与其他情况一样，他就发现了市场中的一个偏差，并开始纠正它。通过开启和生产更多的新过程，他履行着企业家的功能，向消费者的欲求（即他所预估的消费者未来的欲求）做调整。如果他预估准确并获

---

① 凯恩斯在《就业、利息和货币通论》中将动物精神解释为"一种自发的冲动，它是有所为而不是无所为的，也并非加权平均和概率量化各种好处的结果"。关于动物精神的更详细论述，参见 Akerlof 和 Schiller（2009）。

得收益，那他和其他人会继续进行这种活动，直到偏差被消除，这一领域不再有'纯粹'利润或者损失为止。"

（三）投资与生产过程、生产结构的关系

罗斯巴德对企业家的形容里，已经包含了对投资与生产过程关联的朴素认知。罗斯巴德（2015）认为，寻求最大投资回报率的唯一方法，就是将投资转移至更高层级的生产阶段，而投资从较低阶段转移至较高阶段并在每一阶段保持一致的（更低的）利息差异（累计价格差异）的唯一方法，就是增加经济中生产阶段的数量，即延长生产结构，投资增长将增加生产阶段的数量，将生产阶段往后推，并采用更长的生产过程："正是这增加的'迂回性'，使得任何资本的增加即便没有伴随着技术知识的进步——都会导致原始要素平均的有形生产力提升。特别是总投资的增加，可以提升最高阶段的资本财货的价格，从而鼓励创造新的阶段，引导企业家将要素投入这个新的、蓬勃发展的领域。可以说，总投资基金的大部分被高级资本财货更高的价格，以及由此产生的这些财货周转的新阶段所吸收。"正因为如此，总投资增长与要素价格下跌是可以并行不悖的（哈耶克，1958）。奥地利学派的其他学者对投资与生产过程、生产结构的关系进行了更为详细的论述。庞巴维克（Bohm-Bawerk，1971）曾称："资本的迂回方法多产但漫长，它们为我们带来更多、更好的消费财，但只能在一个稍晚的时间。"哈耶克（1958）认为，生产结构是否保持不变，完全取决于企业家觉得仍然将出售产品所得回报的一部分再投资于生产同类的中间财货是否有利可图。

在现代投资理论中，投资行为会从多个方面影响被投企业的生产过程。第一，投资者通过与所投资企业共享社会网络，能帮助企业更快地建立起属于自己的社会网络（Hallen，2008）。Ozmel 等（2013）的研究发现，企业最先缔结合作关系的投资机构的社会网络会影响企业后续发展所缔结的社会网络，最初为企业融资的投资机构建立的社会网络越具有凝聚力，该企业在后续发展中在行业内所处的地位就会越高。

　　第二，部分投资者还会直接干预企业的管理。Ferreira 和 Matos（2008）的研究表明，投资机构的参与会降低企业的委托 - 代理风险，使企业的信息更透明，估值更趋向于合理。此外，外国投资机构对企业的监管作用比本国投资机构更强，因为它们和企业之间的业务联系较少，不存在徇私的嫌疑。另外，投资机构管理层的变更会传导至被投企业。Aggarwal 等（2011）分析了来自 23 个国家的投资机构 2003～2008年在美国投资的数据，发现被投企业的管理层往往随着投资机构管理层的变动而变动。Ryan 和 Schneider（2002）研究发现，有机构投资者背景的企业，其表现不好的首席执行官（Chief Executive Officer，CEO）更容易被解聘，相应地，企业的长期业绩表现也会更好。投资机构对压力的敏感性、对业绩的期望程度、所掌握的公司份额等都会影响其参与被投企业管理的兴趣，通常投资机构持股比例越高、投资期限越长，则被投资公司高管的薪酬业绩敏感性越高（王会娟和张然，2012）。

　　第三，信号理论认为，中小企业和初创企业由于知名度不高、市占率较小，面临很大的竞争威胁，高声誉投资机构的投资行为本身就相当于一个信号，使被投企业更容易在产品市场和金融市场得到认可。Hsu（2004）搜集了针对 51 家早期高科技初创企业的 148 个交易报价，发现拥有高声誉的投资者能以 10%～14% 的折扣率获得该公司的股权。而投资者由于在对企业做尽职调查时的搜寻成本很高，故有很大的激励保护其所感兴趣的企业少受外部竞争威胁（Sweeting，1991）。Arthurs 和 Busenitz（2006）的研究表明，不同的创业投资融资结构会对 IPO（Initial Public Offerings，首次公开募股）企业生存率产生显著的差别，有大型机构投资者支持的企业在 IPO 之后比相同条件的其他企业具备更高的抗风险能力，投资所有权集中度越高，IPO 企业在前五年的存活率越高。

　　第四，投资机构为了保障自己的投资利润，还会利用自身资源为企业争取更多融资，以保证生产过程的平稳进行。吴超鹏等（2012）研究发现，投资机构的加入不仅可以抑制公司对自由现金流的过度投资，而且可以增加公司的短期有息债务融资和外部权益融资，并在一定程度上缓解现金流短缺所导致的投资不足问题。高声誉投资机构在帮助企业缓解融资难题时的作用尤为突出。

（四）投资与经济周期

对投资与生产过程、生产结构关系的讨论，自然而然地引申到了投资与经济周期关系的探索中。以门格尔、庞巴维克、米塞斯和哈耶克等为代表的奥地利学派用资本品的异质性来解释扩大投资引发的经济周期性衰退，即资本一旦投入特定资本品和生产过程，就形成了内在的异质性和特殊的使用价值，当政府采用宽松的货币政策时，扩大货币供给，就会人为地降低利率，其效应在经济生活中会得到不平衡的反映，繁荣大多出现在高级序列资本品和商业、建筑业，因为这些行业的生产过程较长，当通货膨胀式的繁荣走向破灭时，资本品和建筑市场需要若干年时间才能恢复，这正是因为它们具有的特殊性和异质性（史库森，2006）。罗斯巴德强调，过度的信贷扩张会对生产过程和投资资产的价值形成干扰，造成资本市场上的"大量商业运作的错误"，处在生产过程前端的资本品比处在生产过程后端的消费品有了更快的增长，这种由宽松的货币政策导致的繁荣是不可持续的繁荣，当政府停止信贷扩张或当利率上升时，繁荣必将坍塌，从而使消费－投资比率重新回到原来的水平上。

上述理论促使奥地利学派相信，资本密集型的产品和产业，包括房地产、制造业和采矿业比消费品和政府导向的产业更容易出现周期，而越是远离最终消费的生产过程，价格、就业、存贷、产出的波动越剧烈，原因在于货币（利率）的时间价值。"企业家接收到'错误的'信号后要重新安排生产结构，以使之与家庭计划中的未来需求的变化保持一致。最初，这个动态过程是与哈耶克的基准，即'储蓄情境'相一致的：企业家启动资本密集型，耗费时间长的投资项目；资源的使用从（暂时性地）靠近消费的阶段的生产转向（暂时性地）远离最终产出的阶段的生产。但是，与储蓄情境相反，家庭跨期偏好是不变的。结合额外的信用创造所产生的越来越多的（名义上的）要素支付，这就意味着市场中存在对消费品的超额需求。与此同时，企业的长期投资项目对资本品和劳动力存在超额需求。在这整个过程的某个时点上，消费品的价格会有如此大幅度的提高，以至于在（暂时性地）靠近最终消费品的生产阶段上，生产的相对盈利能力会提高。这是周期顶部的转折点，在这个周期中，更加迂回的投资项目会终止。在周期性的调整中，生产结构会'脱轨'，也就是说，平均生产周期比初始的均衡状态时的要短，因为在周期顶部的转折点上，在（暂时）靠近最终消费品的生产阶段上暂时存在的利润率比初始均衡时的利润率要高。因为资本的数量——由于资本品之间的专用性和互补性——对劳动力的需求施加了限制，并不是所有的劳动力都会被新的、更短的项目吸收。由于生产滞后，互补资本品的出现需要一定的时间，而由于技术的灵活性，人工只有在新的更短的过程接近完成的时候才能就业"（福斯，2013）。经验数据支持了奥地利学派的观点：经济周期中实体经济存在显著的错误投资、结构失衡和代际波动，产业链条中前端产业的价格、就业、存货和产出比后端产业的波动性更大（史库森，2006）。

哈耶克（1958）认为，经济周期中扩张的经济政策只会加剧生产结构的扭曲，使情况变得更糟，因此政策建议是"消极的"，要听任时间"去完成一个持久性的治疗，即使生产结构缓慢地适应于可以用作资本用途的资金这一过程"。哈耶克在评述凯恩斯的经济学思想时认为，凯恩斯的商业周期理论是以"新技术发现"为开端的，"新技术发现"使资源从消费品的生产中转移到投资品的生产中，消费品供给的减少使得消费品价格上升，哈耶克认为，这种现象标志着衰退的开始（福斯，2013）。

不过，凯恩斯本人显然对商业周期的衰退与上升持与哈耶克完全不同的看法。关于投资对生产结构的影响，凯恩斯认为，刺激投资会使投资超过当前的储蓄，将引起真实生产结构的非均衡（Hayek，1932）。在解释商业周期和经济波动时，凯恩斯（2012）认为，"意外利润"是由储蓄和投资之间的差异决定的，"意外利润"构成了商业周期变动的主要动因，因为它们影响企业的生产水平及其要素需求。"意外利润"的存在刺激了消费品和投资品的生产，只有这些超出正常水平的利润被更多的消费品供给所消除，繁荣期才会结束（福斯，2013）。哈耶克认为，凯恩斯的上述理论忽视了一个事实，即扩大消费品生产所需的资源必须来自投资品部门，这两个部门不可能同时扩张（Hayek，1932）。

弗里德曼和其他新古典经济学家认为，市场机制和自由竞争环境能够快速消除经济波动，而奥地利学派主张的不恰当投资因素只起次要作用。不过，与弗里德曼同为芝加哥学派的加里·贝克尔则对奥地利学派的观点持更为接纳的态度，他认为，不恰当的投资确实时有发生，且在经济中起着重要作用（史库森，2006）。

（五）投资与技术进步

对于投资影响生产结构（供给结构）的观点，许多经济学家认为，其影响力存在一定边界，而其边界就是资本收益递减规律（曼昆，2015）。受这一规律制约，单纯依靠投资无法对供给结构产生颠覆性的影响，必须配合以劳动生产率和技术水平的提高。

奥地利学派认为，古典经济学家夸大了技术进步对资本形成的制约作用，事实上，投资者在很大程度上可以推动技术进步，从而自发地拓展自身的边界。米塞斯（2015）就指出："如果储蓄和资本积累没有预先准备物质手段，那么技术和治疗学的改进是无法得到实际利用的。为什么不是每个人都能利用有关生产和技术的知识，原因就在于积累的资本供应量不够充足。"罗斯巴德与米塞斯持相似的观点，认为是投资决定了技术水平，而非技术水平决定投资和生产力："投资和生产力在任意时间所受的约束是储蓄的资本的稀缺性，而非技术知识的状态。换言之，总会有大量未被使用的可用而且闲置的技术方案。一项新的发明并不是立即得到社会中所有企业的采用的事实便可证明这一点。因此，任何进一步的投资都会延长生产过程，其中很多过程因为有更优秀的技术而更具生产力。一项新的发明不会使自己自动进入生产，而必须首先进入闲置的行列。此外，要让新的发明投入使用，就必须投资更多的资本。猎鲸船是现成的；油井和机器等等必须从头造起。即便是新发明的方法，也只有通过在较长的过程中做进一步的投资，才会带来更大的产出。换言之，现在要取得更多燃油的唯一办法，是投资更多的资本到石油钻探行业的更多机器和更长的生产周期中去。正如庞巴维克指出的，怀特的批评只有在发明可以逐步地节约资本的情况下（这样的话，产出总是会随着过程的缩短而增加）才是有效的。但是，那样的话，空手去钻油，而不借助于资本，就必须比用机器钻油更具生产力。"（罗斯巴德，2015）

罗斯巴德（2015）认为，在经济学理论中，技术发明获得的地位言过其实："人们往往认为生产受制于'技艺水平'——技术知识——因此任何技术上的改进都会立即在生产中体现出来。当然，技术确实为生产设下了限制；如果没有生产如何运作的技术知识，也就根本不可能运用任何生产过程了。但是，尽管知识是一个制约，资本是一个更严格的制约。逻辑上显而易见的是，虽然资本不能超越现存可用知识的限度参与生产，知识却能够，也的确在没有其应用所需资本的情况下存在。因此，技术及其改进在投资和生产过程中并不扮演直接的角色；技术，虽然重要，但总是必须通过资本投资才能工作。正如我们之前所说，即便是最为激动人心的节约资本的发明（如石油钻探）也唯有通过储蓄和投资资本才能投入使用。"类似的思想也出现在米塞斯的著作中，米塞斯（2013）认为，对比发达国家与发展中国家的经验数据可以看到，相比储蓄下来的资本的供应，技术在生产中的重要性相对较弱。

发展经济学家罗斯托（2016）则将增量的和不连续性的研发都视作投资的一种形式，他认为，投资就是在考虑风险和专用性问题的基础上，通过配置人类目前拥有的才能和资源，以图在未来至少实现与这些资源配置在其他方向上相当的预期成本收益比。"从休谟到凯恩斯，所有睿智的经济学家都曾指出，投资是一种创造性的冒险活动，人们致力于这类冒险活动的激励已经超越常规的收益激励；相比一般的投资行为，研发上的投资也许更是如此"。不过，从罗斯托提供的经验事实来看，技术水平对投资率显然存在直接或间接的决定作用，因为在那些快速扩散新技术或者快速吸收迄今未用的相关技术存量的部门中，增长率、利润与厂房和设备投资均异常之高。

创业投资兴起之后，投资活动对技术进步的影响更为直接。创业投资指由专业机构提供，以具有增长潜力的创业企业为投资对象，并由投资机构参与管理的权益投资。[①] 不同于传统的投资者，创业投资机构往往会积极参与企业的技术研发、新产品的市场拓展等环节，比传统投资更直接、更全面地影响企业的研发行为。

创新活动的一个明显特征是具有正外部性，外部性的存在使得创新企业在独自承担创新活动成本的同时却不能独享创新活动的收益，从而导致削弱创业企业的投资积极性，创业投资有利于促进创新，从而部分抵消因外部性所导致的创新不足问题（Lerner，2009）。创业投资的产品通常具有以下特点：一是技术上的先进性，它首先在个别产业或产品中发生和应用，提高该产品或产业的技术水平，逐步带动其他产品或产业的发展并成为主导产业；二是在时间上具有阶段性，创业投资的产业是随经济发展而不断转换的，这是因为某一主导产品或产业的最活跃时期是从技术成熟到规模成熟，过了这一时期，该主导产品或产业必将为其他主导产品或产业所替换；三是关联度和影响力系数高，扩散效应明显

[①] 该定义主要依据美国创业投资协会 1973 年对创业投资的阐述，其他地区对创业投资行为有不同的理解，欧洲私募股权及风险投资协会将创业投资理解为一种由专门的投资公司向具有巨大发展潜力的成长型、扩张型或重组型的未上市企业提供资金支持，并辅之以管理参与的投资行为，OECD 则将创业投资理解为一种向极具发展潜力的新建企业或中小企业提供股权资本的投资行为，包括向新兴的、迅速成长的、通常是具有高科技背景的公司的投资，以及通过支持 MBO（管理层收购）和 MBI（管理层换购）活动为公司重组所进行的投资。各类定义虽然口径不同，但都强调投资对象为创业企业，投资方式为股权投资，且在风险上高于一般投资行为。由于美国是创业投资活动的发源地，也是目前世界上创业投资活动最为活跃的地区，故此处参考美国创业投资协会的定义。

（张建平，2000）。

创业投资能提高企业对技术非连续性的敏感性（Maula et al.，2013）。技术非连续性，主要指的是在高科技产业中，技术更新快，产品创新快，对于在位企业而言，囿于已有的认知图式，很难理解和注意到这种更新换代。有创业投资支持的企业明显表现出更高的敏感度和警觉性，不仅是由于创业投资能为企业提供更有经验的管理团队，而且相比于产业内部联盟的同质性，创业投资与企业的合作能产生一种异质性，帮助企业更快跳出某一固定范式，将管理层的注意力引导到新涌现的技术非连续性及接踵而至的商机上。Park 和 Steensma（2012）利用计算机产业、半导体产业和无线产品产业的样本研究发现，当企业需要特殊性的补充资产或在不确定环境下运作时，创业投资的介入对技术研发的正向作用最大。此外，Hellmann 和 Puri（2000）的研究还发现，机构投资者的参与还能大大缩短新产品从投放市场到被市场接纳的周期，从而激励企业加快研发。Inderst 和 Mueller（2009）发现，积极投资者对企业的价值在高度竞争的产业领域中更大，在具有学习曲线的产业、拥有规模经济的产业和具有网络效应的新兴产业领域企业中表现得更为明显，他们预测，在这些领域，拥有机构投资者支持的企业更容易在长期中占据主导。Krishnan 等（2015）分析了创业投资机构对企业 TFP 的影响，发现投资者提高企业 TFP 主要集中在创业投资的前两轮阶段内，在前两轮融资结束后，企业的 TFP 会保持稳定。Benson 和 Ziedonis（2009）则认为，创业投资为初创企业提供了大量的信息，而这些信息在日新月异的高科技产业里是至关重要的，创业投资规模的增加，会促进高科技企业 R&D 生产力的增加，而 R&D 的水平又直接决定了初创企业被收购时的价值，从而影响创业投资收购后的投资回报率。他们在实证研究中发现，持续对某一特定企业进行投资的创业投资在收购后的回报率高于分散投资的创业投资，这意味着，创业投资对提高初创企业的 R&D 生产力确实有正面影响。

（六）投资对经济增长的作用

投资对经济增长的重要性从古典经济学家开始就受到高度重视，在现代经济学中，投资对生产结构、生产能力的重要性得到了重申。正如萨缪尔森所说，"现代经济要求一系列多样化的资本品，国家必须抑制当前消费以形成富有成效的迂回的生产能力"（萨缪尔森和诺德豪斯，2017）。

从亚当·斯密开始，经济学家就对投资表示出明显的偏好："斯密偏好于物质客体的这种偏见导致他偏好于资本品投资的偏见，因为根据定义资本品是包含在具体的物体当中的。……由于斯密认可物质的生产，所以，他便以间接的方式赞成投资以积累资本品，而反对本来属于生产资本品的目的的东西：增加消费。……斯密所要求的偏向未来生产和减少当前消费的投资量，要远远大于市场将要选择的数量。当然，这个立场所包含着的一个矛盾是，以当前的消费减少为代价来积累更多的资本品最终将要导致一种更高的生活水平——除非斯密准备建议实行一种持久地、加速地向越来越多的、绝对不被消费的生产资料的转移。"亚当·斯密"关心的是储蓄如果由挥霍之人用于满足其奢侈的欲望而不是将其用来增加固定资本或流动资本的供给，所可能带来的后果。实际上，他坚持认为储蓄应当按照这样一种方式来使用：创造新的收入流量和新的设备。如果不能按照这种方式来使用储蓄，将会对经济增长造成障碍"（罗斯巴德，2016）。

新古典经济学派认为，投资主要起到两个作用：一是带来资本积累，提高一国的潜在产出水平，从而促进长期的经济增长。有数据表明，储蓄和投资较多的国家，其产出、收入和工资增长率也往往较高；相反，那些将大部分国民收入用于消费的国家往往只有低水平的物质资本和人力资本已经落后的技术，其生产率和实际工资的增长也就比较缓慢（Barro，1991）。二是投资的变动会对总需求产生影响，进一步影响商业周期。因此，投资具备影响供给和需求的双重属性，经由总需求而影响短期产出水平，同时形成资本而影响潜在的产出和总供给水平，影响长期增长（Fry，1980）。

投资可以通过三种途径拉动经济增长：一是回顾性影响，投资的产品或产业对向它投入生产要素的部门或产业的影响，如电信行业的发展会带动通信设备、电缆、半导体和电子；二是前瞻性影响，投资的产品或产业作为其他产品或产业的投入要素而促进其他产品或产业的发展，如基因工程和生物技术的发展将促进生物制药产业的发展；三是旁侧影响，投资的产品或产业的发展和成长对所在地区和邻近地区的影响，如美国加利福尼亚州的硅谷地区因计算机、网络技术的发展而使周围的人流、物流、资金流增加，带动了周边地区的房地产、金融等服务业的繁荣（张建平，2000）。

熊彼特（2017a）将投资和资本形成摆在一个很高的位置，他认为，资本主义革命通过"引入新的生产方法、新的商品、新的组织形式、新的原料供应来源、新的贸易路线和新的销售市场等周期性地改变现有产业结构的形态。……这些成果每次都表现为永久地加剧与拓宽了普通民众对消费品的需求，虽然，在开始的时候，这些成果招致的是骚动、亏损及失业。如果我们再看看这些急剧增加的消费品的构成，我们又会发现，每一次急剧增加的都是普通民众消费的物品，它们增大的是工资元的购买力，而不是其他元的购买力"。正如马克思所总结的："在竞争的压力下，各个企业被迫将其利润尽可能多地投在自己的生产设备上；并且它将被迫将其主要投在技术资本上，自然总是寻找日新月异的机器。"（熊彼特，2017b）

二 政府对投资的干预

除了市场自发的投资活动外，政府也是投资的一大主体。政府不仅通过直接投资等方式直接参与资本形成，还会通过一系列制度设计影响市场主体的投资行为。

（一）政府干预投资的理论依据

信息经济学用信息不对称来解释市场失灵。信息不对称来源于人的有限理性和信息搜寻所需的成本。Akerlof（1970）如此定义信息不对称：交易双方中，只有一方持有与交易行为相关的信息，并且不知情的一方对另一方的信息进行验证的成本很高。交易双方对信息占有的非对称性质导致两种结果，一是事前发生的逆向选择，二是事后发生的道德风险（Arrow，1984）。投资活动中的信息不对称，会导致资本提供者和资本需求者之间难以形成正常的供求机制和竞争机制，进而导致投融资困难，在技术复杂性高的投资领域体现得尤为明显（Schilder，2006）。在实践中，解决投资的道德风险问题有以下四类途径：一是选择适当的融资工具，根据不同的情境，选择普通股、优先股、债务及其混合融资方式中的一种（Hellmann，1998）；二是分段投资，分段投资策略可以有效减少代理成本，并激励企业家的努力投入（Dixit，1989）；三是控制权的分配，由契约关系所实现的现金流分配不能完全解决投资者和企业家之间的双边道德风险问题，控制权的分配对投融资双方而言有重要意义（Hellmann，1998）；四是联合投资，联合投资有助于解决第二层委托-代理关系中的逆向选择问题（Inderst and Munnich，2006）。

Amit 等（1998）认为，专业的机构投资者在处理信息不对称时具有绝对优势，他们可以凭借自己的专业技能花费大量时间对特定行业、特定技术和选定企业进行甄别，而政府和普通投资者则无法做到这一点。而政府投资的支持者认为，市场投资者不可能完全消除信息不对称导致的市场失灵，政府在提供制度安排方面具有规模效应，由政府安排投资制度比市场自然演变、自发形成更有效率，因此政府对市场的干预存在合理性（程国琴，2006）。

交易成本理论认为，交易费用是经济系统运转所需要付出的代价或费用，包括事前费用和事后费用两部分（Coase，1937）。投资的交易费用相当昂贵，一是投资者要花许多时间和精力去寻找具有市场前景的投资项目，并对风险与收益进行评估、筛选直至确定投资的项目；二是事先的交易费用，即约定投资公司与风险企业双方的权利、责任所花费的各项费用；三是事中的交易费用，即投资公司参与投资项目的管理、监督和追踪所花费的精力等；四是投资中资产的专用性与交易费用，金融交易中资产的专用性一般是指金融资产的流动性和可转换能力，流动性和可转换能力高的金融资产专用性差、通用性强，流动性和可转换能力低的金融资产，其专用性强、通用性差。因此，交易成本越高的领域，越不适合一般的市场投资者进入，政府的介入可以有效降低交易成本。

（二）政府的角色：积极的投资者或是消极的管理者

产权经济学家认为，政府在干预投资上最重要的制度设计，就是对产权的保护（柯武刚等，2018）。因为只有确权，才能激励市场参与者自发地参与更多投资。产权指为不让他人使用一项资产的权利，以及使用、向他人出租或出售该资产的权利，因此，产权是一组权利，拥有该项资产并持有它，包括维护它（消极运用），将它用于交易或让他人暂时使用其某些方面（积极运用）。从所有者可以发现他们以前没有意识到的新的用途这个意义上说，这组权利是开放的。产权可以附着于有形资产，也可以附着于知识资产（Coase，1988）。排他性是产权的最典型特征。它不仅意味着不让他人从一项资产获益，而且意味着资产所有者要排他性地对该资产使用中的各项成本负责，包括承担确保排他性的成本。专利代表一些权利，这些权利为排他性地使用有价值的知识提供了保障。它们是建立知识产权的一种方式。

在以科斯和诺思为代表的产权经济学派兴起之前，奥地利学派的学者就对产权理论进行过较为系统的思考。门格尔（2001）认为产权直接来源于稀缺性和人的理性，罗斯巴德（2018）强调产权的合理性和神圣性："自由市场是对财产所有权的交换"，"财产权建立在人类的天赋事实之上：每个人对自己的人身及劳动享有所有权，对自己发现并开发的土地资源享有所有权。有形财产和人类劳务的自然可转让性，使所有权自由交换成为可能"。哈耶克也十分重视对产权的保护，他指出要寻找一种制度，使得人们能够根据自己的选择和决定其日常行为的动机，尽可能地为满足所有其他人的需要做出贡献，而"私人产权制度确实提供了这样一种激励，它的作用要比人们过去对它的理解大得多"（考德威尔，2018）。米塞斯（2013）提出了与现代制度经济学家 Demsetz（1967）相类似的观点，即私有产权的产生是为了使外部性内部化。米塞斯（2008）注意到了从产权中获取收益的权利对经济的有效运行非常重要，因为它可以"激励人们有效率地去承受风险"。

产权保护的支持者们强调，个人和企业，还有其他组织，有权享有他们所拥有的资产，有权以他们自主决定的方式运用这样的资产，有权占有源于资产运用的收益，有权按他们认为合适的方式处置他们的资产（Alchian and Demsetz，1973）。对产权的保护会"激励财产所有者去发现他人的需要，维护和追求按这种需要去运用财产。在缺失这类保护的地方，产权是不值钱的，那时很少有人会为提供他人所看重的东西而付出努力，也很少有人会努力运用其财产来发现和供应哪怕是价值更高的物品和服务"（柯武刚等，2018）。

虽然大多数经济学家支持政府通过产权保护激励投资，但是对政府是否应充当积极的投资者，学界历来存在争议。由政府提供公共物品的观点可追溯至亚当·斯密，其目的是弥补市场失灵。马斯格雷夫将公共产品的供给定义为"通过某种政治程序获得公共物品，而并非指公共产品的公共生产"（布坎南和马斯格雷夫，2000），认为公共产品也可由私人生产并由政府购买，建立公共部门的必要性在于补充而不是替代私人部门。马斯格雷夫等财政学家指出，公共部门的扩张和政策的制定不见得是最优的，但公共部门的扩张是必要的。马斯格雷夫列举了基础设施建设、公共教育的增长以及社会保险的出现来证明公共部门通过提供公共产品来保持社会的稳定和市场的繁荣，他批评了将政府作为"支出者"或消费者而将私人部门作为储蓄者和投资者的观点。政府购买商品和劳务的支出一部分也属于投资，特别是如果将政府对教育或健康这种人力资本的投资也包括进来的话。瓦格纳法则预言，经济中的结构性变革会引发政府财政支出的增长，经济部门之间相互依赖性的增加、城市化和技术的变革将扩大对公共服务的需求。

奥地利学派认为，自由市场没有提供完美的商品、服务或思想的必然趋势，有的只是商品、服务或思想的种类、质量和数量的增长，市场既提供"好的"东西，也提供"不好"的东西（史库森，2006）。奥地利学派的这一认知似乎为政府"补充"市场功能提供了理论依据。以钱伯林和罗宾逊夫人为首的剑桥经济学派则认为，自由放任的市场条件不能保证完全竞争，政府必须通过控制和反垄断行为遏制经济中的自然垄断趋势（Chamberlin，1933；Robinson，1933）。政府投资对创新的正向激励作用也得到了经济学家的认可："虽然大多数技术进步来自企业和个人发明家所进行的私人研究，但这之中也有政府对促进这些努力的关心。在很大程度上，知识是公共物品：这就是说，一旦某个人发现了一个思想，这个思想就进入社会的知识宝库，而且其他人可以免费使用。正如政府在提供国防这类公共物品上起作用一样，它在鼓励新技术的研究和开发中也应该起作用。"（曼昆，2015）

不过与此同时，反对政府参与公共物品提供的声音也很强烈。加尔·布雷斯在著作《丰裕社会》中直接表明，公共部门的服务无法满足私人消费的需要（布雷斯，1965）。自由派的代表人物弗里德曼就更加直言不讳，他在《自由选择》一书中多次强调，利用政府来补救市场的失灵，常常只不过是以政府失灵代替市场失灵（米尔顿·弗里德曼和罗丝·弗里德曼，2018）。哈耶克等奥地利学派经济学家在承认市场缺陷的同时，仍然主张政府用自由放任的方式去鼓励市场自发调节，认为政府不应当施加任何人为的壁垒，如特别许可和进口数量限制，而放任自由的结果是会形成一些细分市场，一些市场是无差别的市场，拥有各种类型的买者和卖者，几乎不存在市场进入壁垒，而其他市场只有少数参与者，需要具备高额的资本和技术条件，并具有相当明显的规模经济特点，不同的产业会有不同的最佳厂商数量和产业的集中程度（史库森，2006）。

经济学家对政府积极参与投资的反对也源于对私人投资"挤出效应"的担忧。在 2008～2009 年金融危机中，一些经济学家就认为，全球各国政府采取的调整经济结构、刺激经济增长的财政政策"如果支撑起民众的信心并唤起了动物本能，乘数就会随着需求增加和私人投资的'挤入'而上升；但如果随着政府借款增加，利率上升，那么本来有可能会产生的某些私人投资就会被'挤出'"（曼昆，2015）。马斯格雷夫批评了这一观点，他认为，"在某些情况下，公共物品的公共供应的确会将潜在的私人供应挤出，但更多的时候，公共供应会被私人抵制行为（如逃税）挤出"（布坎南和马斯格雷夫，2000）。

公共选择理论的奠基人之一塔洛克（2015）批评了倡导由政府提供公共物品的思潮："指出公共产品的存在，以及私人市场难以解决由这些公共产品产生的问题，以此来解释政府的称心如意，现在已经成为经济学中的正统思想。"塔洛克认为，政府本身的运转提出了一个新的和几乎难以解决的公共产品问题。由于私人市场只能为那些可以充分内部化的外部性提供适当的解决办法，故社会只能在全面产生带有偏袒决策的私人市场与平等而全面产生不妥当决策的公共市场之间做出选择。一些经济学家则是从经验事实的角度质疑政府投资的作用："GDP 作为衡量经济绩效的主要指标被广泛使用，已经形成大量危害，包括政府支出的增加自动促进经济增长的理念、消费支出推动经济的神话。通过对经济中总支出的检验，包括中间阶段和最终阶段，我们发现，消费支出实际上占国内总支出的份额低于 40%，而商业投资额，包括中间品生产，占国内总支出份额的比重超过 50%。"（史库森，2006）

青木昌彦等（2001）通过分析日本政府在经济中发挥的作用指出，"东亚的各国政府比所谓的'华盛顿共识'① 所认为的标准发挥了更加积极的作用"，"各国政府鼓励储蓄，协助进行包括稀缺投资在内的资源配置，促进了对社会资本、人力资源、技术等方面的投资"。青木昌

---

① 关于"华盛顿共识"的具体内容，参见 Williamson（1990）。

彦等列举了日本经济结构改革的例子，为政府发挥优化生产结构、补充市场机制的积极作用辩护，认为政府的宏观经济政策担负着替代与补充市场两方面的作用，其中，以稳定物价为代表的稳定宏观经济、排除及缓和经济异动的政策，是政府通过促使参与市场的民间经济主体形成对未来的健全预期，使市场充分发挥其作用的市场机能扩张性政策，而着眼于动态资源配置效率、对供需两方面起作用的政策，则能起到补充市场机制的作用，如给市场施加需求压力、促进民间投资和创业、使劳动力能够顺畅转移，同时通过减税等促进民间投资等。在这种情况下，宏观经济政策与经济结构改革一样，可认为是补充创新产业等市场所具有的动态资源配置机能的政策。市场机能扩张性政策具有注重市场所起的动态性资源配置作用的特征，同时随着发展阶段的演进和社会经济环境的变化，政策本身所带来的效果也会有动态演变。针对部分学者对东亚国家政府对投资施加影响的批判，青木昌彦等认为，这种批判是过分的，因为储蓄的扩大、投资的促进、人力资本的开发等资本积累不会简单地化为乌有，而且当社会资源在某方面投入过多而在其他方面投入过少的情况下，政府的努力可对其进行调整，使资源配置更优。[①]

　　不过，他们同时也承认，政府不恰当的介入是非常有害的："虽然市场机能扩张性政策对于任何国家、任何时代都有必要存在，但其内容则应根据具体国家、具体时代而改变，否则将会导致'政府失灵'。""当制度之间存在较强的互补性时，只是将制度的某一部分取出，在政策上实行彻底改革，很可能是不会成功的，特别是惯性较大的情况下更是如此。但是制度是不可能不变的，关键性制度一变化，补充性制度的变化也可能加快。"因此，青木昌彦反对政府限制竞争的措施，支持政

---

① 青木昌彦等援引斯蒂格利茨等在1997年美国总统经济顾问委员会年度报告中的论述，强调市场与政府存在互补关系，原文为"通过对介入经济的成本与收益的平衡进行深入的探讨，我们认为没有必要将市场与政府看成相互替代的，反而应将其视为非常有效的互补⋯⋯公共政策可以帮助市场更好地发挥作用"。

府为促进竞争而采取的措施，要求政府的公开性，反对秘密主义①。在
提供公共产品方面，青木昌彦认为政府应鼓励包括非政府组织在内的民
间供给，这不仅会对公共产品的供给产生有效竞争而使公共产品的供给
受到规则的约束，而且作为传达意见的方法也是有效的。

（三）政府干预投资对市场供给产生的影响

政府作为积极投资者参与提供市场产品的一个典型案例，是政府产
业投资基金的设立。支持政府投资基金的理论主要包括信号发送理论和
良性循环理论。信号发送理论认为，政府引导基金的投资行为可以为其
他市场主体发送信号，缓解投资过程中的信息不对称，引导社会资金参
与创业投资。良性循环理论认为，在产业发展初期，政府投资基金的参
与可以开创一个良性循环，为后期社会资金的进入铺平道路（Lerner，
2009）。成功的政府投资基金能起到双重引导作用，一是引导足够的私
人资本投入商业性投资基金中，二是能引导资金投向处于创业前期阶段
的企业，以弥补一般投资基金主要投资处于成长期、成熟期和重建期企
业的不足（刘健钧，2007）。

Simpson 和 Swatman（1999）的研究表明，美国中小企业投资计划
（SBIC）主要投资于种子期和初创期的小企业，填补了商业性创业资本
不愿意投资这类公司的空白。SBIC 的总资本在全美创投总额中仅占 1%
左右，但 SBIC 投资于初创型小企业的资本却占全美创业投资的 10% ~
15%，SBIC 有效地吸引了社会资本的进入，充分发挥了其杠杆放大效
应。1980 ~ 1999 年，SBIC 的平均收益率为 1.5%，显著高于公司债券
和国库券的收益率，吸引了大量社会资本的进入，实现了政府的引导目
标。班诺克咨询公司（Bannock Consulting）2001 年出具的《欧洲中小
企业权益资本募集创新工具》将欧洲的创业融资情况与美国的 SBIC 计

---

① 根据青木昌彦等（2001）的定义，秘密主义指信息的限制，常常被政府官员用于限
制外部人员对决策过程的参与，其结果是决策过程的排他性使担当官员的影响力和租
金得以提高，本质是在决策过程中限制竞争。

划进行了对比，认为欧洲中小企业所面临的创业投资不足问题主要由三方面的原因形成：一是缺乏天使投资人等导致非正式投资者规模偏小；二是欧洲商业银行不能像美国商业银行那样可以为中小企业提供广泛的金融产品；三是美国 SBIC 计划在为中小企业提供股权融资方面扮演了重要角色，而欧洲则缺乏类似的计划，从而导致中小企业难以依赖股权融资解决企业融资难题。

Maula 等（2003）认为，政府投资要发挥作用，就必须专注于公益性领域，不能过度关注投资回报，他们通过对芬兰的 FII（Fund of Innovation Investment）计划进行评估发现，芬兰政府对投资基金运作提出了营利性要求，导致 FII 计划在实际运作中主要关注于后期阶段项目的投资而忽略了其引导作用，导致政府投资基金的作用被削弱。Trajtenberg（2002）对以色列 YOZMA 基金进行了研究。他认为，政府对创业投资的支持不仅仅是为了激励创新活动，也是为了扶持创业资本市场的发展。YOZMA 基金成功地吸引了国外著名的创业投资公司，这些公司不仅为以色列带来了创业资本，更重要的是带来了创业投资经验和管理技术，从而极大地促进了以色列本土创业投资产业的发展。YOZMA 出现的时机很好地迎合了以色列创业投资产业进化的进程，为创业投资基金和创业公司吸引了高素质的专业人才。这些研究都肯定了 YOZMA 基金的资金引导作用、示范效应以及对人力资本的聚集作用。

Cumming（2005）利用澳大利亚 1982～2005 年 280 个创业投资公司的投资数据，实证研究了澳大利亚创新投资基金的绩效，并将其与加拿大、英国、美国的相应政府扶持计划进行了比较。其研究结论认为，相比于其他类型的私有基金，创新投资基金分别以高出 46.1% 和 27% 的概率投资于种子期和早期创业公司，在生物技术、计算机和网络公司投资的概率则多出 33.5%、13.7% 和 16.5%。但创新投资基金支持的企业 IPO 退出的股票价格收益并不好，年收益率只有 30%。在退出绩效上，创新投资基金与其他类型基金并无区别。他同时指出，尽管澳大利亚创新投资基金投资项目的成功退出率不高，但却成功培育了澳大利亚创业投资发展的土壤。Cumming 和 Johan（2009）对澳大利亚前种子基金（PSF）和创新投资基金进行了比较研究。分析结果表明，PSF 计划的实施降低了创新投资基金投资于种子期项目的激励，两个政府项目之间存在竞争，政府在设计创业投资扶持计划时应通盘考虑，避免不同计划之间因无谓竞争所造成的资源浪费。

关于公共资本的进入是否会对私人资本产生挤出效应也存在争论。Leleux 和 Surlemont（2003）分析了欧洲 15 国 1990 ~ 1996 年的公共和私人资本的来源及其发展，发现公共资本的参与并没有挤出私人投资，而是吸引了更多私人资本投入该产业领域。他们认为，政府干预不论其动机如何，都向社会资本发出了积极信号，为社会投资产生示范和鼓励效应。Cumming 和 Macintosh（2006）使用 1977 ~ 2001 年的省际面板数据研究了加拿大 LSVCC 基金对创投资本总量的影响。联立方程模型的估计结果表明，LSVCC 不仅没有增加创投资本总量，反而导致创投资本总量下降。Brander 等（2008）同样研究发现加拿大公共创投资本对私人创投资本具有挤出效应。杨敏利等（2014）以 2000 ~ 2011 年我国省际创投资本筹集数据为样本，使用联立方程模型检验了设立政府引导基金对创投资本供给产生的影响。检验结果表明，设立政府引导基金对创投资本供给有负向影响，但影响作用不显著。同时，在创业投资发展成熟的省份，设立政府引导基金对创投资本供给有显著的负向影响；而在创业投资发展落后的省份，设立政府引导基金对创投资本供给有正向影响，但影响作用不显著。

三　供给的概念及供给学派的主张

随着近年来国内对供给侧结构性改革的强调，总供给的概念及其影响因素受到空前的关注。事实上，供给只是经济学的一个基本概念，对供给侧的管理也并非今时今日才受到重视，早在 20 世纪 80 年代供给学派激烈主张复活"萨伊定律"的时期，供给的概念就在世界范围内受到关注。

（一）　对供给概念的理解

一种物品或服务的供给量，是卖者愿意并且能够出售的该种物品的数量（曼昆，2015）。决定供给的关键因素是生产成本，而生产成本主要取决于劳动、能源或机器等投入品价格和技术进步，技术进步指的是降低生产同一数量产出所需要的投入品数量，这种进步包括从科学突破到现有技术的更新和挖掘，或者仅是生产流程的重新组织（萨缪尔森和诺德豪斯，2017）。

总供给指一定时期内一国企业所愿意生产和出售的物品和劳务的总量（萨缪尔森和诺德豪斯，2017）。总供给不仅取决于企业能够获得的价格水平，而且取决于该经济的生产能力或潜在产出水平。潜在产出水平又取决于可供利用的生产性投入（其中最主要的是劳动和资本）的数量，以及将这些投入组合在一起的管理效率和技术效率。从长期看，一个经济的物品与服务生产取决于它的劳动、资本和自然资源的供给，以及可得到的用于把这些生产要素变为物品与服务的技术。资本存量的增加提高了生产率，从而增加了物品与服务的供给量（曼昆，2015）。熊彼特（2017b）认为，经济行为对人们选择的限制，取决于经济中可进行生产的货物存量的构成，"某一时刻存在的货物存量，是一个结构量或一个在其内部展现结构关系的量，在某种程度上影响着经济过程后来的进程"。

政府购买包括政府用于物品与服务的支出。政府购买的变动会潜在地影响总供给。假设政府以提供公路这类资本形式增加了支出，私人企业可以使用公路来向顾客运送货物，公路数量的增加提高了企业的生产率，因此，当政府对公路的支出更多时，它就增加了在物价水平既定时物品与服务的供给量，从而使总供给曲线向右移动。政府购买对总供给的影响在长期中比在短期中更重要，因为政府对基础设施的建设需要一定时间才能实现。

（二）供给学派经济学

国内一些学者将供给学派经济学作为优化供给结构的理论基础（吴敬琏等，2016）。供给学派，顾名思义，强调对经济中供给侧的管理，其主张主要是反对凯恩斯主义者的需求管理理论。

供给学派产生的背景是 20 世纪 70 年代中后期，美国经济陷入滞胀困局，凯恩斯主义需求管理政策受到越来越多的怀疑和责难。以拉弗、费尔德斯坦为代表的经济学家认为，美国经济的问题不是出在需求方，而是出在供给方（Feldstein，1981；Laffer，2004；Canto et al.，1983）。他们批评凯恩斯主义过分强调商业周期，而忽视了税率和激励对经济增长的影响，并提出了重建税收体系的激进建议（Laffer，2004；Wanniski，1978）。供给学派经济学得到美国总统里根（1981～1989 年）和英国首相撒切尔夫人（1979～1990 年）等执政者的强烈拥护，在 20 世纪 80 年代一度占据宏观经济学舞台的中心。

供给学派以萨伊定律为理论依据，认为供给会创造它自身的需求，主要政策主张见附表 1。第一，经济增长的唯一源泉在供给侧，增加政府支出会抑制储蓄和投资，因此不会增加就业和产量，扩大财政赤字还会导致货币供给量过多，物价持续上升，最后酿成恶性通货膨胀（Wanniski，1978；Laffer，2004）；第二，增加供给的途径是经济刺激和投资，增加生产和供给必须通过增加投资和劳动来实现，特别是投资的增加，而投资是储蓄的转化，所以产量的高低间接取决于储蓄量的高低（Feldstein，1981；吉尔德，2016）；第三，增加刺激的主要手段是减税，经济增长取决于供给，供给取决于刺激，刺激取决于政府的各项政策措施，包括征税、规章条例、政府支出、货币供给等，减税是增加刺激最有效的手段，减税可以让劳动者、储蓄者和投资者尽可能地获得最大报酬和利益，因而能刺激人们的工作积极性和增加储蓄（Laffer，2004；吉尔德，2016；罗伯茨，2018）；第四，增加刺激的外部条件是尽量减少政府对经济的干预，供给学派特别强调市场机制作用，反对政府过大的社会福利支出、过多的规章法令和国家控制货币发行量（Feldstein，1995；Canto et al.，1983）。

附表1　供给学派经济学主要观点及政策主张

序号	主要观点	政策主张
1	降低税率会提高个人所获得的资产报酬率，提高个人储蓄积极性，较高的储蓄会导致较低的利息率和较高的投资率。	减税
2	降低公司税率或采取类似的措施，如增加投资税减免或使折旧提成自由化，将提高纳税后的平均报酬率，其结果会直接促进投资。	
3	较低的税率可增进工作的积极性，提高工作的数量和质量，进一步提高生产能力，有助于降低通货膨胀。	
4	较低的税率使增加工资的要求更有节制，因为减税使实际收入提高了，工人没有遭受由于进入较高的税收等级所带来的实际收入的损失。	
5	较高的投资率导致生产率提高，这意味着每单位投入能够生产出更多的产品和服务，结果，单位成本并未迅速增加，而通货膨胀上升得更慢。	进行结构性调整，促进资源从衰退部门向增长部门转移，促进资源由消费转向投资。
6	生产率较快增长提供了生产更多产品和服务所需要的能力，以满足减税带来的需求增加，因而使得经济平衡增长，而不至于出现供不应求或短缺的现象。	
7	因为公共部门的生产率增长很小或没有增长，所以把资源从公共部门转移到私人部门会提高整个经济生产率的增长率。	降低政府支出在GNP中的比重，把资源由政府部门转向私人部门。
8	较低的通货膨胀率增加净出口，使美元价值稳固，进口品的价格下降会进一步降低通货膨胀率。	实行紧缩性货币政策。
9	生产能力提高能够生产出更多用于出口和国内消费的产品，因此会进一步增强美元的实力，减少输入的通货膨胀。	

资料来源：外国经济学说研究会（1984）。

供给学派内部存在一些分歧，主要可分为两派：一派是以拉弗为代表的激进派，另一派则是以费尔德斯坦为代表的温和派，前者通常被认为更能代表供给学派的典型观点（方福前，2004）。两派的主要分歧在于：第一，关于减税，拉弗派认为，税收收入不一定随着税率上升而增加，只有合理的税率才能带来最大的收入，减税是增加供给最主要、最有效的途径，实行大规模减税可以刺激储蓄和投资，从而使生产和税收急剧增加，并开辟新税源，以此减少失业、增加生产，解决通货膨胀问题（Laffer，2004；吉尔德，2016）；费尔德斯坦派则认为，减税的同时必须削减政府开支并进行制度改革，否则容易产生财政赤字（Feldstein，1981）。第二，关于需求管理，拉弗派对凯恩斯主义持批判态度，主张复活萨伊定律，肯定供给的重要地位，并对古典自由主义十分推崇（Wanniski，1978；Laffer，2004）；而费尔德斯坦派认为，供给学派仅仅有能力使经济脱离低谷，却无法控制商业周期，供给过剩是不可避免的，一旦出现衰退和萧条，以需求管理为核心的凯恩斯主义仍将发挥重要作用（Feldstein，1995；Canto et al.，1983）。第三，关于货币政策，拉弗派主张恢复金本位制，认为这才是反通货膨胀的根本政策（罗伯茨，2018）；费尔德斯坦派则不赞成金本位制，认为应当通过减缓货币供应的增长速度来抑制通货膨胀（Lucas，1990；Feldstein，1995），见附表2。

附表2 供给学派经济学的内部分歧

分歧	拉弗派	费尔德斯坦派
关于减税	税收收入不一定随着税率上升而增加，只有合理的税率才能带来最大的收入，减税是增加供给最主要、最有效的途径，实行大规模减税可以刺激储蓄和投资，从而使生产和税收急剧增加。	减税的同时必须削减政府开支并进行制度改革，否则容易产生财政赤字。
关于需求管理	批评凯恩斯主义，复活萨伊定律，肯定供给的重要地位，崇尚古典自由主义。	供给学派仅仅有能力使经济脱离低谷，却无法控制商业周期，供给过剩是不可避免的，而一旦出现衰退和萧条，以需求管理为核心的凯恩斯主义仍将发挥重要作用。
关于货币政策	主张恢复金本位制。	不赞成金本位制，认为应当通过减缓货币供应的增长速度来抑制通货膨胀。

供给学派经济学对美国里根政府时期的经济政策产生了很大影响，但随着里根的卸任，供给学派的影响也逐渐消失。学界一般认为，供给

学派缺乏成型的理论体系，一些理论观点基本上是对古典经济学理论的复述。供给学派的许多观点也未得到经验支持，如减税政策实施后，20世纪80年代美国的投资率反而比70年代大幅下降（Ireland，1994）。实践表明，传统的供给经济学过于以偏概全，且其减税政策虽然解决了滞胀的问题，但也给美欧等国政府带来了严重的财政赤字（Lucas，1990）。但是，供给学派的一些观点和政策建议还是有价值的，如减少政府干预、放松政府管制，让市场机制发挥更多作用，调动人们的工作积极性和投资积极性，提高资源配置的效率等（Mendoza and Tesar，1998）。

四　供给管理还是需求管理

在经济发展过程中，对于更应强调供给侧管理还是更应强调需求侧管理，学界存在不同的声音。一般认为，投资优化供给结构的思路，更多的是强调从供给侧角度入手优化经济结构，但由于最优供给结构是需求导向的，所以需求管理也不可忽视。

（一）理论上的分歧

奥地利学派经济学家认为，供给是为需求服务的。门格尔（Menger，1976）曾提到，随着社会的发展，进步会发生在许多前沿地带，各社会阶层中都会有越来越多的人使用不断增多的各种商品，"个人对自己的实际需求有了更好的理解，对一切商品的真实性质也有了更好、更全面的认识，这会扩展到对需求和商品的未来评价，因为人们已经逐渐学会了更好地制订未来的消费计划"。米塞斯（2015）认为，一切生产活动都旨在满足最为紧迫的未来需要，而未来的情形究竟会怎样，现在是根本无法确定的，生产活动涉及的主要问题之一，就是预测消费者的未来需求："消费者是至高无上的，因为他们最终决定了生产什么产品，生产多少产品以及生产何种品质的产品。"芝加哥学派经济学家加里·贝克尔也提出："一种通俗的观点认为，人们消费方式的改变是由于新需求的出现，生产者则在尽力满足这种新需求，而新古典经济学派认为，消费者的偏好是稳定的①，之所以用新购买的物品代替旧物品，只是因为新物品能更有效地以最低的成本满足消费者的需求，物品本身只是满足人们需求的工具和形式，必须随消费活动偏好的改变而改变。"（史库森，2006）

供给学派经济学家的核心目标则是重建经济方程中供给的重要地位，强调供给中包括生产力、利润率、储蓄和资本形成等因素的重要性。供给学派的一些支持者认为，凯恩斯主义无力解决生产力与资本形成等经济发展中的核心问题，下一代经济学必须重新回到宏观经济并将供给作为分析问题的中心（Drucker，1981）。不过，供给学派因把供给模型视为可替代凯恩斯需求管理模型的理论而受到主流经济学家的严厉批评。

供给侧管理和需求侧管理的不同之处主要包括：一是从政策作用对象看，供给侧管理主要包括土地、劳动力、资本、创新四大引擎，而需求侧管理则由消费、投资、出口"三驾马车"组成；二是从目标时期看，供给侧更关注长期，而需求侧更关注短期；三是从使用范围看，供给侧管理适用于结构失衡，而需求侧管理更适用于总量失衡；四是从政策主张看，供给侧管理更强调发挥市场的作用、减少政府干预等，而需求侧管理则主张增加公共财政支出、刺激需求；五是从政策特点看，供给侧管理具有直接性、强制性、倾斜性和事前性等特点，而需求侧管理具有间接性、诱致性、全局性和事后性等特点；六是从政策作用效果看，供给侧管理见效慢，副作用也小，而需求侧管理力度大、见效快，副作用也较大（任保平，2016；张慧芳和艾天霞，2017），见附表3。

---

① 对消费者偏好稳定的讨论可参见 Becker 和 Stigler（1977）。

附表3　供给侧与需求侧政策的不同侧重点

分类	供给侧管理	需求侧管理
作用对象	土地、劳动力、资本、创新	消费、投资、出口
目标时期	长期	短期
使用范围	结构失衡	总量失衡
政策主张	对外开放，倡导自由贸易，避免通过关税等形式限制贸易往来。	改善收入分配体制，提高社会福利水平，以扩大消费需求。
	放任市场，让市场主导资源配置。	政府支出增加，往往伴随财政收入增加或财政赤字扩大。
	在制度上减少限制，减少政府干预，激发市场活力，提升经济效率。	在制度上加强对经济的控制，使经济向着预期目标发展。
	降低税收以避免税收扭曲和对经济增长的副作用，相应地要降低政府支出。	增加公共品供给，提供更多的就业岗位，刺激需求。
	注重结构调整，涵盖资源配置结构、产业结构等方面。	注重总量调整，而对经济内部结构关注不够。
	关注中长期目标，更加注重经济的健康和可持续增长。	关注中短期目标，以使经济保持较高速度和较为平稳的增长，熨平经济波动。
	采取紧缩性货币政策。	货币政策通常要综合考虑物价水平、就业水平、流动性等目标。
特点	直接性、强制性、倾斜性和事前性。	间接性、诱致性、全局性和事后性。
作用效果	见效慢，副作用小。	力度大、见效快，副作用较大。

（二）现实的选择

我国经济增长既有供给问题，又涉及需求问题。因此，在强调优化供给结构的同时，许多学者呼吁不能偏废需求侧的管理，二者是有机整体，不可割裂（吴敬琏等，2016）。

我国供给侧的问题主要是中低端产能过剩与高端产品供给不足，或称低效无效供给过多、高效优质供给不足，具体包括：一是土地供给结构失衡且法律制度供给不足；二是劳动力数量减少且质量不高；三是落后产能过剩；四是科技投入少且效益低，企业参与少；五是只能满足排浪式消费，而满足多样化、个性化消费的能力相对较差（吴敬琏等，

2016）。需求侧的问题主要是消费不足、出口不足，或称需求下降与需求外移并存，具体包括：一是消费方面，城乡地区消费能力差距较大；二是投资方面，效率低下，结构失衡且风险性较大；三是出口方面，不确定性大，波动明显且层次较低（张慧芳和艾天霞，2017）。

认为优化供给结构就是管理供给侧的观点事实上忽略了供给和需求的相互作用。事实上，供给侧管理是从供给端满足现实需求，挖掘潜在需求，让供给和需求相匹配，不能把供给侧改革和需求管理对立起来。如果仅强调供给，而忽略市场需求，就容易使供给偏离市场需求，更难以捕捉潜在需求，只会导致新一轮的产能过剩（产业转型升级课题组，2017）。优化供给结构绝非盲目扩大供给，供需两侧的协同管理与有效耦合是促进经济健康发展的重要策略（Chakravorty, 2000；Schlumberger, 2008）。

近年来，与优化供给结构密切相连的一个概念是"结构性改革"。国内一些学者认为，当前我国经济面临错综复杂的内外部环境，产能过剩、财政金融风险加大、人口红利减弱、综合成本上升、创新能力不足等问题集中凸显，结构性改革是解决当前我国经济问题的重要选择（贾康和苏京春，2015）。结构性改革起源于发展经济学中结构变化、结构动态变迁等概念（Kuznets, 1966；Pasinetti, 1983），随后，一些实证文献对美国里根政府、英国撒切尔夫人推行的结构性改革以及拉美国家的结构性改革进行了研究，将结构性改革的概念进一步推广开来（Munnell, 1992；Saavedra and Chong, 1999；Chakravorty, 2000）。结构性改革的关键是改变政府行为，通过调整政府和市场的关系，让市场运行更有效率，一方面要在劳动力、资本、创新和政府支出等方面推进结构性调整，另一方面要积极发现培育新的经济增长点，在需求结构、投资结构、城乡结构、产业结构和分配结构等方面进一步加大改革步伐（耿修林，2010）。

对于供给侧管理与结构性改革如何结合，国内学者主要有如下几种观点：第一，从供给侧的主体视角出发，认为供给侧结构性改革与供给领域的宏观管理存在明显区别，对供给侧结构性改革的界定必须把握其内在核心；第二，基于我国经济发展的现实视角，认为供给侧结构性改革的提出直指我国经济发展中的结构性难题，其根本目标在于发展生产力（黄群慧，2016）；第三，立足于供给侧内在要素的微观视角，认为供给侧结构性改革的首要前提是对供给侧的结构性要素做出解析（李翀，2016）；第四，从国家战略决策的视角，认为供给侧结构性改革是一项战略决策，必须以满足国家发展要求和战略任务为旨归。

在投资与优化供给结构的关系上看，供给能力的形成取决于劳动、资本、技术等要素，市场中资本的逐利性决定了投资对需求变动的反应最敏感、最快速，而劳动、技术等要素一般随资本的流动而流动，因此，投资结构的调整决定了未来供给结构的变动（Nelson and Phelps，1966）。当前我国供给领域的主要问题来自此前长期投资结构方面的问题，而通过深化相关体制机制改革，改变投资结构，则会优化供给结构、提高供给对需求变动的适应性（李扬，2015）。林毅夫等（2016）认为，收入增长来自劳动生产率的提高，提高劳动生产率需要推动技术创新、产业升级，以及为产业发展改善基础设施，三者都需要投资支持，所以应优先扩大投资。一些发展中国家的政策实践已经证明，一味强调通过扩大消费促进经济增长和收入增长的做法违反经济逻辑，容易使经济走向停滞（Blomstrom et al.，1993）。

如果投资形成的供给结构可以适应市场需求，那么尽管投资会在当期挤占部分消费，在长期中仍然可以通过增加居民收入来扩大居民消费（Berk et al.，1999；李扬，2015）；而如果投资形成的供给结构适应不了市场需求，则投资不仅在当期挤占了部分消费，资本形成后也难以提高劳动生产率，导致资源浪费（贾康和苏京春，2015）。因此，要发挥投资对优化供给结构的关键性作用，根本措施是改革体制机制，促进生产要素在市场主导下流向有现实需求或潜在需求的领域，也就是流向供给短板领域和创新领域（吴敬琏等，2016）。

调研报告一　融资约束下如何增加
公共服务设施供给

——河南省规范公共服务设施投融资的经验

内容提要： 2018 年，在防风险、政府融资约束趋严的政策背景下，河南省针对地方财力与建设项目支出责任不匹配、"前门"敞开力度不足、存量信贷资产风险敞口扩大、平台公司风险隐患较突出等问题，采取了创新政府投资项目管理、加大项目资金统筹力度、加强新投资项目管理、加快推进平台公司改革等措施，同时，银行也开展了专项风险排查、谨慎开展政府购买服务项目融资、合规开展 PPP 项目融资业务、积极推动融资平台客户建立现代企业制度等方面的工作，取得了较好效果。但要建立长效机制，需要在政府投资项目管理、对 PPP 项目实施必要性审查论证、完善政府债券市场、发挥平台公司投融资功能等方面深化改革，健全公共服务设施的投融资制度。

一　河南省的产业与投资结构

2017 年，河南省 GDP 44988.16 亿元，比上年增长 7.8%。其中，第一产业增加值 4339.49 亿元，增长 4.3%；第二产业增加值 21449.99 亿元，增长 7.3%；第三产业增加值 19198.68 亿元，增长 9.2%。三次产业结构为 9.6：47.7：42.7，第三产业增加值占 GDP 的比重比上年提高 0.9 个百分点。人均 GDP 47130 元，比上年增长 7.4%。

2017 年，河南省固定资产投资额 43890 亿元，比上年增长 10.4%（见图 1）。其中，第一产业投资 2382.58 亿元，比上年增长 23.3%；第二产业投资 19172.70 亿元，增长 3.5%；第三产业投资 22335.07 亿元，增长 15.7%。民间投资 34276.03 亿元，增长 9.1%，占固定资产投资的比重为 78.1%。工业投资 19190.97 亿元，增长 3.5%，占固定资产投资的比重为 43.7%。

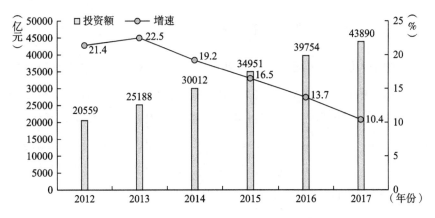

图 1   2012～2017 年河南省固定资产投资额及增速

从具体的投资领域来看，2017 年，河南省投资于制造业的比重达到 38.1%，增长率为 3.1%；基础设施投资占比达 20.1%，增长率为 30.4%；房地产开发投资占比达 16.2%，增长率为 6.2%。总体来看，基础设施投资增长较快，但制造业投资增长缓慢。调研中我们了解到，2018 年上半年，河南省制造业投资呈现负增长，投资结构亟待优化。

二　政府性债务情况及存在的主要问题

（一）地方财力与建设项目支出责任不匹配

政府性债务形成的主要原因是地方政府财权与事权的不匹配。一方面，多数中央预算内基建投资项目要求地方资金配套，对于财政收入较低的地区而言形成较大负担；另一方面，地方政府为了发展经济，迫切需要推进重大建设项目，为了使项目上马，存在过高估计本地政府融资能力的倾向。例如，郑济高铁项目前 3 批下达的投资计划中，新乡市区共需承担筹资任务 13.6 亿元，而 2018 年分配到新乡市辖区的新增债务限额只有 12.9 亿元，仅郑济高铁单个项目的筹资需求就超出了债务限额。这类现象迫使一些地方政府以提高长期融资风险为代价来弥补项目建设投融资缺口。

（二）"前门"敞开力度不足

《中华人民共和国预算法》（2018 年修正）实施后，中央政府采取"开前门、堵后门"的方式，允许地方政府发行债券来弥补建设资金缺口。但中央在 2015 ~ 2018 年批复的新增债务限额分别为 0.7 万亿元、0.8 万亿元、1.63 万亿元和 2.18 万亿元，而 2010 ~ 2014 年，全国地方政府债务由 6.7 万亿元增加至 15.4 万亿元，年均增加 2.175 万亿元，新增债务限额与地方实际举债需求仍存在较大缺口。

（三）存量信贷资产风险敞口扩大

随着政府举债融资的逐步严格规范，担保承诺函件的出具等被列为"负面清单"在政府债务清理整改过程中被普遍撤回，但其项目承贷主体对如何保障银行已投放贷款安全没有相应的追偿措施，追加担保等不充分，信贷资产风险缓释不足，造成银行业机构风险敞口扩大。

（四）平台公司风险隐患较突出

随着国家对承接基础设施建设的类型、模式和投融资等方面的规范性文件下达，各金融机构对平台公司的贷款审查更加严格，尤其涉公益性的项目难以取得融资，进一步造成了平台公司融资渠道变窄、整体额度收紧、融资成本增高等问题。例如，截至 2017 年底，河南省一个地级市的市、县两级 25 家平台公司中，有 12 家资产负债率超过 70%，有 13 家在 2017 年度出现亏损；从收入来源看，有 12 家公司在 2017 年无任何收入，有 8 家公司收入中财政拨款占比超过 50%，其中，收入全部为财政拨款的有 4 家；从债务项目风险情况看，由企业自有收入偿还的 84 个债务项目中，有 57 个存在风险隐患，占风险项目总数的67.9%，需偿还金额 72.4 亿元，占偿还总额的 97.8%，且 52% 的金额集中在未来三年偿还。

三　融资约束下规范公共服务设施投融资的经验

（一）政府采取的措施

1. 创新政府投资项目管理

为加强政府投资项目管理，河南省各地级市相继出台了政府投资项目管理办法和融资及债务管理办法，实行发改委三年项目储备库与三年中期财政规划有机衔接，发改部门管项目、财政部门负责资金，所有政府投资项目都必须经发改委立项、财政部门落实资金来源、纳入预算（规划）后再开工建设。例如，自 2015 年起，新乡市包括城建交通项目在内的所有基础设施建设项目全部报发改委立项纳入项目储备库、项目资金全部纳入全口径预算管理，不再让融资平台公司承担政府投资项目的融资责任。同时，市财政加大预算资金统筹力度、利用 PPP 模式积极开展城市建设投融资体制创新，实现了城市建设提速、债务风险可控的良性循环。

2. 加大项目资金统筹力度

加大资金统筹力度，优化财政资源配置。在编制年初预算时，将政府债券与税收、非税收入、体制结算财力等资金一并考虑，分类纳入一般公共预算和政府性基金预算，与预算同步编制、同步审查、同步批准、同步批复、同步执行，以便于预算单位提前谋划、运作建设项目。上级债务资金到达后，根据实际债券规模和项目执行进度，及时调整预算和支出项目，努力确保政府债券资金全部支出。

3. 加强新投资项目管理

在当前政府债务管理体制下，防风险的一大关键是做好新增债券分配。一是积极争取债券，针对当前债券资金分配办法，加强与省财政厅的沟通联系，认真研究新增债券分配政策、债务风险指标特点，通过技术手段降低政府债务风险。二是建立三年滚动公益性资本支出项目库，筛选入库项目上报政府债券需求，不在项目库的原则上不予考虑。三是按风险分配债券额度，结合政府债券需求，按"债务风险越低，债券分配额度越高，高风险地区不分配债券"的主要原则分配地方债券额度。四是开展压力测试，根据上年决算数据和当年预算数据，对县（市、区）债务承受能力进行压力测试，未通过压力测试的地区相应调减新增债券规模。五是加强资金管理，债券下达后，按照"当年申请、当年安排、当年支出"的原则，选够支出的项目安排政府债券资金，不得用于经常性支出。

4. 加快推进平台公司改革

郑州市推动郑州发展投资集团等八大平台公司实现融资和业务市场化，平台公司原承接的公益性项目已纳入政府债务。2017 年底，郑州市对平台公司启动二次改革，计划打造基础设施类、公用事业类、产业发展类、租赁住房及土地综合开发类四大集团。同时，郑州市还督促未开展或未完成平台公司改革的县（市、区）参照市级推进改革，要求县（市、区）务必明确政府和企业的责任，切实厘清政府债务与企业债务边界。

（二）银行采取的措施

1. 多次开展专项风险排查工作，及时发现风险项目并做好提前回收工作

郑州银行对于存量地方政府融资平台债务，开展多次专项风险排查工作，一户一策制订化解方案，厘清地方政府在地方政府融资平台存量债务中应承担的风险责任；对于没有实际经营的纯融资平台、经营现金

流与融资本息不匹配的融资平台，原则上到期不再续作。

2. 谨慎开展政府购买服务项目融资，防范化解地方政府隐性债务

国开行河南分行除棚改及易地扶贫搬迁项目外，全面停止工程类政府购买项目的授信审批，其余基础设施类扶贫贷款均已采用 PPP 模式。再如，农行新乡分行严格规定，介入的棚改项目应列入政府购买服务指导性目录，政府购买服务资金须按规定列入当期财政预算和中期财政规划，棚改项目须纳入省级棚改规划，购买服务的省级政府债务率不得超过 150%，计划单列市、省会城市债务率不得超过 120%，其他地方政府债务率不得超过 100%，地方政府债务率超过规定的，一律报总行审批。

3. 加强新增债务分配管理

国开行河南分行截至目前授信的 PPP 项目均已纳入财政厅 PPP 项目管理库，在不增加政府隐性债务的前提下实现了较好的社会效益和经济效益。再如，农行新乡分行严禁介入财政部、地方政策规定的负面清单内项目，介入项目须经财政部门、行业主管部门审核通过物有所值评价和财政承受能力论证，地方政府每一年度全部 PPP 项目需要从预算中安排的支出责任，占一般公共预算支出比例不超过 10%，对项目现金流涉及财政资金安排的，应在 PPP 合同中明确约定，并按规定纳入中期财政规划和预算管理，财政资金安排程序合规、完备。采用可行性缺口补助模式和政府付费模式运作的，省级政府债务率不得超过 150%，计划单列市、省会城市债务率不得超过 120%，其他地方政府债务率不得超过 100%；地方政府债务率超过规定的，一律报总行审批。

4. 积极推动融资平台客户建立现代企业制度、实现市场化运营

郑州银行对于地方政府融资平台新增融资，原则上均要求平台公司完成市场化改制，并公告不再承担地方政府融资职能。郑州银行授信的河南东龙控股有限公司，是郑东新区管委会控股的平台公司，公司成立之初总资产不足 6 亿元，营业利润 9 万元，项目还款基本靠政府土地出让金收入，自身造血能力十分有限，是个完全依靠政府补贴收入的融资平台。近几年，该公司在郑东新区管委会的管理和各股东单位的指导下，积极推进市场化改制，围绕城市总体发展目标，结合城市发展的特殊机遇，找准时机积极布局市政、地产、商业、物业等业务板块，推动公司实现市场化、多元化、资本化发展，积极发挥作为郑东新区龙湖区域项目投资主体和建设单位法人的功能定位，推动龙湖金融中心项目、公共基础设施建设和其他配套设施的开发建设，已成为河南领先的城市运营服务商。

四 规范公共服务设施投融资的建议

（一）加强政府投资项目管理，稳步推进公益性项目建设

梳理政府投资项目，建立重大项目财政承受能力评估机制，稳步推进公益性项目建设。凡是新增政府投资公益性项目，将建设资金来源是否落实、政府债务风险是否在合理区间作为审批条件，确保建设资金筹措与地方实际偿债或支付能力相匹配，从项目审批的源头上严格管理。明确政府购买服务项目以《关于坚决制止地方以政府购买服务名义违法违规融资的通知》（财预〔2017〕87号）为界限进行新老划断，避免由于政策变化导致已承诺项目资金无法到位，产生大面积违约风险。积极探索在区域发展、生态环保、水利等领域的自求平衡专项债，保障重点项目资金需求。

（二）对PPP项目实施必要性审查论证，减少重复投资

对于PPP项目，开展实施必要性的审查论证，项目之间有重叠的进行优化整合，能分年度分步骤实施的考虑分年度分步骤实施，尽可能压缩投资，减轻支付压力；对于或有债务，加大管理力度，清偿除外债项目外的全部或有债务；对于部门在建工程项目，要明确实施主体、资金来源及偿还时限等，实行台账管理，按照相关政策和管理规定进行化解。

（三）进一步完善政府债券市场，拓宽融资渠道

完善地方政府债券评级机制。增强评级机构的监督和反映功能，建立健全跟踪评估机制和评级机构保护机制，确保评级机构的独立性和评级结果的客观性。适度增发专项债。准确评估各地政府资金缺口，满足合理资金需求，在综合评估债务负担能力的基础上，适度增发专项债，推动隐性债务显性化，避免存量违规举债渠道受限导致短期内地方政府流动资金周转压力增大的情况。进一步推动项目收益专项债券发行，扩大应用范围，引导地方政府在国家政策倡导的乡村振兴、生态环保、保障性住房等领域做好项目储备，为更多自身具有收益的公益性项目开好"前门"，保障重点领域合理融资需求。

（四）推动平台公司转型，发挥平台公司投融资功能

从政府的角度，一是尽快出台推进平台公司稳步转型的有关政策，妥善处理平台公司转型后建设项目的续建资金、存量债务问题，合理界定政府与企业职能边界；二是剥离非经营性资产，注入优质经营性资产，盘活存量资产，帮助平台提升造血能力，作为优质合作方参与到PPP项目中；三是在确保流程完善、合规的条件下，推动PPP项目重点支持脱贫攻坚、乡村振兴、公共基础设施等政策性业务领域，促进地方经济社会发展。

从平台公司自身的角度，一是要抓住深化城镇化制度改革的机遇，发挥自身优势，抓准自己的主营业务，分类稳步推进地方融资平台市场化转型，剥离政府融资职能；二是要与地方政府进行深入沟通，达成转型发展的共识，引起政府高度重视，请政府对平台存量债务有合理处置意见，让平台公司真正能够做到轻装上阵；三是从粗放管理向质量效益转变、从只重建设向也重经营转变，根据企业定位进行业务板块整合、明确责任，实现平台公司债务、非主营业务、人员的"瘦身"，确保平台公司健康转型。

调研报告二　欠发达地区投资优化供给结构的途径

——四川省广元市供给结构问题及对策建议

内容提要：四川省广元市供给方面存在的主要问题是资源类产业比重较高、高附加值的高新技术产业少、现代服务业发展水平较低、产业低层次同质化较严重、环境保护与发展的矛盾比较突出、公共基础设施供给能力较弱等。投资优化供给结构面临民营企业资金短缺、高新技术产业及创新投资意愿和能力不足、市内区域间投资差距明显、政策环境加剧建设项目紧张等难题。广元市政府通过建立政府产业引导基金拓展投融资渠道、以扩大服务业开放释放民间资本活力、多渠道筹集基础设施建设资金增强产业承接能力、加大生态环保投资等一系列措施，增强新动能，增加新供给，推动供给质量和效率的提升。

一　广元市供给结构及其问题

（一）供给结构状况

广元市是秦巴山区集中连片贫困区，2017 年全市 GDP 为 732.12 亿元，同比增长 8.1%。其中，第一产业增加值 113.16 亿元，同比增长 3.8%；第二产业增加值 327.01 亿元，同比增长 8.2%；第三产业增加值 291.95 亿元，同比增长 9.6%；一二三产业对经济增长的贡献率分别为 7.4%、46.9%、45.7%，分别拉动经济增长 0.6 个百分点、3.8 个百分点、3.7 个百分点。

三次产业结构由 2016 年的 16.1：46.6：37.3 调整为 2017 年的 15.4：44.7：39.9（见图 1），服务业增加值占 GDP 的比重比上年提高 2.6 个百分点。规模以上高端装备制造产业、新材料产业、新能源产业产值分别比上年增长 66.4%、39.4% 和 37.0%，分别比规模以上工业产值增速快 47.9 个百分点、20.9 个百分点和 18.5 个百分点。规模以上物流业和健康服务业营业收入分别增长 33.5% 和 24.9%，比规模以上服务业营业收入增速快 20.7 个百分点、12.1 个百分点。城镇与农村居民收入差距由上年的 2.62：1 缩小为 2.60：1。

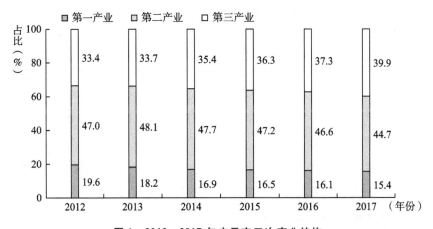

图 1　2012~2017 年广元市三次产业结构

2017 年，广元市全部工业增加值 275.14 亿元，比上年增长 8.4%。工业对经济增长的贡献率为 40.9%，拉动经济增长 3.3 个百分点。规模以上工业增加值增长 9.2%。其中，重工业增长 8.6%，轻工业增长 9.9%。分门类看，采矿业增加值增长 2.2%，制造业增长 9.5%，电力、燃气、水的生产供应业增长 19.6%。分行业看，36 个行业大类中有 29 个行业增加值增长，增长面为 80.6%。分产业看，食品饮料、新（型）材料、清洁能源化工、电子机械、生物医药五大特色优势产业产值 625.56 亿元，增长 16.8%，对规模以上工业产值增长贡献率为

61.5%；战略性新兴产业产值 153.08 亿元，增长 21.4%，对规模以上工业产值增长贡献率为 18.5%。

（二）供给结构存在的主要问题

资源类产业较多，高新技术产业少。工业发展全而不大、全而不强，支柱产业多属传统资源性产业，产业链条短，附加价值低。石油及天然气开采业、农副产品加工业、非金属矿物制品业对经济增长的贡献率长期居前 3 位，天然气、水泥、煤炭占行业结构比重高，增长空间受限。产业高端和高端产业发展不足，主导产业迭代层次不清晰。军民融合产业和战略性新兴产业分别仅占规上工业总产值的 8%、16% 左右，主导产业还需培育巩固，总量最大的食品饮料产业产值仅占全市规上工业总产值的 29.5%。

传统服务业相对较多，现代服务业发展水平较低。目前广元市传统服务业占比超过 60%，现代服务业占比不到 40%。生产性服务业占比不高，而且存在辐射半径不大、聚集能力不强、与本地工业融合度不高等问题，现代金融、电子商务、仓储物流、生态康养等新兴服务业则正在起步。从调研情况看，广元市服务业市场消费疲软的态势较为明显。从消费方式看，电子商务等新型网络消费导致实体经济面临市场、资金和成本等多重压力。供应商对市场信心不足，居民消费信心不足，消费需求和动力不足，消费市场疲软，本地消费外流。旅游与健康、养老、体育、研学、工业、农业、文化商贸等产业，在规划设计、示范点打造、产品开发、线路优化、品牌创建等方面融合发展缺乏深度，产业链条较短，辐射性不强。

产业居于价值链低端，高端供给少。广元市大多数工业园区产业集中度不高，产业间、企业间关联性不强，且生产性服务业发展不足，"两头在外"的现象较普遍，未形成较为完善的产业配套体系，多数企业生产方式粗放，大多处于产业链低端初级加工阶段，精深加工纵深发展不足。工业偏重于资源开发和产品初加工，新产品开发能力弱，产品关联度相对较低，产业链相对较短，产品附加值不高。主要产品层次低，产值靠前的大部分产品困守在产业链上游和价值链低端，高投入、高能耗、低产出的初级产品、中间产品数量多，企业普遍创新能力不足，科技含量高、附加值较高的精深加工产品缺乏，市场竞争力不强，市场占有率不高，多为区域性产品。同时，缺乏大企业支撑。工业企业规模普遍较小，且企业之间关联度不高、分工协作不够、产业链发展不足。2016 年，广元市规上企业户平均产值仅为 1.78 亿元，比全省平均产值低 1.06 亿元。龙头骨干企业缺乏，年产值 10 亿元以上企业仅占全部规上工业企业的 2.7%，年产值最高的企业尚未达到 50 亿元。

低层次同质化产业较多，特色产业供给少。广元市与周边地区在产业布局上严重趋同，如广元与陇南、汉中以及川东北经济区其他市州都将机械制造、新能源、新材料、生物医药和食品饮料作为发展的重点，进一步增大了通过资源优势和优惠政策等传统模式开展招商引资的竞争压力，降低了经济交流、合作、协同、互动的能力。

环境保护压力较大，存在一些环境风险隐患。例如，广元市昭化区虽已建成乡镇污水处理厂 17 处，但未达到 70% 的乡镇建成生活污水处理设施的要求，且建成设施运行效果较差，城区未完全实现雨污分流、污水管网未全覆盖，造成污水集中处理设施进水浓度低、运行不稳定，长滩河水质尚未稳定达标，乡镇垃圾填埋场建设不规范，生活垃圾无害化处理率低，对地下水、土壤环境造成一定污染，存在环境风险隐患。

基础设施水平不高，供需矛盾较多。广元市农业生产基础设施较落后。乡村旅游业基础设施建设期长、任务艰巨，持续性投资很大；乡镇级道路标准不高，部分通村、通组道路尚未连线成环，入户路尚未全部建成；农村土地整理任务艰巨，土地整治难度递增；天然气进村入户率较低，农村清洁能源使用率不高。同时，产业基地质量普遍不高。油橄榄、水果基地蜕化现象严重，乡村旅游游客接待能力较弱，生态养殖尚处于起步阶段，蔬菜基地产品与市场对接能力较弱，新产业新业态较少，产村互动、产城一体化水平较低，融合发展能力不足。

二 广元市投资结构及其问题

（一）投资的总体情况

投资快速增长，创近几年新高。2017 年，广元市完成固定资产投资 715 亿元，增长 15.7%（见图 2），增速高于四川全省平均水平 3.5 个百分点，居全省第 6 位，也为 2010 年以来最高增速和最好排位，突破了 2011～2015 年增速始终徘徊在 3%～5% 的局面。2018 年 1～5 月，广元市完成固定资产投资 250.47 亿元，增长 14.8%，增速高于全省 4.2 个百分点，居全省第 6 位，创 2010 年以来同期最高增速，达最好排位。

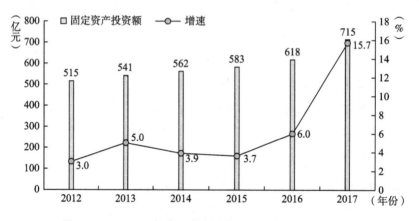

图 2　2012～2017 年广元市全社会固定资产投资额及增速

投资结构持续优化，一、三产业投资增速加快。2017 年，广元市第一产业投资 50.92 亿元，增长 33.1%；第二产业投资 225.20 亿元，增长 13.9%，其中工业投资 221.03 亿元，增长 13.0%；第三产业投资 439.01 亿元，增长 14.8%。2015～2017 年，第一产业投资年均增长 18.7%，第二产业年均增长 7.1%，第三产业年均增长 11.8%，一、三产业投资增速分别高于全市全社会投资平均增速 8 个百分点和 1.1 个百分点。2017 年，全市"三新"（新产业、新业态、新模式）领域投资

330.55亿元，比上年增长13.9%，占全社会投资的46.2%。从行业分布看，先进制造业，现代农林牧渔业，电力、燃气、水的生产供应业等14个门类有"三新"投资。其中，新技术与双创服务活动投资增长最快，增长2.9倍；现代生产性服务活动投资占比最高，占"三新"领域投资总量的24%。

在建项目显著增长，短板领域投资增势强劲。2017年全市500万元以上在建项目继2016年首次突破1500个大关后，继续高增长，达到2022个，增长3%，在建项目总数全省排第10位，较2016年提升4位。2017年一年建设项目个数达到了"十二五"期间5年建设项目总数的47.8%。从项目类型来看，2017年，基础设施投资、产业投资和民生及社会事业投资三大板块完成投资618.33亿元，占全社会投资的86.5%，拉动全社会投资增长14个百分点以上，有力支撑全社会投资高速增长。其中，以西成高铁、广平高速、县乡公路、市政设施、水利电力、园区建设为代表的基础设施投资占比最高、增速最快，对全社会投资增长贡献最大。

民间投资活力增强，服务业投资快速增长。2017年，广元市民间投资实现高速增长，完成370.46亿元，增长15.8%，增幅较上年提高5.9个百分点，增速高于全省平均水平8个百分点。民间投资占全社会投资总量的51.8%，占比高于全省平均水平2.6个百分点。近年来，随着生态康养旅游名市建设的快速推进，旅游业的快速发展有效提升了行业对资金的吸引力，2017年，住宿和餐饮业投资完成7.1亿元，增长134.9%；公共设施管理业投资完成79.5亿元，增长57.5%；教育领域投入不断加大，完成投资8.89亿元，增长14.3%；居民服务和其他服务业完成投资3.02亿元，增长14.3%。

（二）投资结构存在的主要问题

民营企业资金瓶颈问题严重。由于民营企业融资本身的一些体制机制性问题仍未完全解决，民营企业"融资难、融资贵"问题仍然普遍存在，如利州区民营企业占规上企业的90%，天湟山核桃、邦克印务、紫阳农林、帆舟食品等公司在前期的建设中投入过大，造成后期流动资金严重缺乏，在向国家商业银行申请贷款时，因审批周期长，加之项目厂房、库房手续不齐等原因无法抵（质）押，贷款不能及时到位。

高新技术产业及创新投资不足。由于企业多为中小企业，自身实力不强，在产业技术研究与开发项目上缺乏资金投入，企业研发投入一般为1%~3%，难以支撑企业快速发展。同时，部分中小企业创新意识不强，缺乏生产一批、研发一批、储备一批的产品更新换代的思维和能力。

市内区域间投资差距明显。2017年，广元市投资总量居全省倒数第5位，仅高于资阳、甘孜、雅安和阿坝，在川东北五市中居于末位，是全省8个投资未过千亿元的市州之一。从市内部看，县区间差距也较大，占全市投资比重最高的苍溪县（14.6%）与占比最低的昭化区（6.4%）相差8.2个百分点，苍溪县总量是昭化区的2.28倍。2018年前5个月，县区投资中，完成年度目标比重最高的朝天区（42.6%）较最低的剑阁县（32.9%）高9.7个百分点，增速最高的苍溪县（19.9%）较最低的利州区（10.3%）高9.6个百分点。

地方财政约束加强叠加金融去杠杆，项目建设资金投入不足。近几年，广元市基础设施投资占全社会投资的比重在40%左右，其中，纳入基建预算项目的有70%是纯政府公益配套项目，完全依靠财政支出。随着2017年国家相关部委密集发文要求全面清理整顿地方政府债务，限制地方政府的违规融资担保行为，严控地方政府债务增量，多条融资渠道被堵塞，加之去杠杆背景下金融监管趋严，严控银行表外业务，严禁商业银行等金融机构经过通道业务、多层嵌套等方式违规向地方政府融资平台贷款融资，地方政府融资平台从商业银行贷款的成本增加，一批重点建设项目因资金短缺而推进缓慢。

三 广元市优化投资结构和供给结构的对策措施

欠发达地区发展基础较为薄弱，还处在扩大规模、加快发展、跨越发展的追赶阶段，但目前，从政策取向和政策环境来看，国家信贷、土地管理、产业准入等政策趋紧趋严，项目投资、产业发展、工业经济、城镇建设等方面越来越受到严格限制，投资持续快速增长面临越来越多的困难。要发挥好投资对优化供给结构的作用，主要可从以下几方面着手。

（一）探索建立政府产业引导基金，拓展投融资渠道

改革创新财政支持方式，探索建立政府产业引导基金，发挥财政资金"四两拨千斤"的引导作用，吸引和撬动社会资本支持实体经济发展，缓解融资压力。同时，在金融去杠杆大环境下，适度放活金融政策，撬动金融资本，降低企业融资成本，提升企业内源融资能力，缓解中小民营企业融资难题，助推经济持续健康发展和发展质量提升。

（二）扩大服务业开放，释放民间资本活力

扩大交通运输、教育、医疗、卫生等服务业向民间资本的开放力度，着力消除民间资本投资这些领域的隐形门槛。既可以加剧服务业竞争水平，提高服务供给质量，满足人民日益增长的美好生活需要，还可以避免大量资金流入房地产业或者滞留在金融市场而推高资产泡沫，从而引导资金流向实体经济。

（三）多渠道筹集基础设施建设资金，增强产业承接能力

严格按照量入为出原则安排公共基础设施建设任务，对政府投资的工程项目，要充分保障和及时足额拨付建设资金，减少工程停工对政府和全社会造成的资源浪费。经济欠发达、公共服务落后的地区，政府财

政收入少，民生社保负担重，公共设施和基础设施建设面临较大的资金制约，运用资产证券化等创新手段盘活地方政府存量资产是一种值得支持的做法。通过将已有的政府性资产变现，可以循环使用不多的政府资金，提高资金使用效率，快速改善发展条件，为承接产业转移创造条件。

（四）加大生态环保投资，加快推进污染治理体系建设

创新环保投融资机制，推动政府购买环境服务、环境污染第三方治理，争取推进排污权交易试点工作，支持和指导排污单位通过淘汰落后和过剩产能、清洁生产、污染治理、技术改造升级等减少污染物排放，鼓励和引导社会资本进入环保领域。加快发展环保产业促进绿色产品供给，规划建设节能环保产业园区，加快推动传统制造业改造升级，大力发展高新技术产业、战略性新兴产业、生态文化旅游业和生态农业，加快有机食品基地建设，增加绿色产品供给。

参考文献

[1] 北京大学国家发展研究院综合课题组：《合法转让权是农民财产性收入的基础》，《国际经济评论》2012 年第 2 期。

[2] 产业转型升级课题组：《结构转型与产能过剩：理论、经验与政策》，人民出版社，2017。

[3] 程国琴：《政府在风险投资中的制度供给作用》，《工业技术经济》2006 年第 2 期。

[4] 崔裕蒙：《如何避免决策科学化与民主化的冲突论析》，《岭南学刊》2006 年第 4 期。

[5] 樊纲：《瓦尔拉斯一般均衡理论研究》，《中国社会科学院研究生院学报》1985 年第 5 期。

[6] 范志勇、赵晓男：《要素相对丰裕度改变与中国供给结构调整》，《世界经济》2014 年第 8 期。

[7] 方福前：《当代西方经济学主要流派》，中国人民大学出版社，2004。

[8] 冯科、胡涛：《市场均衡与价格管制的福利对比分析》，《经济学动态》2014 年第 10 期。

[9] 冯金华：《一般均衡理论的价值基础》，《经济研究》2012 年第 1 期。

[10] 耿修林：《固定资产投资对产业结构变动的影响分析》，《数理统计与管理》2010 年第 6 期。

[11] 郭杰等：《供给侧结构性改革的理论逻辑及实施路径》，中国社会科学出版社，2016。

[12] 国家行政学院经济学教研部：《中国供给侧结构性改革》，人民出

版社，2016。

[13] 胡昭玲、夏秋、孙广宇：《制造业服务化、技术创新与产业结构转型升级——基于 WIOD 跨国面板数据的实证研究》，《国际经贸探索》2017 年第 12 期。

[14] 华夏新供给经济学研究院：《以增加有效供给的"聪明投资"促进稳增长、促改革、优结构、护生态、惠民生的建议》，《经济研究参考》2015 年第 4 期。

[15] 黄群慧：《论中国工业的供给侧结构性改革》，《新产经》2016 年第 10 期。

[16] 黄上国：《开放对制度变迁的影响机制研究》，博士学位论文，浙江大学，2005。

[17] 黄先海、刘毅群：《设备投资、体现型技术进步与生产率增长：跨国经验分析》，《世界经济》2008 年第 4 期。

[18] 黄先海、刘毅群：《物化性技术进步与我国工业生产率增长》，《数量经济技术经济研究》2006 年第 4 期。

[19] 贾康、苏京春：《新供给经济学》，山西经济出版社，2015。

[20] 纪念改革开放 40 周年系列选题研究中心：《重点领域改革节点研判：供给侧与需求侧》，《改革》2016 年第 1 期。

[21] 科学技术部创新发展司、中国技术市场管理促进中心：《2016 全国技术市场统计年度报告》，《科技中国》2016 年第 9 期。

[22] 李斌、张帆：《我国政府投资决策中存在的问题与对策》，《理论探讨》2009 年第 5 期。

[23] 李翀：《论供给侧改革的理论依据和政策选择》，《经济社会体制比较》2016 年第 1 期。

[24] 李国斌：《中国 220 种工业产品产量居世界第一》，第十五届中国经济论坛，2015 年 12 月 18 日。

[25] 李小丽：《大学技术转移成功影响因素研究——以高效短流程嵌入式复合纺纱技术转移为例》，《科技进步与对策》2012 年第 2 期。

［26］ 李扬：《新常态下应发挥好投资的关键作用》，《金融研究》2015
年第 2 期。

［27］ 林毅夫等：《供给侧结构性改革》，民主与建设出版社，2016。

［28］ 林毅夫、任若恩：《东亚经济增长模式相关争论的再探讨》，《经
济研究》2007 年第 8 期。

［29］ 林勇明：《国外投融资体制研究与借鉴》，社会科学文献出版社，
2018。

［30］ 刘健钧：《借鉴国际经验发展我国创业投资引导基金》，《中国金
融》2007 年第 21 期。

［31］ 鲁建国：《浅谈近 5 年来家电行业的发展》，《家电科技》2017 年
第 9 期。

［32］ 马骏、周燕：《中国省级政府投资决策体制研究——一个案例研
究》，《复旦公共行政评论》2008 年第 1 期。

［33］ 祁为群、孟雄伟：《武汉科技成果转化现状、问题及对策研究》，
《科技创业月刊》2012 年第 7 期。

［34］ 瞿剑：《命门火衰，大国重器重型燃气轮机的叶片之殇》，《科技
日报》2018 年 5 月 9 日。

［35］ 任保平：《供给侧改革与需求管理相结合的经济增长路径》，《甘
肃社会科学》2016 年第 4 期。

［36］ 盛松成：《迪布鲁和一般均衡理论》，《金融研究》1984 年第 4 期。

［37］ 苏杭、郑磊、车逸飞：《要素禀赋与中国制造业产业升级——基
于 WIOD 和中国工业企业数据库的分析》，《管理世界》2017 年
第 4 期。

［38］ 谭人友、葛顺奇、刘晨：《全球价值链重构与国际竞争格局——
基于 40 个经济体 35 个行业面板数据的检验》，《世界经济研究》
2016 年第 5 期。

［39］ 汤达礼：《武汉市民营经济发展现状研究》，《湖北省社会主义学
院学报》2018 年第 1 期。

[40] 外国经济学说研究会编《现代国外经济学论文选》第五辑，商务印书馆，1984。

[41] 王会娟、张然：《私募股权投资与被投资企业高管薪酬契约——基于公司治理视角的研究》，《管理世界》2012年第9期。

[42] 王璐、杨庆丰：《两种均衡理论的争论：古典–马克思一般均衡与新古典一般均衡》，《经济评论》2006年第1期。

[43] 王学武：《当代美国投资研究》，经济管理出版社，2001。

[44] 王云平：《我国产业政策实践回顾：差异化表现与阶段性特征》，《改革》2017年第2期。

[45] 吴超鹏、吴世农、程静雅等：《风险投资对上市公司投融资行为影响的实证研究》，《经济研究》2012年第1期。

[46] 吴敬琏等：《供给侧改革：经济转型重塑中国布局》，中国文史出版社，2016。

[47] 吴敬琏、厉以宁：《供给侧改革引领"十三五"》，中信出版社，2016。

[48] 吴晓华等：《降低实体经济企业成本研究》，中国社会科学出版社，2018。

[49] 吴亚平：《投融资体制改革：何去何从》，经济管理出版社，2013。

[50] 吴亚平、吴有红：《城轨投融资模式：围绕直接融资做文章》，《中国经济导报》2015年4月23日。

[51] 吴有红：《有效降低政府投资项目融资成本》，《中国投资》2016年第8期。

[52] 肖俊涛：《新常态下工业4.0对我国汽车产业转型升级的启示》，《湖北汽车工业学院学报》2015年第2期。

[53] 徐文舸：《"新常态"下的供给约束——我国农业剩余劳动力究竟还有多少？》，《人口与社会》2015年第4期。

[54] 徐文舸、龚刚：《中国经济增长质量：是产能过剩还是技术进步？》，《宏观质量研究》2015年第4期。

[55] 杨春学等：《对自由市场的两种理解》，社会科学文献出版社，2013。

［56］杨东平：《警惕新一轮的"教育产业化"》，《教师博览》2018 年第 4 期。

［57］杨洁：《政策、资本、市场三方合力　集成电路产业形成四个产业集聚区》，《中国证券报》2018 年 3 月 16 日。

［58］杨敏利、李昕芳、仵永恒：《政府创业投资引导基金的引导效应研究》，《科研管理》2014 年第 11 期。

［59］杨沿平、唐杰、周俊：《我国汽车产业自主创新现状、问题及对策研究》，《中国软科学》2006 年第 3 期。

［60］于良春、王雨佳：《产业政策、资源再配置与全要素生产率增长——以中国汽车产业为例》，《广东社会科学》2016 年第 5 期。

［61］张炳辉、吕亚勃：《经济新常态下我国汽车产业发展能力提升研究》，《经济纵横》2017 年第 2 期。

［62］张长春：《政府投资的管理体制》，中国计划出版社，2005。

［63］张长春：《推进投资领域的科学民主决策》，《中国投资》2014 年第 11 期。

［64］张长春、郑征：《促进经济中高速增长的路径与政策》，社会科学文献出版社，2018。

［65］张航燕、江飞涛：《我国汽车产业竞争力现状及产业政策的调整》，《中国经贸导刊》2015 年第 8 期。

［66］张厚明、文芳：《发展新能源汽车亟待破除地方保护主义》，《宏观经济管理》2015 年第 2 期。

［67］张慧芳、艾天霞：《供需双侧结构性改革要素分析——四大引擎与三驾马车协同发力》，《社会科学辑刊》2017 年第 2 期。

［68］张吉：《纺织行业现状存问题及未来发展新趋势》，《现代经济信息》2017 年第 1 期。

［69］张建平：《我国创业投资的发展模式与途径研究》，博士学位论文，中国社会科学院，2000。

［70］张洁、冷民：《美日新能源汽车产业技术联盟的组织管理及对我

国的启示》，《中国科学院院刊》2011 年第 5 期。

[71] 张云华：《打破二元土地制度壁垒，打开制度通道，构建农村集体建设用地入市的制度框架》，《中国经济时报》2018 年 2 月 5 日。

[72] 张昭：《政府投资项目决策中公众参与问题研究》，《中国经贸导刊》2016 年 9 月上期。

[73] 郑新立：《扩大内需与优化产业结构》，《经济时刊》1999 年第 5 期。

[74] 中国汽车工业协会：《中国汽车工业年鉴 2011》，中国汽车工业年鉴社，2012。

[75] 众石：《中国制造从乔布斯得到什么警示》，《中国青年报》2011 年 11 月 7 日。

[76] 保罗·萨缪尔森、威廉·诺德豪斯：《经济学》第 19 版，萧琛等译，商务印书馆，2017。

[77] 保罗·克雷·罗伯茨：《供应学派革命：华盛顿决策内幕》，杨鲁军、虞虹译，上海译文出版社，2018。

[78] 布鲁斯·考德威尔：《哈耶克评传》，冯克利译，商务印书馆，2018。

[79] 大卫·李嘉图：《政治经济学及赋税原理》，郭大力、王亚南译，商务印书馆，2005。

[80] 丹尼斯·C. 缪勒：《公共选择理论》第 3 版，韩旭等译，中国社会科学出版社，2010。

[81] 戈登·塔洛克：《公共选择》，柏克、郑景胜译，商务印书馆，2015。

[82] 哈耶克：《物价与生产》，滕维藻、朱宗风译，上海人民出版社，1958。

[83] 赫尔曼·西蒙、杨一安：《隐形冠军：未来全球化的先锋》，张帆等译，机械工业出版社，2019。

[84] 加尔·布雷斯：《丰裕社会》，徐世平译，上海人民出版社，1965。

[85] 加里·贝克尔：《人类行为的经济分析》，王业宇等译，格致出版社、上海三联书店、上海人民出版社，2008。

[86] 卡尔·门格尔：《国民经济学原理》，刘絜敖译，上海世纪出版集

团，2001。

［87］柯武刚等：《制度经济学：财产、竞争、政策》第二版，柏克、韩朝华译，商务印书馆，2018。

［88］路德维希·冯·米塞斯：《社会主义》，王建民等译，中国社会科学出版社，2008。

［89］路德维希·冯·米塞斯：《人的行动：关于经济学的论文》，余晖译，上海人民出版社，2013。

［90］路德维希·冯·米塞斯：《经济科学的最终基础：一篇关于方法的论文》，朱泱译，商务印书馆，2015。

［91］马尔萨斯：《政治经济学原理》，厦门大学经济系翻译组译，商务印书馆，1962。

［92］马克·史库森：《朋友还是对手——奥地利学派与芝加哥学派之争》，杨培雷译，上海人民出版社，2006。

［93］《马克思恩格斯全集》第四十六卷，人民出版社，2003。

［94］米尔顿·弗里德曼、罗丝·弗里德曼：《自由选择》，张琦译，机械工业出版社，2018。

［95］穆瑞·N. 罗斯巴德：《人，经济与国家》，董子云等译，浙江大学出版社，2015。

［96］穆瑞·N. 罗斯巴德：《亚当·斯密以前的经济思想——奥地利学派视角下的经济思想史》第一卷，张凤林等译，商务印书馆，2016。

［97］穆瑞·N. 罗斯巴德：《自由的伦理》，吕炳斌等译，复旦大学出版社，2018。

［98］格里高利·曼昆：《经济学原理》（宏观经济学分册），梁小民、梁砾译，北京大学出版社，2015。

［99］尼古莱·J. 福斯：《奥地利学派与现代经济学》，朱海就等译，中国社会科学出版社，2013。

［100］乔治·吉尔德：《财富与贫困》，李毅等译，机械工业出版社，2016。

［101］青木昌彦等：《市场的作用，国家的作用》，林家彬等译，中国

发展出版社，2001。

[102] 萨伊：《政治经济学概论》，陈福生、陈振骅译，商务印书馆，1963。

[103] W. W. 罗斯托：《经济增长理论史》，杨春学等译，浙江大学出版社，2016。

[104] 西斯蒙第：《政治经济学新原理》，何钦译，商务印书馆，1964。

[105] 亚当·斯密：《国富论》，郭大力、王亚南译，译林出版社，2011。

[106] 约翰·梅纳德·凯恩斯：《就业、利息和货币通论》，宋韵声译，华夏出版社，2012。

[107] 约瑟夫·熊彼特：《资本主义、社会主义与民主》，吴克峰等译，江苏人民出版社，2017a。

[108] 约瑟夫·熊彼特：《经济分析史》，朱泱等译，商务印书馆，2017b。

[109] 詹姆斯·穆勒：《保卫商业》，转引自马克思《政治经济学批判》，人民出版社，1955。

[110] 詹姆斯·M. 布坎南、理查德·A. 马斯格雷夫：《公共财政与公共选择：两种截然不同的国家观》，类承曜译，中国财政经济出版社，2000。

[111] Aggarwal, R. et al. "Does governance travel around the world? Evidence from institutional investors", *Journal of Financial Economics*, 100 (2011): 154 – 181.

[112] Akerlof, G. A. "The market for 'lemons': quality uncertainty and the market mechanism", *Quarterly Journal of Economics*, 84 (1970): 488 – 500.

[113] Akerlof, G. A., Schiller, R. J. *Animal Spirits* (Princeton: Princeton University Press, 2009).

[114] Alchian, A. A., Demsetz, H. "The property right paradigm", *The Journal of Economic History*, 33 (1973): 16 – 27.

[115] Amit, R., Brander, J., Zott, C. "Why do venture capital firms exist? Theory and Canadian evidence", *Journal of Business Ventu-*

ring, 13 (1998): 441 – 465.

[116] Arrow, K. J. "Information and economic behavior", *The Economics of Information*, 4 (1984): 136 – 152.

[117] Arthurs, J. D., Busenitz, L. W. "Dynamic capabilities and venture performance: the effects of venture capitalists", *Journal of Business Venturing*, 2 (2006): 195 – 215.

[118] Barro, R. "Growth in a cross section of countries", *The Quarterly of Economics*, 106 (1991): 407 – 443.

[119] Becker, G. S., Stigler, G. J. "De gustibus non est disputandum (There is no arguing about taste)", *American Economic Review*, 67 (1977): 76 – 90.

[120] Benson, D., Ziedonis, R. "Corporate venture capital as a window on new technologies: implications for the performance of corporate investors when acquiring startups", *Organization Science*, 2 (2009): 329 – 351.

[121] Berk, J. B., Green, R. C., Naik, V. "Optimal investment, growth options, and security returns", *The Journal of Finance*, 54 (1999): 1553 – 1607.

[122] Blomstrom, M., Lipsey, R. E., Zejan, M. "Is fixed investment the key to economic growth?" *NBER Working Paper*, No. 4436 (1993).

[123] Bohm-Bawerk, E. *The Positive Theory of Capital* (New York: Libertarian Press, 1971).

[124] Brander, J., Egan, E. J., Hellmann, T. "Government-sponsored versus private venture capital: Canadian evidence", *University of British Columbia Working Paper*, No. 14029 (2008).

[125] Brewer, E. H. "Performance and access to government guarantees: the case of small business investment companies", *Economic Perspectives*, 20 (1995): 16 – 32.

[126] Canto, V. A., Joines, D. H., Laffer, A. B. *Foundations of Sup-*

ply-Side Economics (Cambridge: Academic Press, 1983).

[127] Chakravorty, S. "How does structural reform affect regional development? Resolving contradictory theory with evidence from India", *Economic Geography*, 76 (2000): 367 – 394.

[128] Chamberlin, E. H. *The Theory of Monopolistic Competition* (Cambridge: Harvard University Press, 1933).

[129] Coase, R. H. "The nature of the firm", *Economica*, 4 (1937): 386 – 405.

[130] Coase, R. H. "The nature of the firm: origin, meaning, influence", *Journal of Law, Economics and Organization*, 4 (1988): 3 – 47.

[131] Creamer, D. B. , Dobrovolsky, S. B. , Borenstein, I. *Capital in Manufacturing and Mining: Its Formation and Financing* (Princeton: Princeton University Press, 2015).

[132] Cumming, D. J. "Capital structure in venture finance", *Social Science Electronic Publishing*, 11 (2005): 550 – 585.

[133] Cumming, D. J. , Johan, S. "Pre-seed government venture capital funds", *Journal of International Entrepreneurship*, 7 (2009): 26 – 56.

[134] Cumming, D. J. , Macintosh, J. G. "Economic and institutional determinants of venture capital investment duration", *Journal of Banking & Finance*, 48 (2003): 228 – 257.

[135] Cumming, D. J. , Macintosh, J. "Crowding out private equity: Canadian evidence", *Journal of Business Venturing*, 21 (2006): 569 – 609.

[136] Demsetz, H. *Ownership, Control, and the Firm* (Oxford: Basil Blackwell, 1967).

[137] Dixit, A. "Entry and exit decisions under uncertainty", *Journal of Political Economy*, 97 (1989): 620 – 638.

[138] Drucker, P. F. *Toward the Next Economics, and Other Essays* (New York: Harper & Row, 1981).

[139] Feldstein, M. *Inflation, Tax Rules, and Capital Formation* (Chicago: Chicago University Press, 1981).

[140] Feldstein, M. "The effect of marginal tax rates on taxable income: a panel study of the 1986 tax reform act", *Journal of Political Economy*, 103 (1995): 551 – 572.

[141] Ferreira, M. A., Matos, P. "The colors of investors' money: the role of institutional investors around the world", *Journal of Financial Economics*, 88 (2008): 499 – 533.

[142] Fry, M. J. "Saving, investment, growth and the cost of financial repression", *World Development*, 8 (1980): 317 – 327.

[143] Gompers, P. A. et al. "What drives venture capital fundraising?" *Brookings Papers on Economic Activity (Microeconomics)*, 1 (1998): 149 – 204.

[144] Grebler, L., Blank, D. M., Winnick, L. "Capital formation in residential real estate: trends and prospects", *The Journal of Finance*, 13 (1956): 148 – 161.

[145] Hallen, B. L. "The causes and consequences of the initial network positions of new organizations: from whom do entrepreneurs receive investments?" *Administrative Science Quarterly*, 53 (2008): 685 – 718.

[146] Harrod, R. F. "An essay in dynamic theory", *The Economic Journal*, 49 (1939): 14 – 33.

[147] Hayek, F. A. "Reflections on the Pure Theory of Money of Mr. J. M. Keynes (Part II)", *Economica*, 12 (1932): 22 – 44.

[148] Hayek, F. A. "Economics and knowledge", *Economica*, 4 (1937): 33 – 54.

[149] Hayek, F. A. *Individualism and Economic Order* (Chicago: University of Chicago Press, 1948).

[150] Hayek, F. A. *New Studies in Philosophy, Politics, Economics and the*

History of Ideas (London: Routledge Kegan Paul, 1978).

[151] Hellmann, T. "The allocation of control rights in venture capital contracts", *The RAND Journal of Economics*, 29 (1998): 57 - 76.

[152] Hellmann, T. , Puri, M. "The interaction between product market and financing strategy: the role of venture capital", *The Review of Financial Studies*, 13 (2000): 959 - 984.

[153] Hsu, D. H. "What do entrepreneurs pay for venture capital affiliation?" *The Journal of Finance*, 59 (2004): 1805 - 1844.

[154] Inderst, R. , Munnich, F. "Financing a portfolio of projects", *Journal of Finance*, 78 (2006): 1 - 54.

[155] Inderst, R. , Mueller, H. M. "Early-stage financing and firm growth in new industries", *Journal of Financial Economics*, 93 (2009): 276 - 291.

[156] Ireland, P. N. "Supply-side economics and endogenous growth", *Journal of Monetary Economics*, 33 (1994): 559 - 571.

[157] Kanniainen, V. , Keuschnigg, C. "Start-up investment with scarce venture capital support", *Journal of Banking & Finance*, 28 (2004): 1950 - 1959.

[158] Keuschnigg, C. , Nielsen, S. B. "Tax policy, venture capital, and entrepreneurship", *Journal of Public Economics*, 87 (2003): 175 - 203.

[159] King, M. A. , Robson, M. H. "Investment and technical progress", *Oxford Review of Economic Policy*, 8 (1992): 43 - 56.

[160] Krishnan, K. , Nandy, D. K. , Puri, M. "Does financing spur small business productivity? Evidence from a natural experiment", *The Review of Financial Studies*, 28 (2015): 1768 - 1809.

[161] Kuznets, S. "International differences in capital formation and financing", *Numerical Heat Transfer Part A Applications*, 48 (1955): 763 - 790.

[162] Kuznets, S. *Capital in the American Economy: Its Formation and Fi-*

nancing (Princeton : Princeton University Press, 1961).

[163] Kuznets, S. *Economic Growth and Structure* (Portsmouth : Heinemann Educational Books, 1966).

[164] Laffer, A. B. "The laffer curve : past, present and future", *Backgrounder*, No. 1765 (2004).

[165] Lerner, J. *Boulevard of Broken Dreams : Why Public Efforts to Boost Entrepreneurship and Venture Capital Have Failed and What to Do About It* (Princeton : Princeton University Press, 2009).

[166] Leleux, B. , Surlemont, B. "Public versus private venture capital : seeding or crowding out? A Pan-European analysis", *Journal of Business Venturing*, 18 (2003) : 81 – 104.

[167] Lucas, R. E. "Supply-side economics : an analytical review", *Oxford Economic Papers*, 42 (1990) : 293 – 316.

[168] Maula, M. , Autio, E. , Murray, G. "Prerequisites for the creation of social capital and subsequent knowledge acquisition in corporate venture capital", *Venture Capital*, 5 (2003) : 117 – 134.

[169] Maula, M. V. J. , Keil, T. , Zahra, S. A. "Top management's attention to discontinuous technological change : corporate venture capital as an alert mechanism", *Organization Science*, 24 (2013) : 926 – 947.

[170] Maxwell, W. D. , Ulmer, M. J. "Capital in transportation, communications, and public utilities : its formation and financing", *Southern Economic Journal*, 27 (1960) : 156 – 177.

[171] Mendoza, E. G. , Tesar, L. L. "The international ramifications of tax reforms : supply-side economics in a global economy", *The American Economic Review*, 88 (1998) : 226 – 245.

[172] Menger, C. *Investigations into the Methods of the Social Sciences with Special Reference to Economics.* Translated by Francis Nock. Edited by Louis Schneider (New York : New York University Press, 1976).

［173］ Mises, L. *Human Action: A Treatise on Economics* (New Haven: Yale University Press, 1949).

［174］ Munnell, A. H. "Policy watch: infrastructure investment and economic growth", *Journal of Economic Perspectives*, 64 (1992): 189 – 198.

［175］ Musgrave, R. A. *The Theory of Public Finance* (New York: McGraw-Hill, 1959).

［176］ Nelson, R. R., Phelps, E. S. "Investment in humans, technological diffusion, and economic growth", *The American Economic Review*, 56 (1966): 69 – 75.

［177］ Ozmel, U., Reuer, J. J., Gulati, R. "Signals across multiple networks: how venture capital and alliance networks affect inter-organizational collaboration", *Academy of Management Journal*, 56 (2013): 852 – 866.

［178］ Park, H. D., Steensma, H. K. When does corporate venture capital add value for new ventures? Stratigic Management Journal, 33 (2012): 1 – 22.

［179］ Pasinetti, L. L. *Structural Change and Economic Growth: A Theoretical Essay on the Dynamics of the Wealth of Nations* (Cambridge: Cambridge University Press, 1983).

［180］ Presbitero, A. F. "Too much and too fast? Public investment scaling-up and absorptive capacity", *Journal of Development Economics*, 120 (2016): 17 – 31.

［181］ Rima, I. H. *Development of Economic Analysis* (Homewood: Richard D. Irwin Press, 1978).

［182］ Robinson, J. *Economics of Imperfect Competition* (Cambridge: Cambridge University Press, 1933).

［183］ Rothbard, M. N. *America's Great Depression* (New York: Richardson & Snyder, 1983).

[184] Ryan, L. V., Schneider, M. "The antecedents of institutional investor activism", *Academy of Management Review*, 27 (2002): 554 –573.

[185] Saavedra, J., Chong, A. "Structural reform, institutions and earnings: evidence from the formal and informal sectors in Urban Peru", *The Journal of Development Studies*, 35 (1999): 95 –116.

[186] Samuelson, P. "The pure theory of public expenditure", *Review of Economics and Statistics*, 36 (1954): 87 –89.

[187] Schlumberger, O. "Structural reform, economic order, and development: patrimonial capitalism", *Review of International Political Economy*, 15 (2008): 622 –649.

[188] Schilder, D. "Public venture capital in Germany: task force or forced task?" *Freiberg Working Papers* (2006).

[189] Schumpeter, J. A. *Capitalism, Socialism and Democracy* (New York: Harper Press, 1947).

[190] Simpson, P., Swatman, P. A. "Longitudinal study of expectations in small business Internet commerce", *International Journal of Electronic Commerce*, 3 (1999): 21 –33.

[191] Sweeting, R. C. "Early-stage new technology-based businesses: interactions with venture capitalists and the development of accounting techniques and procedures", *The British Accounting Review*, 23 (1991): 3 –21.

[192] Trajtenberg, M. "Government support for commercial R&D: lessons from the Israeli experience", *Innovation Policy and the Economy*, 2 (2002): 79 –134.

[193] Wanniski, J. "Taxes, revenues and the laffer curve", *The Public Interest*, 50 (1978): 3 –16.

[194] Williamson, J. "Latin American adjustment: how much has happened?" *Washington: Institute for International Economics*, 1990.

图书在版编目（CIP）数据

投资优化供给结构：做什么？ 怎么做？／应晓妮等著 . -- 北京：社会科学文献出版社，2021.2（2022.3重印）
ISBN 978 - 7 - 5201 - 7757 - 3

Ⅰ.①投…　Ⅱ.①应…　Ⅲ.①投资 - 研究　Ⅳ.
①F830.59

中国版本图书馆 CIP 数据核字（2021）第 018666 号

投资优化供给结构：做什么？ 怎么做？

著　　者／应晓妮 等

出 版 人／王利民
组稿编辑／恽　薇
责任编辑／陈凤玲
责任印制／王京美

出　　版／社会科学文献出版社·经济与管理分社（010）59367226
　　　　　地址：北京市北三环中路甲 29 号院华龙大厦　邮编：100029
　　　　　网址：www. ssap. com. cn
发　　行／社会科学文献出版社（010）59367028
印　　装／北京虎彩文化传播有限公司

规　　格／开本：787mm × 1092mm　1/16
　　　　　印张：15.5　字数：221 千字
版　　次／2021 年 2 月第 1 版　2022 年 3 月第 2 次印刷
书　　号／ISBN 978 - 7 - 5201 - 7757 - 3
定　　价／98.00 元

读者服务电话：4008918866